부산지역 공동체운동의 원형을 찾아서

부산지역 공동체운동의 원형을 찾아서

사람과 마을을 잇는 40년의 기록: 1970~2010년대

초판 1쇄 발행 2026년 3월 12일

엮은이 부산지역운동사 발간위원회
지은이 차성환 손정은 이동환 정윤식 오세자 손이헌 정영수 홍재봉 유영란
펴낸이 강수걸
편집 강나래 이혜정 오해은 이선화 이소영
디자인 권문경 조은비
펴낸곳 산지니
등록 2005년 2월 7일 제333-3370000251002005000001호
주소 부산시 해운대구 수영강변대로 140 BCC 626호
전화 051-504-7070 | 팩스 051-507-7543
홈페이지 www.sanzinibook.com
전자우편 sanzini@sanzinibook.com
블로그 sanzinibook.tistory.com

ISBN 979-11-6861-599-1 03330

* 책값은 뒤표지에 있습니다.

* 잘못된 책은 구입하신 곳에서 교환해드립니다.

부산지역 공동체운동의 원형을 찾아서

부산지역운동사
발간위원회 엮음

사람과 마을을 잇는 40년의 기록:
1970~2010년대

경쟁과 소외, 분열과 대립을 넘어
협동과 상생의 세상을 만들어 가다

산지니

기억, 기록 그리고 연대

역사를 기억하고 기록하는 일은 인류 역사의 참 주체를 의식하고, 그 의식을 기반으로 다음세대를 위하여 새로운 역사를 만들어가는 것이다. 이 참 주체의 운동은 지역공동체운동이며, 주민조직운동이다. 주민조직운동은 주민조직의 힘으로 사회변화를 만들어가는 운동이다. 한 지역사회의 변화는 전체 사회변화로 이어진다.

주민조직운동은 주민이 주인의식을 갖고 주체적으로 살아가도록 하는 운동인 동시에 사회의 경쟁과 소외, 분열과 대립을 넘어 협동과 상생의 세상을 만들어가는 운동이다. 더불어 주민 스스로 자신의 권리를 지키고, 사회의 민주주의를 실현하고자 하는 운동이다. 이 책에 담긴 모든 공동체운동은 참 주체의 운동으로서 각 부문 조직의 힘으로 사회변화를 만들어왔다.

인간은 축적된 경험을 바탕으로 현재를 살고, 미래를 향해 나아간다. 우리는 이 소중한 경험의 기억을 더 낡기 전에 기록으로 남겨 미래 세대에게 전하고자 했다. 20대와 30대의 빛나는 청춘을 바쳐 자기 삶의 주인이자 사회와 역사의 주체로 살아가고자 했던 이들의 시간은, 지금도 각자의 삶터와 일터에서 부산지역 민중의 역사를 만들어가고 있다.

2012년 11월 '주민이 주인되는 지역사회공동체 실현'을 목적으로 부산주민운동교육원이 설립되었다. 교육원이 만들어진 그때부터 우리는 부산의 주민운동역사를 찾고, 기록하자는 꿈을 품기 시작했다. 그 첫걸음으로 2023년 「부산지역사회공동체운동의 원형」이라는 자료집을 발간하였고, 이를 바탕으로 더 심층적인 조사와 정리를 거쳐 이 책을 펴내게 되었다.

2023년 2월부터 다양한 부문 운동 영역의 당사자들과 집담회를 진행하며 기억을 기록으로 옮기는 작업을 시작했다. 심층 세미나를 거쳐 '부산지역운동사 발간위원회'라는 이름으로 뜻을 모았고, 많은 이들이 물심양면으로 이 작업에 함께해 주었다. 더 늦기 전에 이 기록이 남겨져야 한다는 데 모두가 깊이 공감했다. 집담회, 당사자들의 글쓰기, 구술과 인터뷰 등 다양한 방식을 통해 활동 당사자 중심의 기록을 남기고자 애썼다.

이 책이 다루는 주요한 시간적 범위는 1970년대 말부터 2015년까지이다. 이는 지나간 역사의 기억과 원형을 살펴보는 작업이기에, 현재의 모습은 다음 세대가 정리해주기를 바라는 마음에서 2015년까지로 한정하였다. 공간적 범위는 부산 지역이다. 그동안 많은 역사 기록이 서울 중심으로 이루어져 왔기에, 부산사람들의 목소리로 부산의 공동체운동 역사를 담고자 했다.

이 책의 글들은 운동적 사건의 나열이 아니라, 공동체 활동을 해온 '사람' 중심의 기록을 지향한다. 가능한 한 활동 당사자의 목소리로 서술하고자 했으며, 집담회와 구술을 통해 기억을 정리하기도 했다. 각자가 활동을 시작하게 된 배경과 그 활동의 사회적 의미, 기억에 남는 사람과 사건, 에피소드 등을 담았다. 모든 사실을 빠짐

없이 정리하지 못한 아쉬움은 남지만, 당시에는 중요했으나 지금은 잊힌 운동과 흩어진 자료를 한자리에 모으고, 보이지 않는 사람들을 다시 기억해내며 그 가치와 의미를 되살리는 데 이 작업의 의의를 두고자 한다.

이 책은 서장과 부산지역 공동체운동의 발자취를 1부와 2부로 나누어 기록하고 있다. 서장에서는 먼저 시대적 배경에 대한 이해를 통해 부산지역 공동체운동의 역사와 사상적 배경을 살펴보았다. 이어지는 부산지역 공동체운동의 발자취에서는 야학운동, 도서원운동, 탁아운동, 공부방운동, 주거권운동, 자활운동, 지역복지운동, 마을공동체운동이라는 여덟 가지 주제로 정리하였다. 이 작업은 한두 사람의 힘으로는 불가능했기에 여러 사람으로 필진을 구성했다.

서장에서는 해방 이후부터 1987년 6월 항쟁에 이르기까지 부산지역 공동체운동의 흐름과 사상적 배경을 살펴본다. 1960년 부산에서 한국 최초의 신용협동조합인 '성가신용협동조합'이 창립되었고, 1968년에는 한국 최초의 의료보험조합인 '부산청십자의료보험조합'이 설립되었다. 이후 1970~1990년대를 거치며 부산도시산업선교회와 가톨릭노동청년회(JOC), 양서협동조합, 야학운동, 빈민운동 등 다양한 실천들이 이어졌다. 이러한 흐름은 민주화운동으로 집중되었던 에너지가 이후 새로운 사회운동으로 확장되는 토대가 되었고, 부산지역 공동체운동이 여러 분야에서 활발히 전개되는 밑거름이 되었다.

부산지역 야학운동의 원형은 생활야학, 검시야학, 노동야학을 소개하고 학강이었던 이와 강학이었던 이가 함께 집담회를 진행하고, 그중에 YMCA야학에서 강학으로 활동했던 이가 글을 정리해주었다. 필자는 야학에 참여하였던 관계자들을 구술하여 한 줄 글 뒤에 숨은 야학에서 시작하여 자기 삶의 주인으로 민중운동의 주체가 되는 사람들의 이야기를 기록하였다.

도서원운동의 원형은 도서원을 운영했던 당사자로서의 경험을 바탕으로 또 다른 당사자들을 찾고 인터뷰하며 정리하였다. 함께 배우고 성장하는 노동자의 벗이자 지역의 이웃이었던 도서원운동을 기록하며, 소모임 활동에 대한 소개를 하였다. 지역사회를 향한 모색과 새로운 길에 대한 그 당시 고민의 흔적을 이야기했다.

탁아운동의 원형을 정리한 필자는 실제로 부인이 '아기자람터' 탁아소 교사로 일하면서 탁아소 일을 도와주는 관계자였고, 우리교회에 있던 '우리아가동산'에서도 함께했던 관계자였다.

우리아가동산, 꽃들나라, 아기자람터 이야기와 영유아보육법 제정 시기의 보육운동과 보육교사노동조합이야기 아기자람터 부모들과 만남을 통해 그 당시 생생한 이야기를 적었다.

공부방운동의 원형은 '우리누리공부방'에서 30여 년 활동가 이모로 지냈던 선생님 인터뷰를 중심으로 정리하였다. 탁아소에서 키워진 아이들이 초등학교를 가게 되니 탁아소가 있던 지역에 공부방이 생겨났다. 대표적인 사례로 지금도 현존하고 있는 전포동 지역 탁아소 아기자람터가 있는 동네의 '한울타리공부방(현 한울타리지역아동센터)' 선생님 인터뷰를 정리하였다.

주거권운동의 원형은 부산의 주거현실과 주거권운동단체들을 소개하고, '대연우암공동체' 사례를 중심으로 정리하였다. "집이 무허가지 사람이 무허가냐?"라는 외침 속에 인간다운 삶의 질은 주거권으로부터 출발한다는 인식하에 이루어진 주거권운동 사례를 다루고 있다. 이어서 도시빈민운동에서 1990년대 철거문제를 둘러싼 주거권운동의 당사자들 이야기를 30여 년의 활동경력을 가진 대연 우암공동체의 활동가가 자전적인 글로 생생하게 정리해주었다.

자활운동의 원형은 생산공동체운동을 넘어서 1997년 부산에서 첫 자활사업을 했던 사상자활지원센터 담당자이며 지금도 자활현 장에서 일하고 있는 당사자의 글을 실었다. 1997년부터 2001년까 지의 활동이야기를 초기 사상자활 활동을 중심으로 부산진, 해운 대, 북구, 연제 자활 활동은 기고 글을 통해 정리하고 있다.

지역복지운동의 원형은 사회복지관 주민조직화(Community Organzing)활동을 중심으로 서술하였다. 1990년대 작은 복지관으로 시작하여 지역주민들의 욕구조사를 바탕으로 주민공동체를 조직 화했던 '학장복지관' 이야기와 '희망복지세상'이라는 지역사회복지 공동체를 꿈꾸었던 사회복지사들의 이야기가 이어진다. 뒤이어 주 민조직화 교육의 영향으로 주민공동체를 조직한 사례도 소개한다. 필자는 부산의 복지관이 주민조직화에 대한 고민을 어떻게 시작했 고, 어떻게 학습했으며, 어떻게 스스로 정체성을 찾아가고자 했는 지를 중심으로 들여다보고자 했다.

마지막으로 마을공동체운동의 원형이다. 부산의 자생형 마을공 동체운동은 1990년대 말 시작된다. 반송의 '희망세상'이 있고, '연 제공동체'가 있다. 화명동의 '북구공동육아협동조합', '대천천네트 워크', '맨발동무도서관', '대천마을학교' 등이 있다. 연제지역의 '연 제어울마당'이 있고, 남산동의 '금샘마을공동체'가 있다. '영도희망 21'과 백양마을의 '동화랑놀자 어린이 도서관', '산아래마을학교' 이 야기가 각각 특색을 가지며 활동한 이야기가 전개된다. 그동안 마을에서부터 변화를 만들어 온 공동체운동의 경험은 마을활동가들과 주민들이 마을의 주인으로 흔들림 없이, 당당하게 살아가게 하는 원동력이다. 앞으로도 이들은 주민 속에서 길을 묻고, 회원들의 지혜를 모아 서로 연대하고 협동하며 인간답게 사는 세상을 꿈꾸며 마을에서 살아갈 것이다.

지금까지 담아낸 이야기 중 어느 것 하나 소중하지 않은 것이 없다. 집담회를 거치며 모두가 가슴 벅차고 뜨거운 순간들을 경험하며 만들어낸 부산지역 공동체운동의 원형들이기 때문이다. 이는 곧 주민조직운동이라는 주체의 운동이 지닌 원형이기도 하다. 이 기록들이 한국 사회변화의 대안으로 우리가 함께 추구해온 '지역사회협동민주주의'로 나아가는 길에 작은 노둣돌이 되기를 바란다. 이 책이 나오기까지 따뜻한 격려와 아낌없는 도움을 주신 한국주민운동교육원과 박재천 선배님께 진심으로 깊이 감사드린다.

오랜 시간의 작업 끝에 오류를 줄이기 위해 당사자들의 검토과정을 거쳤지만, 누군가에게는 여전히 미진하거나 아쉬운 부분이 있을 수 있다. 관점의 차이에 따른 비판과 질책은 이 작업에 참여한 필진 모두가 감당해야 할 몫일 것이다. 그럼에도 이 기록들이 민주주의와 공동체운동을 꿈꾸며 함께 걸어온 이들에게 따뜻한 위로가 되기를 바란다. 아울러 부산지역 공동체운동의 역사가 새로운 공동체운동을 조직하는 이들에게 작은 활력과 영감이 되기를 기대한다.

2025년 12월
부산지역운동사 발간위원장 유영란

차례

서장

부산지역 공동체운동의 역사와 사상적 배경

부산지역 공동체운동의 역사와
사상적 배경

차성환

1. 들어가는 말

공동체운동의 역사를 논하기 전에 먼저 공동체란 무엇인가를 정의할 필요가 있다. 그런데 공동체란 용어는 역사적, 사회적으로 매우 다양하게 사용되었다. 미국의 한 사회학자는 『공동체의 정의들』이란 책 속에서 무려 94개의 공동체 유형을 분류했다. 영문 위키피디아에서는 공동체를 "집단적으로 거주 환경이 같은 유기체들이 상호작용하는 집단(지역사회 등), 또는 공통의 가치를 공유하고 있는 사회적 단위(채식 공동체, 육아 공동체 등)"라고 정의한다(김형미 2013, 16-31).

한국에 한정하여 살펴본다면 공동체 논의와 관련하여 최협은 세 가지 입장이 있다고 지적한다. 첫째는 공동체를 지역 단위로 보는 입장이고, 둘째는 공동체를 자본주의 생산양식 발생과 더불어 붕괴되는 역사적 유물로 간주하는 입장이며, 셋째는 사회조직 또는 사회적 결합의 기본원리의 하나로 파악하는 입장이다. 최협은 세 번째 관점을 취하는데 이는 니스벳이 서구사회의 공동체론을 정리한 바에 의거한다. 즉 근현대로의 이행과정에서 일어난 사회적 분화, 인간 소외, 자유방임주의, 개인주의 등으로 인한 불평등, 도덕적 타락을 해결하려는 움직임이 공동체의 추구로 나타났다는 것이다. 따라서 공동체는 정치·경제적 이기주의와의 결별, 전통적 집단에 존재했던 인격적·공동적 유대, 평등, 협동, 친목, 우애와 같은 가치를 지향한다. 그리고 한국 사회에서 공동체 논의가 활발히 전개되기 시작한 것은 1970년대부터 시작된 '민중'의 강조, 자본주의 자생적 발전론의 대두, 근대화이론의 쇠퇴 등과 맞물려 있다고 본다. 그리고 공동체론은 장래 사회구성에 관한 논의로 발전할 전망이 있다고 진단했다(최협 1986, 15-31).

2. 한국 공동체운동의 전개과정

최협은 마을(自然村落), 두레 그리고 계를 한국 전통사회의 공동체로 파악한다(최협 1986, 20-21). 그런데 근현대로 넘어오면 전통적 공동체는 쇠퇴하고 협동조합, 이상촌 건설 등의 공동체운동이 나타난다. 일제강점기로 들어서면서 독립운동단체인 비밀결사 신민회는 사리원에 모범농장을 세우려고 계획했는데 생산품의 공동판매와 생활용품의 공동구매를 통해 자립적 이상촌을 건설하려 했다. 이런 움직임은 1920년대 이상촌을 지향하는 협동조합운동으로 이어져 남강 이승훈은 평북 정주군에 협동조합과 학교를 통해 자립적인 농촌을 지향하는 용동촌을 세웠다. 조선에 협동조합이 전파된 시기는 1919년 무렵인데 1932년 〈동아일보〉가 조사한 바에 따르면 최소한 290여 곳의 협동조합이 있었다고 한다. 이런 흐름은 해방 이후에도 이어졌고 농촌과 도시에서 협동과 사회부조를 위한 다양한 조직이 등장한다. 1959년에 설립한 충남 홍성의 풀무생활협동조합, 1968년 설립된 청십자의료협동조합, 1972년 강원도 원주교구가 중심이 된 협동조합운동, 도시산업선교회의 협동조합운동 등이 있었다(김형미 2013, 16-31).

한편 도시화와 산업화가 진전되면서 도시빈민이 형성되고 이들의 주거권 문제가 심각해지면서 개혁적 종교인·지식인들이 조직가로 빈민지역으로 들어가서 지역의 이슈와 주민들의 상황, 의식을 조사하고 정보 제공과 교육을 통해 주민이 주체가 되어 문제를 해결해나가는 빈민공동체운동이 시작되었다. 이 운동은 점차 경제, 교육, 문화 등의 주제로 확장되었고 현실정치문제, 장기적인 대안의 마련, 사회변혁운동의 성격도 지니게 되었다(김한수 2019, 32).

그런데 해방 후 한국에서는 개혁가들의 공동체운동이 본격화하기 이전에 관 주도의 지역사회개발사업이 꽤 오랫동안 지속되었다.[1] 이승만 집권기인 1957년에 '지역사회개발사업(Community Development Project)'이란 이름의 농촌개발사업이 시작되었는데 이 사업은 미국의 지원으로 이루어진 농촌안정화정책의 일환이었다. 그러다 5·16쿠데타 이후 이 사업은 '재건국민운동'이라는 정부 주

---

1   관 주도의 지역사회개발운동은 내세우는 구호나 목표가 공동체운동과 흡사하지만 주민을 진정한 주체로 보지 않고 국가정책의 대상으로 본다는 점에서 본질적으로 다르다.

도의 운동으로 탈바꿈했다. '재건국민운동'은 교육, 향토개발, 신생
활운동이 주요 사업이었다.

먼저 교육과 관련하여 쿠데타세력은 국민계몽과 쿠데타가 내세
운 이념의 보급을 위해 시군 단위까지 교육원을 설치하여 1963년
에는 무려 1,355만 8,000명이 교육을 받았다. 향토개발사업은 농어
촌환경개선, 국민저축운동, 자매부락결연사업, 기아 및 재해민지원
사업 등을 통해 도시와 농촌의 이질감을 누그러뜨리고 '동포애' 정
서 속에 국민 통합을 꾀했다. 신생활운동은 표준 간소복, 혼·분식
장려, 화장실 개량, 표준의례 실시, 가족계획 실시 등으로 생활규범
을 강제하려 했다. 민정 이양 이후 '재건국민운동'은 사단법인으로
전환하고 마을금고(재건금고)사업에 치중하다가 새마을운동이 본
격적으로 정착되기 시작한 1975년 12월에 해체되었다(정상호 2017,
191-196). 새마을운동에 대해서는 길게 논할 여유가 없으나 수원에
새마을지도자연수원을 만들고 1972년에서 1979년까지 각종 합숙
교육을 받은 사람은 약 68만 명에 이르며 비합숙훈련은 연인원 약
7천만 명으로 국민 1인당 평균 2회 정도의 비합숙훈련을 받은 셈이
다. 새마을교육의 내용은 1970년대 후반으로 갈수록 '유신정치교
육'에 치중했다(강준만 2002, 123).

재건운동이나 새마을운동이 주로 농촌을 대상으로 한 지역사회
개발이라면 도시에는 대규모 택지 건설과 철거 위주의 공급정책이
우선되었다. 철거는 1950년대부터 행해졌는데 1960년대에는 시민
아파트 건설, 집단 이주정착지 건설, 현지 개량(재개발) 등의 대책을
내놓았지만 정부와 서울시는 판자촌을 정치적으로 이용했다. 선거
를 앞두고 무허가건물을 양성화하겠다는 공약을 남발했다가 선거

후 즉시 철거하는 행태를 보여 반발을 샀다. 시민아파트는 처음부터 '날림으로' 지어져 슬럼화되었고 와우아파트 붕괴사고(1970년), 광주대단지사건(1971년) 등으로 문제의 심각성은 더해갔다. 박정희 정부의 경제정책은 절대적 빈곤을 축소시켜가는 과정이었지만 도시빈민과 노동자들의 희생 위에 추진됨으로써 상대적 빈곤을 확대하는 과정이기도 했다(정상호 2017, 196-197).

이러한 상황에서 1968년 미국 연합장로교 도시산업선교회 총무 조지 토드 목사의 지원으로 신·구교가 연합해 연세대 도시문제연구소를 설립한 것이 도시빈민 공동체운동의 시초가 되었다.[2] 박형규 목사가 위원장인 '도시선교위원회'는 1968년부터 1971년까지 빈민 선교자를 도시문제연구소에서 훈련했는데 허버트 화이트 목사는 솔 알린스키(Saul Alinsky)의 주민조직(CO) 방법론을 전수했다. 1970년대 초, 와우아파트사고와 광주대단지사건이 연이어 발생하자 개신교계는 빈민선교를 위한 초교파적 기구인 '수도권도시선교위원회'를 조직하여 광주대단지, 남대문시장, 송정동 뚝방, 도봉동, 인천 화수동, 신정동 금화시민아파트 등에 조직가를 배치하여 활동했다.

---

2   이보다 조금 앞서 한국에서 기독학생운동을 하다 미국으로 유학한 오재식이
     조지 토드의 제안으로 1966년 여름, 알린스키의 조직가 훈련코스를 접한 후
     한국에 돌아와 알린스키의 방법론에 기반한 학생사회개발단을 조직한다(김한
     수 2017, 128-129). 한국기독학생회총연맹(KSCF)은 오재식과 함께 1969년을
     문제 발굴의 해, 1970년을 문제 고발의 해, 1971년을 문제 해결의 해로 정하고
     수백 명의 학생을 농촌, 빈민지대, 공단지대, 특수산업지역, 공해지역 등에서
     방학을 이용하여 주민과 노동자들을 만나 대화하고 토론하는 계획을 실행했
     다(부산민주운동사편찬위원회 2021, 183-184).

　1972년 10월 유신쿠데타가 일어나자 모든 사회운동이 위축되면서 상황이 크게 악화되었다. '수도권도시선교위원회'는 타개책으로 청계천 지역에 역량을 집중하기로 하고 답십리의 판잣집을 전세 내어 합숙하면서 '답십리센터'라고 불렀다. 답십리센터는 활동가들의 합숙소이자 통제부, 활동가들의 훈련소로 기능했다. 또한 주민실태조사, 아동교육실태조사 등을 통해 육성회비대책위, 철거대책주민위 조직, 주민 질병 대책 활동, 주민교회 활동, 의료협동조합 조직 등을 전개했다(빈민지역운동사발간위원회 2017, 38-47). 그런데 1973년 유신헌법의 철폐를 촉구하는 진보적 기독교인들의 부활절 연합예배사건, 1974~1975년의 일련의 긴급조치 등으로 선교위원회의 중심 인물들이 구속되면서 1970년대 내내 정권의 견제와 탄압에 시달리면서 이합집산을 거듭했다.

　이에 대한 보호막으로 선교위원회는 지역 내 거점으로서 교회를 설립하게 된다. 청계천의 활빈교회, 뚝방교회, 성남의 주민교회, 사당동의 남서울교회, 중랑천 주변의 사랑방교회, 하월곡동의 동월교회 등이 대표적이다. 다시 말하면 반상회, 새마을운동 등 관변조직의 득세와 정권의 탄압을 우회하기 위해 선교위원회는 교회를 근거지로 한 조직화 전략으로 노선을 변경했다(김한수 2019, 162-163). 1977년부터 선교위원회는 수도권을 넘어 지방도시와 농촌지역으로 확장되었다. 조직가들은 지역 조건에 따라서 다양한 방식으로 활동했다. 광주, 부산, 제주, 삼척, 영주, 제천, 해남 등에서도 조직활동이 전개되었다(빈민지역운동사발간위원회 2017, 52). 1977년 4월에 부산에도 도시산업선교회가 조직되었는데 중부교회의 최성묵 목사가 중심에 서고 박상도 집사가 실무자로 활동했다(부산민주운동사편찬위원회 2021, 247).

하지만 1970년대를 거치면서 선교위원회의 활동은 상대적 침체를 겪었다. 첫째, 사회통제의 강화로 주민조직의 가능성이 줄었고, 둘째, 1970년대 말 도심의 판자촌이 거의 철거되었으며, 셋째, 경제 개발이 도시빈민의 삶의 질을 향상시키지는 못했지만 삶의 외양은 바꾸어놓았기 때문이다. 이런 상황에 능동적으로 대처하기 위해 선교위원회는 종래의 조직과 전략을 전면적으로 혁신할 필요가 있다는 판단에 따라 1979년 2월 스스로 해체하였다(빈민지역운동사발간위원회 2017, 53).

한편 가톨릭의 도시빈민운동은 개신교와 다소 결이 달랐던 것 같다. 가톨릭의 도시빈민운동은 제정구와 정일우 신부의 탁월한 지도력에 힘입은 바가 컸다. 1972년에 청계천과 인연을 맺은 제정구는 비슷한 시기에 그곳에 살던 정 신부와 의기투합하여 빈민운동에 투신했다. 그들은 성동구 송정동을 거쳐 양평동 판자촌에 살면서 동네 사랑방을 만들어 주민들과 어울렸다. 두 사람은 양평동에 들어오면서 네 가지를 다짐했다고 한다. 첫째, 외부 프로젝트는 하지 않는다. 둘째, 그냥 산다. 셋째, 주민이 우리를 필요로 할 때 앞장선다. 넷째, 그들 스스로 하는 일을 함께하고 거든다. 외부 프로젝트는 자신들에게나 주민들에게 의존심을 키우는 해악이 있다고 본 것이다. '그냥 산다'는 것은 자신들을 '활동가'나 '조직가'로 인식하지 않고 주민의 일원이어야 한다는 뜻이다. 1977년 양평동 판자촌이 철거될 때 그들은 170세대의 뜻을 모아 경기도 시흥에 공동체마을 '복음자리'를 건설했다. 그 과정에서 온갖 험난한 일을 겪었다고 한다. 그 후에도 서울에서 강제 철거된 빈민들의 이주를 위해 두 개의 마을을 더 건설하고 신협과 장학회도 만드는 등 다양한 공동체 운동을 이어갔다. 이 공동체는 1987~1988년 사이에 흩어지게 되지만 구성원들에게는 영원한 마음의 고향으로 남게 된다(빈민지역운동사발간위원회 2017, 71-110). 이상 초창기 한국사회 공동체운동의 역사를 간략히 살펴보았다. 이 운동은 1970년대까지 주로 수도권을 중심으로 전개되었지만 점차 전국으로 전파되었다.

3. 부산지역 공동체운동의 역사적 배경

부산은 일제강점기에 제국주의 침탈을 위한 식민도시로 개발되었는데 해방과 6·25전쟁을 겪으면서 인구의 급팽창으로 인한 '과잉도시화'를 경험했다(장세훈 2012, 10).[3] 특히 전쟁 피난민이 대량 유입되면서 주거지 확보를 위해 귀속 재산을 중심으로 피난민을 수용하였으나, 감당이 되지 않아 여관, 요정, 극장 등을 임시 수용소로 선정하여 수용하였다. 1951년 1·4후퇴 후 정부는 현 부산시 남구 우암동의 적기, 영도구의 봉래동과 청학동, 그리고 대연고개, 남부민동, 당리 등에 약 70,000명을 수용할 수 있는 40여 개의 수용소를 마련하였고, 유엔민사원조사령부로부터 구호물자를 공급받았다. 하지만 주택 수요에 비해 공급이 턱없이 모자라 집값의 폭등을 막

---

3   1945년 해방 당시 28만 명이었던 부산 인구는 1949년 47만 명에 이르고 한국 전쟁을 거친 후 1956년에는 100만 명을 넘어섰다. 전쟁 피난민은 약 50만 명에 달했고 이들은 부산 전역에 약 4만 채의 무허가 판자집을 지은 것으로 추정된다(장세훈 2012, 11 재인용).

을 수 없었다. 따라서 수용시설에 거주하는 피난민에게 최우선적으로 식량과 의약품을 공급하는 등의 유인책이 동원되었다. 또 전염병 확산에 대처하기 위해 의약품의 확보 및 예방에 많은 노력을 기울였다(서만일 2014, 부산역사문화대전).

이런 상황에서 부산에서는 혼란과 민생고에 빠져 있는 서민들의 삶을 도울 수 있는 공동체운동의 움직임이 주로 종교계를 중심으로 시작되었다.

1) 의료복지 공동체운동

가장 긴급한 의료서비스의 제공을 위해 1951년 7월 1일 복음병원이 설립되었다. 이 병원의 설립에 가장 큰 역할을 한 사람은 장기려와 전영창이었다. 전영창은 미국 유학 중 귀국하여 개신교 고려신학파의 교회에서 '경남구제위원회'를 조직하여 피난민 구호에 힘쓰고 있었다.[4] 그는 당시 부산의 제3육군병원 의사로 근무하던 장기려에게 무료 구제병원의 설립을 제안하여 함께 영도 남항동에 복음병원(천막 진료소)을 설립했다.[5] 이후 장기려는 1976년까지 원장

---

4   이후 전영창은 석연치 않은 이유로 고신파 교단에서 축출되었고 후일 거창고등학교를 인수하여 교육에 헌신하였다.

5   장기려는 1911년 평안북도 용천군에서 기독교를 믿는 부유한 지주 집안에서 태어났다. 1932년 경성의학전문학교를 수석으로 졸업한 후 1940년 평양연합기독병원 외과 과장으로 근무했다. 1945년 11월 북한 제1인민병원[평양도립병원] 원장으로 재직하고, 1947년에는 김일성대학의 초빙으로 강의하였으며, 김두봉 등과 함께 북한 최초로 수여된 박사 학위를 받기도 했다. 6·25전쟁 초창기에 그는 김일성대학 부속병원에 근무하면서 미군의 폭격을 받은 환자를 하루에만 49명을 수술하기도 하였다. 그러나 후퇴하는 북한군의 퇴로를 따르지 못하고 평양에 체류하다 평양에 들어온 국군병원과 유엔 민사처의 병원에

으로 재직하면서 많은 서민들을 무료로 치료해주었다. 북한에서 사회주의 의료보험제도를 체험했던 장기려는 농촌운동가 채규철[두밀리 자연학교 교장]을 만나 덴마크의 의료보험 상황을 듣고 취지에 동의하여 1968년 우리나라 최초의 의료보험조합인 ‘부산청십자의료보험조합’을 설립했다(신춘식 2014, 부산역사문화대전).[6]

이 조합은 한국 최초의 비영리형 민간의료보험으로 1989년 민간의료보험 실시 전까지 약 20년간 부산을 중심으로 지역사회 의료보험자 역할을 수행하였다. 1988년에는 가입자가 230,000명에 달했고 1989년 해산할 때까지 약 530,000명이 가입했다. 보험가입에 대한 제한은 없었으며 보험료는 연령과 성별 등 질병 발생 위험에 상관없이 동일했다. 보험료와 급여 범위 등 중요한 결정은 이사회, 운영위원회, 대의원 총회를 통해 충분한 토의과정을 거친 후에 합의점을 도출해내는 회의 방식을 채택했고 의사결정은 만장일치제였다. 가입자와 요양기관의 도덕적 해이를 방지하고자 본인 부담금과 요양기관 계약제 등을 실시하였다(강성욱·유창훈·최지헌·권영대 2017, 1-2).

2) 신용협동조합

한국 최초의 신용협동조합이 1960년 5월 부산에서 시작되었다.

근무하였다. 장기려는 부인과 3남 3녀를 두었지만 1950년 12월 3일 둘째 아들만 데리고 월남하여 부산에 정착하였다. 이후 평생 독신으로 살았다(신춘식 2014, 부산역사문화대전).

6 이 조합은 1975년 8월 동구 수정동에 직영병원인 청십자병원을 개원하여 1996년까지 영세민과 장애인 환자를 위한 진료에 노력했다.

부산 중구 대청동 소재 메리놀 수녀회 병원 '나자렛의 집'에서 27명
의 조합원으로 '성가신용협동조합'이 창립되었다. 이를 주도한 인
물은 메리 가브리엘라 뮬헤린(Mary Gabriella Mulherin) 수녀인데 그
는 메리놀 수녀회 소속으로 1930년 평양교구에 부임해 일하다가
1951년 1·4후퇴 때 남하하여 부산에 체류하면서 1952년 주한외국
원조단체협의회의 이사로 있었다. 1957년 캐나다 프란시스 세비어
대학교 코디연구원에서 신용협동조합을 연구했고 이를 활용하여
'나자렛의 집' 직원, '성 분도병원' 직원 그리고 가톨릭구제회 직원
등을 규합하여 성가신협을 창립했다.[7] 당시는 은행 문턱이 너무 높
아 서민들은 고리채에 의존하거나 계를 조직하여 신용을 창출했는
데 고리채는 높은 이자 부담으로, 계는 빈번한 사고로 인해 고통받
았기 때문에 신용협동조합은 매우 절실한 사업이었다고 할 수 있다
(강승희 2010, 14-15).

3) 빈민선교

빈민선교와 관련해서는 1962년에 대한성공회 부산교구에서 설
립한 동래교회를 들 수 있다. 이 교회는 부산대학교에 대한 학원 선
교와 반송지역 빈민선교를 위해 설립되었다. 동래교회는 1963년 호
주선교사 경다윗 신부 주도로 반송동의 취약 지구에 거주하는 빈
민 가족들을 위한 지원 사업을 전개했다. 1965년에는 마을회관과
교회 부속 반석유치원을 설립하고 자립과 협동 형태의 삶을 추구하

---

7   1960년 6월에는 천주교 서울교구 소속 장대익 신부의 주도로 카톨릭중앙신용
    협동조합이 창립되었다. 장 신부도 1957년 코디 연구소에서 신용협동조합 연
    구를 한 것으로 소개되어 있다.

였다. 동래교회는 1969년에 반송동 15-182번지에 임시 성당을 마련하고 1970년대 후반까지 사목 활동을 비롯하여 특별히 지역사회를 위한 청소년 선도 활동과 기아 해방운동을 전개하였다. 반송동의 난민 정착 사업은 성공회가 시도했던 초창기 빈민선교의 효시가 되었다(노현문 2014, 부산역사문화대전). 이상 종교단체 주도로 전개된 1950~1960년대의 부산의 공동체운동을 살펴보았는데 이 운동들은 권력과의 갈등 없이 비교적 순탄하게 추진되었다. 그런데 1970년대로 접어들면서 박정희 정권의 독재가 강화되고 1972년 10월 유신체제가 들어서면서 심한 갈등의 시기로 접어든다.

4) 학생사회개발단

한국기독학생회총연맹(KSCF)이 알린스키의 조직론에 따라 추진한 학생사회개발단(학사단)운동이 전국에서 진행되었는데 부산에서도 부산대학교 등 5개 대학의 학생들이 참여하였다. 그러나 시행과정에서 부산공전과 한성여대는 농촌봉사활동으로 바뀌었고 동아대는 단원 모집에 실패함으로써 부산대와 수산대만 참여했다. 두 학교가 농촌봉사활동으로 바뀐 것은 권력의 압력이 작용한 것으로 추측된다. 수산대학의 어판장 실태조사와 품팔이 부녀자 조직사업은 성공적으로 평가받았다고 한다. 하지만 1971년의 대통령선거를 거치면서 대학생들의 관심도 정치문제로 집중되고 정권의 탄압이 강화되면서 학사단운동도 지속하기 어려웠다(부산민주운동사 편찬위원회 2021, 183-185).

5) 부산도시산업선교회와 가톨릭노동청년회(JOC)

노동운동에서는 1977년 4월에 부산도시산업선교회(부산도산)가 조직되어 활동이 시작되었다. 박상도 총무가 부당해고된 안드레상사 노동자들의 문제를 해결하자 많은 노동자들이 부산도산을 찾아왔다. 대표적으로 사상공단에 위치한 신창금속 노동자들이 임금문제로 상담을 청했다. 부산노산은 신창금속의 모기업인 주식회사 태화에 건의서를 보내면서 태화제품 불매운동까지 거론했다. 결국 태화는 신창금속 노동자들의 요구를 수용했다(부산민주운동사 편찬위원회 2021, 236-238). 부산도산의 활동은 부마항쟁으로 계엄령이 발동되고 최성묵 목사와 박상도 총무가 연행, 탄압을 받으면서 중단되었다.

가톨릭노동청년회(JOC)는 부산지부가 1963년에 조직되었는데 1970년대 초반까지는 교육과 봉사활동이 중심이었다. 1974년에 태광산업에서 노동조합 결성을 지원하여 전국섬유노조 태광산업지부를 결성하는 데 성공하였다. 이 일을 계기로 부산의 가톨릭노동청년회는 노동운동에 적극적으로 참여하였다. 1978년 1월, 가톨릭노동청년회 전국 회장을 역임한 정인숙이 부산의 동양고무에 입사하여 조직 활동을 시작하고, 부산지부의 진병태와 박주미가 삼화고무와 태화고무에서 팀을 조직하였다. 또 가톨릭노동청년회는 노동운동을 탄압한 섬유노조 위원장 출신의 김영태가 부산에서 통일주체국민회의 대의원으로 출마하자, 1978년 5월 중순 이를 저지하기 위해 부산에 온 동일방직 해고 노동자의 활동을 지원했고 그로 인해 탄압을 받았다(차성환 2014, 부산역사문화대전).

6) 양서협동조합

이 시기의 공동체운동으로서 특기할 만한 운동은 부산양서협동
조합(부산양협)이었다. 부산양협은 1977년경 당시 중부교회 청년부
교사 김형기의 제안으로 기독교 청년, 대학생, 지식인 등이 호응하
여 1년여의 준비 기간을 거쳐 1978년 4월 2일 설립되었다. YMCA
강당에서 79명이 참석한 가운데 열린 창립총회에서 투표에 의해
김동수, 김형기, 윤정규, 이흥록 4인은 2년제 이사로, 신선명, 박현
삼, 김명준, 정동진, 정영운 이상 5명은 1년제 이사로, 박노춘, 박상
도, 임동규를 감사로 선출하였다. 이후 조합장에 이흥록을 추대하
고, 전무에 김희욱을 임명하였다. 그리고 4월 11일 보수동 책방골
목에 13.2m^2[4평]짜리 2층 가게를 전세로 얻어 4월 22일 협동서점
을 개설하였다. 1층은 서점으로, 2층은 사무실 겸 모임 장소로 사
용하였다.

부산양협은 협동조합 원칙에 충실하게 조합원을 교육하고, 조
직 활성화를 위해 어학연구, 지역사회 개발, 학술연구, 종교연구, 예
술연구 등의 소모임을 조직했으며 강연회를 열고 농촌활동을 하기
도 했다. 이러한 활동에 대해 경찰은 지속적으로 감시하면서 농촌
활동과 관련해서는 긴급조치 혐의를 씌워 연행, 조사를 하기도 했
다. 부마항쟁 직전인 1979년 9월 부산양협은 조합원 501명, 출자금
500만 원 이상이었고 경영 수지는 흑자를 이루었다. 부산양협은 소
비자협동조합 운동, 시민문화운동, 민주화운동의 성격을 함께 갖고
있었다.

부산양협은 설립 후 마산, 서울, 대구, 광주, 울산, 수원 등으로

확산되어 새로운 형태의 운동 모델로 등장하게 되었다.[8] 1979년 10월 부마항쟁이 발생하자 계엄합수부는 부산양협을 항쟁의 배후조직으로 조작하려 했으나 10·26사건으로 박정희가 피살되자 조작은 중단되었다. 하지만 계엄합수부는 강제 해산을 강요하여 결국 11월 19일 긴급 이사회를 열어 해산하고 말았다(차성환 2014, 부산역사문화대전). 서울 이외의 대부분 지역에서도 부마항쟁과 5·18항쟁을 겪으면서 독재정권의 탄압으로 양협은 폐쇄되었지만 이후 6월 항쟁과 노동자대투쟁을 거친 후 1989년 부산에서 일어난 도서원운동에 큰 영향을 주었다.

7) 야학운동

1970년대 후반부터 부산에서 활성화되기 시작해 오랫동안 지속한 공동체운동은 야학이었다. 물론 야학은 일제강점기부터 있었고 해방 후에도 5·16쿠데타 이후의 '재건국민운동'의 일환으로 시행되기도 했다.[9] 하지만 사회개혁의식을 갖는 학생, 종교인들의 참여로 이루어진 부산 최초의 야학은 1977년 12월 부산진구 가야동에 설립된 '성안야학'이었다. 주도한 사람들은 부산 출신으로 서울대에 진학한 신기엽, 박순성 등이었다. 그들은 재학 중 학생운동을 했

---

8 발족에까지 이르지는 못했지만 전주, 인천, 청주, 원주, 제주에서도 설립을 준비하였다고 알려져 있다.

9 예컨대 구포야간학교는 1967년 4월 구포재건중학교로 개교하여, 1976년 1월 구포새마을청소년학교로 개칭하였고, 1998년 1월 구포청소년학교로 개정[고등부 과정 신설]하였다. 2002년 2월 구포야간학교로 개정[청소년 대상에서 주부 및 성인 대상으로 전환]하여 2011년 현재 중등부, 고등부 1년 과정으로 검정고시 위주의 수업을 운영하고 있다(최두진 2012, 부산역사문화대전).

고 방학이나 휴학 중 부산에 와서 부산양협이나 중부교회 등을 통한 활동을 모색하다가 고등학교 친구인 부산대학교의 허천호와 강용현, 부산공전의 박욱영 등과 의기투합하여 야학을 설립하게 되었다. 성안야학은 성안교회에서 1년 과정의 생활 야학 형태로 학생을 모집하였다. 수업 내용은 수학, 영어, 음악 등 학생들의 요구를 반영한 과목이 주를 이루었다. 노동야학을 지향했지만 그에 걸맞는 교과과정을 갖추기는 어려웠다.

먼저 야학생들과 인격적인 유대와 신뢰를 쌓는 데 집중했다. 1978년 8월, 2기 신입생이 들어왔고, 1979년 8월, 3기 신입생이 들어오면서 1기가 졸업하게 되었다. 이후 1기 졸업생이 강학(講學)[야학의 교사]으로 참여하기도 하면서, 부산대 학생을 중심으로 강학의 구성이 대폭 바뀌게 된다. 그해 10월 일어난 부마항쟁에 성안야학의 강학들이 연루되면서 성안교회로부터 압력을 받게 되었다. 결국 1979년 말 성안교회의 요구로 폐교되었다.

이후 졸업생 박주미가 속한 가톨릭노동청년회[지오세]의 도움을 받아 가야성당으로 야학을 옮겼다. 그래서 '가야야학'으로 불리기도 했다. 부산대 지하서클의 회원을 중심으로 강학이 구성되었는데, 1980년 봄에 이 서클이 '민족사연구회'라는 공개서클로 전환하면서 민족사연구회의 신입생이 대거 강학으로 투입되었다. 이후 5·18항쟁을 거치면서 선배그룹이 빠지고 1~2학년이 강학을 전담하게 되었다. 가야야학의 수업 과목과 내용은 생활야학의 형태를 취하였다. 국어, 작문, 사회 등 의식화 학습에 용이한 과목에 중점을 두었다. 교재는 잉크식 등사기[이를 '가리방'이라 하였다.]를 사용하여 일일이 만들어 썼으며, 수업시간에 관계없이 거의 모든 강학들이 수업에 참관하는 등 열정적이고 헌신적인 모습을 보였다.

이들은 노동자들과 연배도 비슷하여 친밀한 유대 관계를 형성하였으며 여름에는 1박 2일로 학생[노동자]의 고향집에 수련회를 가기도 하였다. 무엇보다 끈끈한 인간관계를 중시했고 모두 2기가 모집되었으며 학생들의 작문을 모아 문집을 내기도 하였다. 1981년 5월 강학 이성홍 등이 부산대 학내에서 유인물을 배포하고 시위를 벌이다가 연행, 조사과정에서 가야성당야학의 등사기를 사용한 것이 드러나 문을 닫게 되었다. 가야성당야학이 정리되면서 이후 학생[노동자]들은 지오세[Jeunesse Ouvriere Chretienne, 가톨릭노동청년회] 활동을 하거나 졸업생 모임을 꾸려가기도 하였다. 남은 강학들은 후에 사상성당야학으로 옮겨가기도 하였다.(이성홍 2014, 부산역사문화대전). 1980년 이후 부산에는 많은 야학들이 새로 설립되었고 1981년 10여 개의 야학 주체들이 모여 부산지역 야학연합회를 결성하는 것으로 발전하였다.[10]

8) 빈민운동

부산은 해방과 6·25전쟁을 거치면서 엄청난 숫자의 귀환동포와 피난민, 이농민들이 유입되어 주거문제가 심각했다. 열악한 무허가 판자촌들이 대거 형성되었지만 이승만 정부는 손쓸 방도가 없었다. 5·16쿠데타 이후 박정희 정부는 권위주의적 재개발을 시작했다. 부산시는 도심지의 판자촌을 강제 철거하고 주민들을 정책이주

10　1985년 이전까지 부산지역야학연합회에 참여했던 야학은 성신야학, 무궁화야학, 대건야학, 온누리야학, 동래야학, 성화야학, 우암야학, 샛별야학교, 새마음야학, 형설야학, 어람야학, 솔빛야학 등이다.

지에 이주시키거나 현지에 시영아파트를 지어 입주시키려 했다. 폭력적 철거는 1967년 충무동 매립지 철거민들의 시위를 비롯한 빈민들의 저항을 불렀다.[11] 자연발생적 저항은 지속적으로 일어났지만 무력했다.

이 시기에 부산시는 2차에 걸친 재개발을 시행했는데 제1차 정책이주는 1968~1971년 동구 수정동, 중구 영주동 등 고지대 판자촌 거주민 15,436세대를 해운대구 반송, 반여동 등 시내 8개 지역에 이주시켰다. 제2차 정책이주는 1972~1977년 중구 보수동, 동구 범일동 등 고지대 주민 8,768세대를 북구 만덕동 및 남구 용호동 등에 이주시켰다. 1차 이주 때 부산시가 이주민에게 지급한 보상은 세대당 택지 10평에 불과했다. 이는 당시 건축허가 최소면적인 대지 27평, 건평 16.2평에 훨씬 못 미쳐 주택건립이 불가능한 규모였다. 2차 이주 때는 세대당 대지 17평, 건평 8평 규모의 주택으로 이 역시 증·개축이 가능한 대지 최소면적 27평, 건평 16.2평에 훨씬 못 미치는 규모였다. 정책이주민들은 정착할 때부터 무허가 불량주택을 급조할 수밖에 없어 부산시가 무허가 불량주택 양산을 부채질한 결과가 되었다(부산일보 1991. 4. 23). 정책이주지는 열악하기 짝이 없었고 생계대책이 막연했던 철거민들은 시영아파트 입주권을 전

---

11 1967년부터 시작된 부산시의 고지대 개발계획은 10,428가구 약 3만 명이 거주하는 8,607동의 무허가 불량주택을 대상으로 추진되었다. 중구, 서구, 동구, 영도구 등 도심지 판자촌 도처에서 강제 철거가 강행되었고 주민들의 반대와 저항이 잇달았다. 1968년 8월 13일에는 극한 상황에 몰린 영주동 주민이 철거에 항의하러 시장 면담을 요구하다가 제지하는 수위를 칼로 찔러 중태에 빠뜨리는 사건까지 발생했다(부산일보 1968. 8. 13, 7면).

매했다. 불량주택을 양성화하는 정책도 주민의 경제력 부재로 실패로 돌아갔다. 이 과정에서 불량주택은 시 외곽에서 양산되었고 단속이 느슨해지면 무허가 주택이 늘어나 전체적으로는 주거문제가 개선되지 않았다(장세훈 2012, 10-22).

1980년 쿠데타로 집권한 전두환 정권은 주민들의 조직적 저항으로 인한 정치적 타격을 회피하려고 '합동재개발' 방식을 도입했다. 합동재개발은 주민이 시행 주체가 되어 재개발조합을 결성하고 건설업체를 선정한 후 양자가 협력하는 형태였다. 개발이익이 재개발의 동력이 되면서 이익의 분배를 둘러싼 복잡한 다툼이 나타났다. 먼저 원주민이 가옥주와 세입자로 분열, 대립했다. 배제된 세입자들은 주거권을 지키기 위한 조직적 저항에 나섰다. 1990년대 부산 해운대구 승당마을의 철거반대투쟁이 대표적인 사례이다. 또한 원주민 가옥주와 불량주택을 사들여 입주권을 얻은 외지 가옥주 간의 갈등, 재개발조합으로 대표되는 가옥주들과 시공업체 간의 갈등도 불거졌다. 공공성을 도외시한 채 수익성만 앞세운 합동재개발은 많은 부작용을 일으켰고 원주민들의 재정착율은 10~20% 안팎에 불과했다. 그 결과 원주민 지역공동체는 해체되고 새로이 중산층 거주지가 조성되는 양상이 빚어졌다(장세훈 2012, 22-27).

부산의 주거권 문제에 처음으로 외부의 지원세력이 개입한 사례는 1984년 5월 부산대생들의 시위였다. 부산일보 기사에 의하면 부산대 효원민주화추진위원회 학생 40여 명은 5월 30일 하오 2시 30분께부터 3시간 30여 분 동안 신·구 정문 앞에서 『낙동강하구 둑공사로 철거되는 을숙도 주민들의 생존권을 보장하라』라고 주장하며 한때 경찰과 투석전을 벌이는 등 교내시위를 했다. 이 시위에는 을숙도 주민 14명이 학생들과 한때 합류하기도 했다. 학생들은 「우리는 외면할 수 없다. 을숙도 철거민 생존권 보장」이라 적힌 플래카드를 들고 교외진출을 시도했으나 경찰의 저지로 좌절됐다. 학생들은 을숙도 주민들의 철거보상문제를 협의하기 위해 31일 하오 5시 부산시청 앞에서 모이기로 약속하고 이날 하오 6시께 해산했다.[12] 후속 보도가 없어 이후에 어떻게 진행됐는지 알기는 어려우나 이 시기부터 학생운동이 주거권 문제에 관심을 갖기 시작했음을 보여준다.

1987년 6월항쟁의 결과, 정권교체는 이루지 못했지만 민중들의 권리의식이 크게 신장되고 사회운동이 활성화하면서 빈민운동이 본격화되기 시작했다.[13] 1988년 10월에는 극단 자갈치가 엄궁동 철거민의 애환을 그린 〈철새공동체〉란 마당극을 천막촌 현장과 대학가를 순회하면서 공연했다. 1988년 11월 30일에는 부산대학교 효원회관에서 200여 명의 철거민들이 모여 부곡3동 등 10개 지역 350여 세대로 조직된 부산철거민대책협의회 발족식을 가졌다. 빈민운동가 제정구 씨와 부산의 재야인사 임정남 씨 등이 참여하여 격려했다. 철거민들은 행사 후 부산대학을 출발하여 부곡3동 철거

---

12 부산일보 1984. 5. 31, 11면. 이후 부산시는 낙동강 하구둑 공사로 농지가 수
    몰되는 낙동강 하구 을숙도, 일웅도, 삼락동 일대 농민 590가구에 매립 중인
    사하구 신평동 일대의 분양권을 가구당 40평씩 주었다. 그러나 가난한 주민들
    은 생계비도 없어 350세대가 미등기 상태에서 투기꾼들에게 분양권을 전매하
    고 빈손으로 가수용소에 수용돼 있었다(부산일보 1985. 10. 1, 11면).

13 6월항쟁 직후 7, 8월 노동자 대투쟁이 일어났고 야당인 민주당사에 민원인들
    의 대열이 봇물처럼 넘쳤다고 한다. 이 가운데 빈민들의 주거권 문제가 당연히
    큰 몫을 차지했다(부산일보 1987. 7. 17).

지역까지 가두행진을 벌였다(부산일보 1988. 12. 1, 15면).

이 시기부터 빈민운동과 학생운동의 연대가 실질적으로 진전되어 1990년에는 대학의 축제 기간에 철거민과 대학생들이 함께 비디오 상영도 하고 대학생들이 형사 모의재판을 열어 빈민에 대한 강제철거를 풍자하기도 했다(부산일보 1990. 6. 5, 1990. 11. 7). 또한 서울 지역 빈민운동과의 연대가 이루어져서 문현1동 세입자 문제를 협의하기 위해 전국빈민연합의 의장이 부산을 방문했다가 경찰에 검거되기도 했다(부산일보 1991. 4. 1).

이 시기 부산의 주거문제는 전국 최악의 상황으로 평가되었다. 건설부에 따르면 부산은 전국 총 502개 주거환경개선사업 대상 중 32.2%에 해당하는 162개 슬럼 지역을 가지고 있다. 이는 서울의 79개(15.7%), 대구 47개(9.3%), 인천 28개(5.5%) 등을 훨씬 웃도는 수준으로 부산에 전국 슬럼지역의 절대량이 밀집돼 있음을 보여준다. 전국 163,074채의 불량주택 중 무려 42.4%에 달하는 69,175채가 부산에 있고 이는 부산 주택 516,413채의 13.3%에 달하는 것으로 서울의 주택불량률 2.1%, 대구 3.7%, 인천 3.2%의 6배를 넘는 수준으로 부산의 주거환경이 얼마나 열악한가를 단적으로 나타내고 있다. 불량주택 거주 인구는 전국 1,313,127명 중 44.1%인 579,972명이었다(부산일보 1991. 4. 23). 이런 상황에서 부산에서는 재개발을 둘러싸고 문현동, 전포동, 우암동, 우2동, 장림동 등 곳곳에서 갈등과 충돌이 끊임없이 일어났다.

1991년 11월 24일에는 부산시내 6개 지역의 주민과 대표 등 250여 명은 '부산지역철거민협의회' 창립대회를 열고 철거민들의 생존권 수호를 위해 철거지역 주민들이 연대투쟁을 벌여나갈 것을 결의했다. 남구 문현1동, 사하구 괴정1동 등 철거 예정 지역주민들은 이날 발표한 창립선언문을 통해 "부산지역에 휘몰아치는 철거 재개발의 폭풍 앞에 강제 추방을 당해야 하는 철거민들은 더 이상 갈 곳이 없는 절박한 상황에 놓여있다."라고 호소했다. 또 1991년 4월 서울에서 「주거권 실현을 위한 국민연합」(공동대표 제정구 등 3인)이 발족한 후 1년 후인 1992년 4월 부산에서도 「주거권 실현을 위한 부산시민연합」(공동대표 조창섭 목사 외 2인)이 창립되었다(부산일보 1992. 4. 27). 이로써 부산의 빈민운동도 오랜 자연발생적 저항의 시기를 지나 조직화된 대중운동, 공동체운동으로 발전하게 된다.

이상에서 살펴보았듯이 수도권과 달리 1987년 6월항쟁에 이르기까지 부산 공동체운동의 중심은 도시빈민의 주거권운동이 아니었다. 부산은 6·25전쟁과 이농의 여파로 엄청난 피난민과 빈민이 양산되어 판자촌이 밀집했고 많은 철거와 이주가 이루어졌음에도 1980년대 후반에 와서야 본격적인 빈민운동이 시작되었다. 이는 수도권과 같은 운동주체들이 일찍 형성되지 못한 것과 관련이 있을 것이다. 반면 부산의 사회운동은 1960년의 4·19시기에 폭발적인 대중투쟁이 일어났고 그 중심에는 이종률 교수로 상징되는 혁신 계열의 세력이 있었다. 이 세력은 5·16쿠데타 이후 합법공간에 진출할 수 없었다. 유신 이후에는 종교계 중심의 재야세력이 유신반대 정치투쟁에 집중했다. 그리고 양서협동조합 등 거의 모든 운동이 부마항쟁과 5·18항쟁 등 정치변동의 영향으로 탄압을 받았다. 1980년대에도 6월항쟁과 노동자대투쟁 이전까지 부산의 사회운동은 민주화운동에 집중되었고 그 이후에야 주거권운동, 도서원운동,

탁아운동, 공부방운동 등이 본격적으로 전개되었다.

4. 부산지역 공동체운동의 사상적 배경

수도권의 공동체운동이 시작된 1960~1970년대에 운동의 배경이 된 사상은 알린스키의 조직이론과 파울로 프레이리의 교육이론이 공통적으로 지적된다(빈민지역운동사발간위원회 2017, 55-67). 하지만 더 근본적으로는 그러한 사상을 수용한 배경에 개신교 혹은 카톨릭교회 내부의 새로운 신학사상이 있었다. 개신교에서는 1950년대부터 시작된 '하나님의 선교(Missio Dei)' 사상, 그리고 가톨릭에서는 1965년 '바티칸 공의회'가 그것이다. 그 바탕 위에서 알린스키와 프레이리의 사상이 수용되고 실천될 수 있었다고 할 것이다. 이렇게 볼 때 부산의 공동체운동을 이끈 사상적 배경은 알린스키와 프레이리의 사상뿐 아니라 가톨릭노동청년회를 만든 까르댕 신부의 사상 그리고 헬더 카마라 주교 등의 해방신학, 안병무·서남동 교수 등의 민중신학을 위시한 다양한 신학사상, 마르크시즘을 포함한 다양한 정치사상 또한 영향을 미치고 있었다고 하겠다. 이러한 사상들과 다소 결이 다르면서도 초기 부산 공동체운동에 영향을 미쳤던 사상만 거론하자면 다음과 같다.

1) 무교회주의와 '씨올'사상

청십자의료보험조합을 조직한 장기려(張起呂) 등 일군의 개혁가들은 기성의 개신교와는 결이 다른 신학관을 갖고 있었다. 장기려는 한국 교회의 세속화를 비판하며 무교회주의의 입장을 취하였다. 해방 전인 1942년 그는 역시 무교회주의를 강조한 함석헌(咸錫憲)과 함께 '『성서조선』 사건'에 연루되어 일본 경찰에 체포되기도 하였다. 또한 일제의 신사참배 강요를 거부하다 순교한 주기철(朱基徹) 목사가 목회했던 평양 산정현교회에 나갔는데 이런 인연으로 월남한 후에는 부산과 서울에 산정현교회를 건립하는 데 일조하였으며, 당시 기성 교단에서 배척당했던 함석헌을 산정현교회에 초빙하여 강론할 수 있는 자리를 마련하였다. 그런 연유로 장기려는 성서 읽기 모임인 '부산모임' 활동을 주도하였고, 1987년 산정현교회를 떠나 '종들의 모임'에 나가 1988년 새롭게 세례를 받았다(신춘식 2014, 부산역사문화대전).[14]

장기려와 함께 이들의 사상적 대변자는 함석헌인데 1970년에 발행한 잡지 『씨을의 소리』는 당시 청년학생들에게 큰 영향력을 갖고 있었다. 그것은 당시 부산대와 고신대 학생들로 조직된 '씨을의 모임'이란 비공개 조직이 있었던 것으로도 증명된다. 1970년대 중반 이 모임은 『씨을의 소리』 등 진보적인 서적을 읽고 한국 사회의 민주화, 학생운동 등에 대해 토론했다. 장소는 주로 장기려의 복음병원 사택이나 회원의 집 등이었고, 때로 병원이 쉬는 날에는 보수동의 책방골목에 있던 유기선 내과 병원의 원장실을 이용하기도 하였

---

14 '종들의 모임'은 무소유로 일관하면서 예수 당시의 믿음으로 생활하며 전도를 실천하는 모임으로 전 세계 160개국에 걸쳐 활동하는 단체이다. 장기려는 이산가족의 일원으로 누구보다 분단을 아파했고 가족을 그리워했지만 1985년 정부가 이산가족 상봉의 기회를 주겠다고 했을 때 천만 이산가족을 내버려두고 혼자 특혜를 받을 수 없다고 주장하며 끝내 가족과의 상봉을 마다하였다.

다. 더러는 당시 정기적으로 부산에 와서 강연을 하던 함석헌과 만남과 토론의 시간을 갖기도 하였다. 구성원의 수는 10여 명 정도였고 모임의 배지를 만들어 달고 다닐 정도로 구성원들은 강한 결속력과 자부심을 갖고 있었다(차성환 2014, 부산역사문화대전).

2) 코디 신부의 협동조합론

가브리엘라 수녀가 주도한 신용협동조합과 김형기 등이 주도한 소비자협동조합은 모두 협동조합운동이라는 공통점을 가졌다. 흥미로운 것은 양쪽 모두 캐나다의 코디 신부의 사상에서 영향을 받았다는 점이다. 가브리엘라 수녀는 1957년 캐나다 프란시스 세비어대학교 코디연구원에서 신용협동조합을 직접 배웠고 김형기는 1977년경 협동연구원에서 코디의 사상을 접하면서 양서협동조합을 구상했다. 김형기는 채규철 선생의 소개로 협동교육연구원에서 실시한 교육에 참여하여 캐나다의 노바스코시아주 안티고니쉬에서 코디 신부에 의해 지도된 협동조합운동에 영감을 받았다. 코디 신부가 쓴『안티고니쉬운동의 철학과 전략』을 여러 번 읽고 협동조합운동과 민주화운동을 결합시키자는 아이디어를 얻었다고 한다(김형기 2011, 177-178).

3) 기타

동래교회의 반송지역 빈민운동 지원은 성공회의 활동이므로 당연히 성공회의 신학사상이 주도한 것으로 보아야 하지만 성공회의 신학에 대해서는 별로 알려진 바가 없다. 학사단운동이나 부산도산의 활동은 알린스키의 조직이론의 영향하에 있었으며 야학운동에는 파울로 프레이리의 사상이 크게 영향을 미쳤다고 본다.

5. 맺는 말

이상으로 해방 이후부터 1987년 6월항쟁에 이르는 시기까지 공동체운동의 흐름과 사상을 간단히 짚어보았다. 운동 주체의 측면에서 보자면 1960년대까지의 운동은 종교의 영향이 압도적이었다면 1970~80년대에는 종교단체의 영향력이 여전히 큰 가운데 대학생 등 비종교적 배경을 가진 주체들이 새롭게 등장하고 양자가 협력하여 운동을 이끌어갔다. 그런데 6월항쟁 이후에는 종교의 영향력이 점차 쇠퇴하는 흐름을 보인다고 할 수 있다. 이렇게 변화한 데는 6월항쟁 이후부터 1990년대에 이르러 세계정세와 그에 따른 국내정세도 크게 변화했기 때문이다. 이 시기의 정세 변화는 현실 사회주의의 붕괴, 신자유주의적 세계화가 주도했는데 국내적으로는 군부독재의 퇴조로 민주-반민주 구도가 해체되고 정당정치가 확대되면서 시민사회도 자유주의적 헤게모니가 강화되었다(장상환·전진상 2001, 315-360).

또한 논자에 따라서는 이 시기에 시작된 사회변동을 해방 이후부터 1990년대 초까지의 분단·국가주의 역사국면에서 탈냉전·시장주의 역사국면으로의 변화라고 규정하기도 한다. 그리고 이 국면에서 나타나는 중요한 특징으로 시민단체와 유연자발집단의 등장을 지적한다(조대엽 2025, 335-349). 요컨대 이러한 정세 변화 속에서 민주화운동에 집중되었던 에너지는 다양하고 새로운 사회운동으로

전이되는 가운데 부산지역의 공동체운동도 여러 분야에서 활발하
게 전개되었다.

1부

부산지역 공동체운동의 발자취 1

야학 · 도서원 · 탁아 · 공부방

1장

야학

인간다운 삶과 사회변혁의 불씨

야학

인간다운 삶과 사회변혁의 불씨

손정은

1970~1980년대 저임금 장시간 노동의 산업역군

우리나라 야학의 역사는 일반적으로 1890년대 개화운동기 때 시작된 것으로 보는데, 봉건제도의 붕괴와 근대사회로의 진입 속에서, 일제 식민지배라는 복잡한 상황에서 시작되었다고 한다(천성호 2009, 78, 야학운동사). 말하자면 봉건제도의 붕괴와 외세의 침략 상황에서 새로운 지식과 배움이 필요하였던 민중과 이들 민중에 대한 계몽, 그리고 새로운 시대 상황에 대한 인식 및 극복을 위한 민중운동의 장으로 시대의 흐름에 맞추어 오랫동안 유지되어 왔다.

1970~1980년대 부산지역의 산업은 '노동집약적 경공업(섬유·의복·신발·피혁 등)'과 해운·항만·조선·금속 조립 계열이 혼재한 도시로 특히 신발·섬유·의복·고무(신발 중심) 분야가 오래도록 부산지역 주력업종으로 중요한 비중을 차지하던 시기였다. 주력업종이던 신발, 섬유업은 저임금, 장시간 노동의 대표적인 산업으로 여

성, 청소년 근로자가 주류인 노동집약적 구조였다. 많은 기업은 시골에서 버스로 노동 인력을 확보하였고, 시골 청소년들은 도시의 공장노동자로 취업하였다.

1980년대 부산의 대형 신발공장 앞 퇴근 시간, 수천 명의 노동자가 쏟아져 나와 수백 대의 통근버스를 타는 광경은 장관이었다. 국제상사, 삼화고무, 태화고무, 진양고무, 대양고무, 풍영 화승 등 1만여 명부터 5~6천 명 규모의 대형 신발 기업이 있었던 부산에는 한때 신발산업 종사자가 40만 명이라는 통계도 있었다. 가족을 위해, 돈을 벌기 위해, 더 나은 미래를 위해 도시로 온 노동자들은 짧으면 오전 8시 30분부터 저녁 6시 퇴근이었으나, 대부분 저녁 8시나 10시, 야근, 철야, 조출이라는 단어가 일상이었다.

여성, 청소년 노동자들은 작업 중에 반말과 욕설 폭행이 있어도 참아야 했고 화학성분인 접착제 노출이나 취약한 작업조건 등으로 인한 직업병 등 노동 안전 위생이 열악한 노동환경에 처해 있었다. 미싱사 1달 급여가 10~20만 원, 고향에 돈 보내고 단칸방 월세 3~5만 원 내고 한 달분 쌀과 연탄을 넣으면 거의 빠듯한 생활이었지만 배움에 대한 열의는 높았다. 고향에서 초등, 중등과정을 마치고 올라온 여성, 청소년들에게 무료로 상급학교 진학을 위한 검정고시 대비 과정, 성교육 등 생활상식과 역사, 한문, 노동법 등을 배울 수 있는 야학은 인간다운 삶을 꿈꾸게 하는 통로였다.

1970~1980년대 많은 대학생과 지식인들이 야학에 강학[1]으로 참

---

1 야학교사를 강학이라 하였고, 야학 학생을 학강이라고 하였다. '선생님'과 '학생'의 수직적 관계를 벗어나 가르치며 배우고(강학, 선생님) 배우며 가르친다(학강, 학생)는 의미로서 지식을 가진 강학이 학강의 부족한 부분을 채워 주

여한 이유는 그 시절 민중계몽 활동에 참여하는 것을 당연한 지식인의 역할로 생각했던 것이다. 대학생들은 시골에서, 가족의 헌신으로 힘들게 대학에 진학하면서 노동계층, 소외계층에 대한 연대감을 가지고 있었다. 대학교 곳곳에 야학 강학 모집안내서가 붙어 있었고, 많은 대학생들이 야학 활동에 강학으로 참여하였다. 부산YMCA '근로청소년교실'의 경우 3~4개 반 40여 명의 강학이 있었는데 강학을 하려면 3~6개월 예비 강학반에서 대기를 해야 할 정도로 지원자가 많았다. 당시 부산지역 야학 체육대회는 학교운동장을 빌려 개최할 만큼 숫자가 많았는데 참여자가 천 명을 넘었던 적도 있었다. 강학들은 주로 저녁 7~10시에 주 2~3회 담당 교과목을 수업하였으며 급여는 대부분 무급 자원봉사였다. 야학운영비 마련을 위해 각종 모금 활동과 일일주점 등을 열기도 했다. 강학 일부는 1학년 신입생 때 시작하여 10년 이상 학생모집, 야학운영, 후원회 조직, 졸업생 동문회를 지원하기도 했다.

저녁 6시경 불 켜진 교실 칠판에는 수업할 과목이 적혀 있고 일찍 온 담당 수업 강학은 수업교재와 책상 등을 챙기다가 학강들이 들어오면 반갑게 맞이하였다. 학교수업을 마치고 아르바이트도 하면서 야학수업 준비를 하고 달려온 강학들, 야근을 마다하고 야학에 온 학강들, 피곤한 눈을 부비며 공부하는 저녁 두세 시간의 수업은 보다 나은 삶을 개척하려는 우리 모두의 열의와 꿈이었다.

1980년대 부산지역 야학은 개설목표에 따라 검정고시 야학(검시야학), 생활야학, 노동야학으로 분류할 수 있다. 1970년대 말~1980

고, 인생 경험이 풍부한 학강이 대학생이 대부분인 강학을 도와준다는 뜻이다.

년대 학생운동은 사회변혁을 위한 과제로 민중(노동자·농민)과 연대·실천을 핵심으로 삼았다. 야학을 통해 노동자들을 만나고 사회문제 인식과 민중성 즉 노동자들이 스스로 사회문제를 인식하고 사회의 주인이라는 의식화를 돕고자 하였다. 또한 노동자 조직화, 노조민주화 투쟁위원회 등 노동현장과 적극 연대하고 이를 통해 학생과 지식인들은 정치적 연대와 노동현장에 대한 이해와 경험을 쌓았으며 직접 노동현장에 투신하기도 하였다.

이 글은 1980년대 강학이나 학강으로 부산지역에서 야학에 참여하였던 관계자들의 구술을 통하여 야학에 참여한 계기, 야학이 자기 삶의 방향에 미친 영향, 야학 이후의 삶의 궤적을 살펴보고자 한다. 이를 통해 1980년대 시대상과 야학의 종류를 살펴보고, 그 시대를 살아간 민중이 야학을 통해 자기 삶의 주인으로 그리고 사회의 주인으로 좀 더 나은 삶을 열어가고자 했던 삶과 투쟁을 민중운동사의 한 편으로 남기고자 한다.

노동자도 인간이다 인간답게 살아보자
-1970~1980년대 부산지역 야학운동

1970~1980년대 부산지역의 야학은 노동야학, 생활야학, 검시야학으로 구분할 수 있다. 이것은 야학 개설과 운영목적에 따라 개략적으로 나눈 것이다. 검시야학은 검정고시 응시를 목적으로 정규학교에서 소외되었거나 교육기회를 놓쳐 배움의 기회를 찾거나 검정고시를 통해 미래의 희망을 만들고자 하는 이들이 대상이었다.

생활야학은 좀 더 실제적이고 생활을 통한 다양한 전인교육을 하고자 하는 야학이다. 노동야학은 1960년대 이후 사회적 불평등의 심화, 열악한 노동조건 속에서 대학생, 종교계, 사회개혁 세력이 노동자 의식화를 목적으로 한 야학이다. 대표적으로는 1977년 부산 출신 서울대 학생들이 참여한 성안야학(가야동 소재)이 있다. 이들은 방학이나 휴학 중 부산에 와서 부산양서협동조합, 중부교회 등을 통하여 활동을 모색하다가 부산의 친구들과 함께 성안교회에 성안 야학을 설립하게 되었다. 이렇듯 야학을 주요 목적에 따라 세 가지로 분류하였으나 내용 면에서 명확히 구분하기는 어렵다.

배움에의 열망-부산지역 검시야학

1985년 당시 부산지역에는 대략 40여 개의 야학이 활동했다. 그중 검시야학이 대부분으로 1970년대 말부터 활성화되어 왔다. 1981년에 검시야학 주체들 중 이성희(반송성당야학), 김수홍(성신야학), 김한규(무궁화야학) 등이 주축이 되어 검시야학의 발전과 시대 상황을 반영한 야학을 위한 협의체로 '부산지역야학연합회'를 구성하였다.[2] '부산지역 야학연합회(이하 부야연)'는 공동문제 해결, 체육회, 강학 강습 등을 진행하였다. 초기에 부야연에 참가한 야학은 성신, 무궁화, 반송, 온누리, 동래, 성화, 우암, 샛별, 새마음, 대건, 형설, 어람, 솔빛 등 검시야학과 생활야학 10여 개로 구성되었다. 대부분 무료로 운영된 야학은 강학들의 헌신과 열정의 산물이었다. 이

---

2   이성홍, 2009, 「70-80년대 부산지역노동야학 운동사개괄」, 『성찰과 전망』 4, (사)부산민주항쟁기념사업회, 136쪽.

동환, 차진구, 오태석, 김종민, 구장모 등 강학과 학강들은 부산지역에서 계속해서 다양한 활동을 펼치는 활동가가 되었다.

노동자가 사회의 주인이라고?-부산지역 노동야학

부산지역에서는 1970년대 후반부터 노동야학, 생활야학이 생겨나기 시작했다. 부산지역의 1970~1980년대 대표적인 노동야학은 1977년 가야동 성안교회야학, 1979년 사상성당야학, 1980년 당감야학이다. 1977년 가야동 성안교회 야학 학생으로 참여한 박주미의 진술에 의하면 생활야학으로 내용 구성이 되었지만 수학, 영어, 가정, 음악 과목을 하면서 학강들의 요구에 따라 노동법 등 노동 현실에 대해서도 교육을 하였음을 알 수 있다. 실제로 박주미는 이 야학을 다니면서 중부교회 동일방직 노동자 기도회에 참석하고, 가톨릭노동청년회(JOC) 활동을 시작하게 되었으며, 노동운동에 눈뜨게 되었다. 이후 이성홍, 김연홍, 황충호, 허판수, 이성화, 이귀원 등은 야학을 하면서 대학생 강학 모집과 '민족사연구회'를 조직하여 활동하였다. 노동자 의식화를 통한 학생운동과 노동운동의 연계를 적극 모색한 것으로 보인다.

1979년 부산도시산업선교회와 가톨릭노동청년회(JOC, 지오세)의 홍점자, 정인숙이 사상성당 옆에서 국제상사 노동자들과 야학을 시작하였다. 당시 부산의 JOC활동은 성당 중심에서 현장 중심으로 전환하고 있었는데 야학은 노동운동을 지원하는 데 큰 역할을 하였다고 한다. 사상성당, 가야성당, 당감성당 등도 야학을 하였고 오

수영, 송기인 신부가 후원하였다.[3]

1980년대 부산지역의 대표적인 노동야학인 당감야학은 오수영 신부와 이흥록 신도회장의 적극적인 협조로 부산진구 당감동에 문을 열고 1980년 첫 입학식을 하였다. 초기 강학은 고호석, 문창하, 김인순, 유영철, 장상훈, 유장현 등이며 교과과목은 국어, 영어, 수학, 상식, 한문 등으로 설립부터 노동운동에 기여하는 실천의 장으로 부산대 학생들이 적극 참여하였다.[4]

당감야학은 부산지역의 상징적인 노동야학으로 고호석[5] 외 강학, 학강, 후원자들은 이후 부산지역에서 노동운동과 민주화를 위해서 활발한 활동을 펼쳐갔다.

근로자도 인간이다-부산지역 생활야학

1970~1980년대 부산지역의 대표적인 생활야학은 '부산YMCA 근로청소년교실'이다. 부산YMCA 근로청소년교실은 전점석(사회개발부)[6]이 들어오면서 본격적으로 시작되었다. 전점석은 서울과 대구

---

3   부산민주운동사 편찬위원회, 2021, 『부산민주운동사』 1, 부마민주항쟁기념재단, 242쪽.

4   이성홍, 앞의 책, 124쪽.

5   부산대 영문학과 출신으로 전교조 활동, NCC부산인권선교위원회간사, 1987년 부산민주시민협의회, 부마민주항쟁기념사업회 이사장 등을 역임했다. 교직을 하면서 노동운동에 기여하고자 야학운동에 참여, 1981년 부림사건 전에 야학을 정리하였다. 2019년 사망. 다큐멘터리 〈청년 고호석〉, 기념서적 『당신 참 좋은』(고호석의 벗들)이 있다.

6   전점석(창원YMCA사무총장으로 퇴임)은 산업선교회, 대구 메아리야학의 경험을 살려 부산YMCA 근로청소년교실을 개설하고 이끌었다. 전점석, 2022, 『꿈이 세상을 바꾼다』.

에서 도시산업선교회 활동, 야학 등 노동자교육, 노동자학습프로그램에 대한 풍부한 경험을 바탕으로 부산YMCA 근로청소년교실을 프레이리 교육 철학을 바탕으로 운영하였다. 당시 부산YMCA 근로청소년교실을 모두 YMCA야학이라고 불렀다.

1981년 6월 15일 '부산YMCA 근로청소년교실' 1기가 초량(사랑반), 아미동(물망초반), 수정동(한마음반)에서 입학식을 시작한 이후 1988년 12기까지 약 900여 명의 근로청소년이 거쳐 갔다. 목표는 '근로자로서 지도력개발을 위한 인격교육'에 두었고 교육내용과 활동은 중학과정의 국어, 영어, 한문, 역사, 사회 등을 매주 5일간 오후 8시부터 10시 사이에 수업을 하였다. 수업 외에도 야유회, 운동회, 수련회 등을 가짐으로써 전인교육이 이루어질 수 있도록 하였다. 김동수, 서원수, 김광일 등 후원회를 조직하여 수업료는 물론 교재비도 받지 않는 전액 무료로 운영되었다.[7]

강학도 자원봉사로, 장소도 지역의 협찬으로 운영되었고, 근로자를 위한 산업프로그램으로 1982년 노동절 기념 '일꾼의 잔치', 1983년 '한가위 민속잔치', 1985년 '근로청소년캠프'를 개최하고, '근로청소년클럽'을 조직하는 등 1980년대 근로자들의 의식화와 문화교양 프로그램을 운영하였으며, 나아가 근로자자조조직을 만들어 활동하였다. 이러한 활동은 박정희 유신정권, 전두환, 노태우로 이어지는 전제 정권의 엄혹한 노동탄압 아래서 장시간 노동과 저임금으로 고통받는 노동자를 위한 것으로, 종교단체로서 YMCA의 시대적 사명감과 인권적 측면만이 아니라, 사회현실문제 참여를

---

7 부산YMCA역사편찬위원회, 2002, 『부산YMCA운동사』, 314-315쪽.

통한 용기 있는 실천이라고
할 수 있다.

부산YMCA 근로청소년교
실(야학)의 시대적 의미는 매우
크다.

첫째, 부산YMCA 근로청소
년교실은 '근로자도 인간이다'

↑제7회 근로청소년 교실 입학식 (1983. 3)

1983년 개최된 제7기 근로청소년교실
입학식(출처: 『부산YMCA운동사』, 313쪽)

라는 관점에서 교육과 문화에서 소외된 근로자에게 '지도력 개발을
위한 인격교육'을 목표로 운영하였다. 장시간 노동과 저임금에 지
친 근로자들을 한 명의 인격을 가진 인간으로 대우하며 교육, 문화,
교양, 놀이, 수련회 등 단체 활동과 사랑의 Y노동형제단 등 자조조
직을 통해 근로자로서 누릴 권리를 제공하였다. 1984년 발간된 자
체 문집 『일꾼의 소리』에는 그 당시 노동자들의 근로 상황과 생활,
염원을 보여주는 소중한 자료가 실려 있다.[8]

『부산YMCA운동사』에도 사랑의 Y노동형제단 멤버들은 후에 노
동현장은 물론 노동운동에서 자기 몫을 충분히 감당하는 일꾼으로
성장했다고 평가하였다.[9] 또한 부산YMCA의 체계적이고 안정적인
근로의식화 프로그램 운영과 시대에 맞춘 다양한 프로그램 개발은
다양한 근로자들을 포용했으며 페다고지(Pedagogy, 억압받는 자의 교
육학) 교육방법론 등 지역사회에 선진적 영향을 많이 끼쳤다.

---

8 1984년 2월 19일에 발간된 다섯 번째 문집 『일꾼의 소리』에는 교훈 '인간답게
   살자', 교가 〈상록수〉, 3개 반 학생들의 문예와 생활 소감이 실려 있다.

9 부산YMCA역사편찬위원회, 2002, 『부산YMCA운동사』, 319쪽.

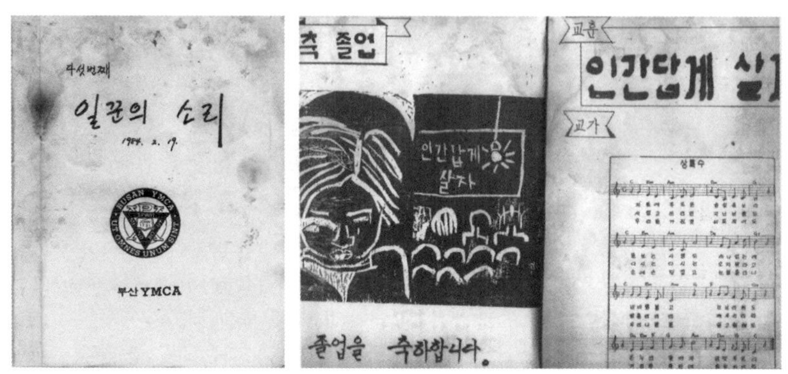

1984년 2월 19일 발간된 『일꾼의 소리』 문집에 게시된 졸업 축하글과 교훈 교가 소개

둘째, 1970년대 말 1980년대 초 전제 정권 아래 노동자 의식화를 목적으로 하는 교육이 불가능하던 시기에 부산YMCA 근로청소년교실은 노동자들과의 접점을 통해 사회 변혁적 의식화를 목적으로 한 강학들과의 연계점이 되었다.[10] 강학들은 학강들의 노동현실을 접하면서 책에서만 보던 현실을 직시하며 우리 사회의 민주화운동에 참여하거나 노동현장에 투신하였다.

부산YMCA 근로청소년교실의 교가인 〈상록수〉의 가사는 1980년대 노동자와 진보적 지식인의 상황과 염원을 표현하고 있다.

저 들에 푸르른 솔잎을 보라 돌보는 사람도 하나 없는데
비바람 맞고 눈보라 쳐도 온누리 끝까지 맘껏 푸르다
서럽고 쓰리던 지난날들도 다시는 다시는 오지 말라고

---

10 이성홍, 2009, 「70-80년대 부산지역노동야학 운동사개괄」, 『성찰과 전망』 4, (사)부산민주항쟁기념사업회, 128-130쪽.

땀 흘리리라 깨우치리라 거치른 들판에 솔잎 되리라

우리들 가진 것 비록 적어도 손에 손 맞잡고 눈물 흘리니

우리 나갈 길 멀고 험해도 깨치고 나아가 끝내 이기리라

노동자 노래극, 풍물, 공동체 놀이로 노동자와 함께한 부산지역 노동자문화운동
-양정야학, 문화야학으로 공동체 놀이문화를 시도하다

부산지역에는 생활야학 범주로 볼 수 있는 아주 특별한 야학도 있었다. 김기영[11]의 회고를 정리해 보면, 문화운동그룹 LCM(노동문화예술 그룹, 부산지역 문화놀이패 일터의 선신)은 1985년경 부산진구 양정동에 있는 양정성당에서 '양정성당야학'을 열었다. 당감성당에서 이미 야학을 하고 있던 김기영이 주축이 되어 허영관, 박명숙, 서성준, 박재호, 박애경, 이명우, 김동민, 정문자 등 부산대학교 연극반 출신, 노래패 출신, 전통예술연구회 출신 등 부산지역의 문화활동가들로 구성되었다. 노동법과 근로기준법, 사회 등의 일반 과목은 장문창, 김미경 등 문화활동가가 아닌 사람들도 함께 참여하였다.

일반적인 노동야학의 내용과 함께 공동체 놀이와 풍물, 연극 만들기 등의 문화 수업을 통해 노동자들의 문화생활 향상과 노동문화의 현재적 상황을 알아보는 계기로 삼는 것 또한 목적으로 하였다. 수업은 월요일부터 금요일 오후 7시~10시로 주요과목은 놀이

---

11   전 극단 일터 극작 및 연출가, 전 부산민예총 사무처장.

1983년 부산YMCA 놀이교실에서
김기영과 학강들

문화, 풍물과 노동법 등 교양과 직업 생활에 도움이 되는 과목을 학습하였다. 교재를 직접 만들어 수업하였다. 참여 학강들의 대부분은 양정성당 인근의 작은 회사에 일하는 노동자들로 학강모집이 어려웠다(작은 회사는 야근이 많아 근로자들이 저녁에 야학에 참여하기가 어려웠다).

이 LCM팀은 양정성당에서 야학 운영만이 아니라 다양한 문화행사와 공연도 하고 판화작업과 동양고무 임금인상 투쟁 등을 다룬 노래극 테이프 등을 만들기도 하였다. 엄혹한 시절이었으므로 이불을 뒤집어쓰고 몰래 테이프를 들었다는 얘기도 많이 들었다. 강학들은 밤에 야학 수업이 끝나면 그길로 다시 모여 공연 대본을 짜고 연습을 하는 등의 생활을 하였다.

1982년부터 초량 부산YMCA회관에서 'YMCA 놀이교실'을 운영하여 부산지역의 문화운동에서 노동문화예술의 기초를 다지는 역할을 하였다. 김기영, 허영관, 박명숙, 안성혜 등이 함께했고 놀이 수업과 함께 공연을 하기도 했는데 당시 '수입 소' 문제를 소재로 해서 만든 공연은 1987년 대선 기간에 거창YMCA의 초청을 받아 거창에서 공연을 하기도 했다. YMCA 놀이야학을 하면서 허영관은 복사를 하러 사무실을 들락거리다가 당시 사무실에 근무하던 여성과 친하게 지내게 되면서 결혼을 했다. 이후 이 LCM팀은 1987년 박종철 열사 추모행사, 6월 항쟁, 7, 8월 노동자대파업 등 각종 행사

에서 없어서는 안 될 선도적인
활약을 펼치는 데 주도적 역
할을 하였으며 문화패, 풍물
패 조직을 지도하였다. 1987
년 한국의 변혁운동에서 대부
분의 노동조합에 풍물패가 생
겨나는 우리문화, 노동문화가
민중문화예술로 승화되는 지

1985년 양정야학 학강, 강학들과
함께한 야유회(장안사)

점에 주요한 역할을 하였다. 이후 이들은 놀이패 일터, 노래야 나오
너라, 민요연구회 등으로 분화되면서 부산지역에서 다양한 활동을
이어나갔다.

사회변혁의 불씨가 된 강학과 학강의 연대
-1970~1980년대 부산야학운동의 의미

1979년 부마항쟁은 부산지역 대학생들과 시민들에게 억압에 대
한 저항과 투쟁 경험을 질적, 양적으로 공유하게 했다. 전 대학교
차원으로 소그룹이 아닌 서클활동으로 사회과학 열풍이 불었다.
『지식인이란 무엇인가』,『전환시대의 논리』,『전태일 평전』등 사회
과학 도서와 역사인식 도서, 민중교육 도서가 대학생들의 교양 도
서가 되었다. 그러면서 실천 활동에 대한 다양한 시도가 이어졌다.

그중 야학은 대학생으로서 당연히 해봐야 할 봉사이자 노동자
들의 처지에 대한 인권적 활동이며, 사회변혁적 관점의 현장이며
실천의 장이었다. 1980년대만 하더라도 부산지역은 40~50개의 야

학과 강학 200명~250명, 학강 1,200명~1,500명[12]으로 '야학운동'
이라고 부를 만큼 규모가 컸다. 그 내용도 전제 정권 아래 가장 소
외된 계층인 억압받는 노동자를 주 대상으로 하여 강학과 학강이
그 시대의 사회변혁에 함께하였다는 점만으로도 우리 역사에 의미
가 크다.

　　1987년 6월 민주화 항쟁과 노동자 대파업 이후 다양한 노동자
조직과 공간 확대의 이면에는 야학 활동가와 참여 노동자들의 헌
신과 열정이 있었다. 야학 활동가들은 검시야학과 생활야학, 노동
야학의 역할과 발전을 위해 고민하고 부산야학연합회(부야연)으로
단결하였으며, 노동자들이 스스로 처지를 개선하도록 노동운동으
로 연계했으며, 1987년 이후 야학을 '도서원'이라는 공개적이고 안
정적인 노동자들의 문화와 교류 공간으로 만들어가는 등 시대의
필요와 요구에 맞추어 새롭게 창의적으로 변화해갔다.

1980년대 부산지역 야학운동 활동 사례

　　다음은 1980년 학강, 강학으로 야학에 참여한 이봉선(밀알야학
1985), 최명희(무궁화야학 1986), 조숙영(부산YMCA야학 1982), 이동환
(대건야학 1986) 등 네 명이 야학에 참여한 계기와 야학의 경험이 자

12　「70-80년대 부산지역노동야학 운동사개괄」(이성홍, 2009)에서 80년대 검정
　　야학이 40여 개라는 것을 참조해서 40~50개의 야학에 강학 5명으로 보면 총
　　200명~250명, 한 야학당 학생 수를 30명으로 보면 총 1,200명~1,500명으로
　　추산된다.

기 삶과, 사회적 삶에 어떤 영향을 미쳤는지에 대한 구술 내용이다. 학강 두 명, 강학 두 명의 구술사례를 살펴보면 1980년대 10대, 20 대 젊은이들의 열망과 당시의 부산지역 야학 실태, 사회변혁적 삶을 만들어가는 민초들의 투쟁을 엿볼 수 있다. 위 네 명은 1980년 격동의 시기부터 30~40년이 흘러 현재 50~60대가 되어 지난 야학 활동을 구술하였다.

이봉선 1985년 영도구 밀알야학 학강 사례 1

내 삶의 푯대가 된 야학,
민주노조와 여성노조 활동가가 되다

"1985년에 삼도물산이라는 공장에서 일할 때 우연히 공장 앞에서 나눠주는 쪽지 홍보물을 보고 '밀알야학'을 알게 되었습니다. 4기 중간에 입학을 했는데 저는 운이 별로 없었는지 입학하고 2개월 만에 야학이 문을 닫게 되었어요. 그때 탄압이 굉장히 심했는데 야학 문을 닫았는데도 1기부터 4기 학생들이 따로 일주일에 한 번씩 저녁에 모여서 책 보는 모임을 시작했습니다. 그러다 야학 문은 닫았지만 그냥 있어서는 안 된다고 소식지를 만들기로 했어요. 처음 「만년설」이라는 소식지를 발간했는데 제일 막내인 제가 대표로 이름만 얹어놓았습니다. 원고 받으면 글씨 잘 쓰는 사람이 옮겨서, 저희 집에 숨어서 등사기 밀어서 배포하던 시절이 나의 10대였습니다. 그래서 3개월 정도 야학 문을 닫고 있을 때 「만년설」 소식지를 펴냈는데 나중에 보니까 그 소식지 모든 게 다 빨간 줄이 되어가지고 경찰서에서 조사받았던 기억이 있어요.

그 시기에 저는 삼도물산이라는 공장에 있었는데 사회분위기가 노동조합을 결성하는 시기여서 1985년 5월 5일 노동조합 결성을 하게 되었습니다. 노동조합이 뭔지 정확하게 알지는 못했지만 두 달 야학에서 책 읽고, 어쨌든 부당한 것은 좀 아닌 것 같아서 그냥 버텼더니 지금 이 자리까지 오게 되었어요. 삼도물산은 왕자패션이라고 유명한 패션 옷을 만드는 곳이었는데 지금은 영도 그 자리에 아파트가 들어서 있습니다. 저는 얼마 안 돼서 노동조합 관련해서 바로 잘렸습니다. 해고를 당한 거지요. 그때 박찬종 국회의원 사무실에 가서 5일 동안 단식 농성을 하기도 했습니다.

1987년 노동자 대투쟁 때는 신발공장에 있었는데, 나이키 신발공장을 다니면서 노동조합을 만들기 위해 학습모임을 하면서 조직 활동을 했었죠. 그때는 블랙리스트가 엄청 돌아서 입사해도 3개월도 못 채우고 쫓겨나던 시절이었습니다.

그 후 1990년대는 부산여성노동자회에 가입해서 회원 활동을 하게 되었고, 이어서 전국여성노동조합 부산지부 활동을 하게 되었습니다. 지금 생각해보면 야학을 알게 되면서 민주노조에 대한 필요성을 알게 되었고, 이후 사회민주화의 중요성에 대해 알게 되면서 내 삶의 중요한 푯대가 되어 살아온 것 같아요."

학력 인정이 필요하여 찾아간 야학, 노동조합 결성과 여성노동자회, 더불어 사는 세상을 만들어가다

"저는 1980년 중반에 '무궁화야학'을 졸업했고, 참여 동기는 검정고시를 준비하려고 찾아가게 되었습니다. 야학을 통해 노동자의 의무와 권리, 노동법을 알게 되면서 뭔가 변화가 필요하다고 느껴져 2년간 현장에서 노동조합을 준비하여 1988년 3월 3일 '부산전기노동조합'을 결성했습니다. 이후 부산전기노동조합 부위원장 역할을 맡으면서 고민이 많았습니다. 노동조합 활성화를 위해 어떻게 하면 조직을 잘하고 조합원들 교육을 할까, 어떻게 의식 향상을 할까 고민하던 중 도움을 받기 위해서 '부산근로여성의 집'[13]을 찾아갔습니다. 제가 1기 근로여성교실 회원, 수료생이 되었습니다. 그러면서 여성노동자회와 인연을 맺게 되어 이후 부산여성노동자회 활동을 하게 됐고 지금에 이르렀습니다.[14]

무궁화야학 졸업생들—선배, 후배, 동기들—과 지금까지 동문회를 통해 만나면서, 이분들의 모습이 너무 멋지고 생활에 지혜가 있어 보였고 위기를 지혜롭게 잘 넘기면서 살아가는 모습을 보았습니다. 그리고 혼자만 잘 사는 게 아니고 더불어 공동체적인 삶을 함께 살아가는 모습을 보면서 제가 물었어요. '힘이 어디서 나오느냐?' 그분들은 하나같이

13　대표 홍점자, 부산시 서동 소재. 부산여성노동자의집과 부산여성노동자회의 전신이다.

14　1990년 11월부터 부산여성노동자회 부회장으로 상근했고, 1993년 부산여성노동자회 2대 회장을 역임했다.

답하기를 야학생활을 통해서 힘을 얻었다는 거예요. 그래서 야학이 진짜 소중하구나 하는 생각이 들었습니다.

제가 상담센터에 상담사로 일하면서 학력이 필요해 심리학과 석사 과정을 하게 되었습니다. 졸업 연구보고서 논문 작성을 위해서는 업무 연관성 있는 청소년 관련 논문을 준비해야 했습니다. 그러나 저는 모교인 무궁화야학 역사 자료의 필요성을 느끼게 되었고, 누군가가 정리하지 않으면 소멸되어 없어지는 게 너무 아쉬웠습니다. 40여 년 동안 동래구에서 지역 주민과 노동자들에게 등불의 역할을 해온 많은 분들의 땀과 눈물과 희생이 깃든 무궁화야간학교 역사기록이 너무도 중요하다는 간절한 생각에 자료를 정리하여 연구보고서를 작성하게 되었습니다.

제가 태어나서 공부를 그 시기 1년 6개월 동안 제일 열심히 했습니다. 매일 새벽 2시까지 연구보고서 작성하느라 시력이 많이 나빠졌어요. 그래서 평생 공부하는 사람은 어떻게 하나 생각이 들었어요. 질적 연구 인터뷰를 위해 총 열 분 중 학강 일곱 분, 강학 세 분을 만났습니다. 야학에 "참여하기 전과, 참여 중, 졸업 이후 세 주제로" 한 분 한 분 만나 인터뷰를 하면서 그분들 삶의 내용이 진짜 드라마틱하였고 의미 있는 사연들이 너무 무궁무진하여 존경하는 마음이 절로 생겨났습니다. 내용은 서론, 이론적 배경, 야학 조직 특성, 야학 역할, 참여자 성장, 변화 요인 분석 이렇게 6가지 주제로 진행하였습니다.

무궁화야학 조직 특성은 6개 부서이고, 총회는 1년에 한 번씩 학생 강학 모두가 참여를 해서 결정을 하고 대표도 뽑았습니다. 교육부는 학생 단위 수업 관리, 교무부는 강학교사 학생모집을 총괄하였습니다. 연구기획부는 교육 교재 편찬을 했는데 학생들 수준과 눈높이에 맞춰서 항상 강학들이 직접 다 만들었어요. 교재 내용이 좀 달랐죠. 생활의 지혜정보, 노동, 경제, 사회문제 등도 있었습니다. 행사 기획, 전망 고민은 연구기획부에서 했었고, 문화 편집부에서는 「희망꽃」 소식지 만들기, 희망 도서 관리, 사진 관리를 하였고, 조직부는 행사 조직, 동문회 관리를 했습니다. 개교기념일(무궁화 큰잔치), 입학식, 졸업식 등의 행사 때는 졸업생까지 다 불러 모아서 함께 참여를 하였습니다. 지금 생각하니 엄청나게 관리를 많이 하셨네 하는 생각이 들었습니다. 총무부는 재정, 후원 관리, 관리부는 홈페이지 관리, 건물 관리를 했어요. 건물 관리는 건물주의 월세 인상 요구 때마다 담당자가 사정하는 일이 많아서 힘들어했어요.

　제가 처음 야학에 갔을 때 교실이 지하에 있었어요. 동래구 명장동 시장통에 있는 콩나물 공장을 빌려 야학을 운영했는데 비가 오면 항상 발목까지 물이 차는 거예요. 그러면 수업 전에 강학분들이 바께스와 바가지를 이용하여 지하에 고인 물을 모두 지상으로 퍼 날랐습니다. 그리고 나면 학강들이 들어가서 수업을 하였습니다. 그때 강학 분들

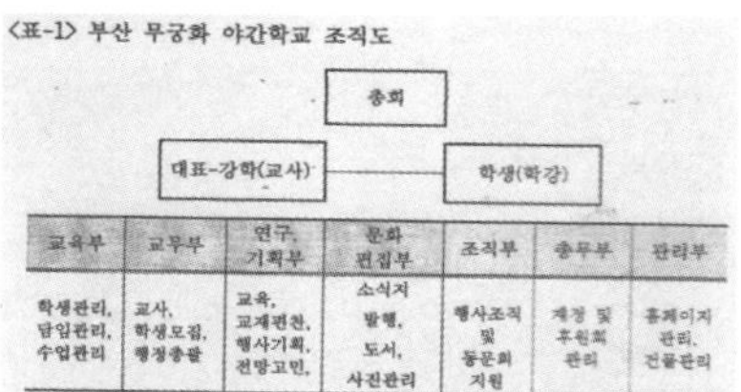

<표-1> 부산 무궁화 야간학교 조직도

총회						
대표-강학(교사)			학생(학강)			
교육부	교무부	연구, 기획부	문화 편집부	조직부	총무부	관리부
학생관리, 담임관리, 수업관리	교사, 학생모집, 행정총괄	교육, 교재편찬, 행사기획, 전망고민,	소식지 발행, 도서, 사진관리	행사조직 및 동문회 지원	재정 및 후원회 관리	홈페이지 관리, 건물관리

최명애, 2017, 「야학 졸업생의 삶의 변화
요인에 관한 사례연구-무궁화야학을
중심으로」, 동아대 사회복지대학원
석사학위논문, 14쪽.

무궁화야학 회지 「희망꽃」
(2006년 무궁화 30기)

최명애, 2017, 「야학 졸업생의 삶의 변화 요인에 관한 사례연구–무궁화야학을 중심으로」, 104쪽.

의 헌신적인 모습 속에서 예수님의 모습을 보았던 것 같습니다. 당시 저는 교회를 열심히 다니고 있었는데 강학 분들의 모습에서 예수님 모습을 발견한 후 교회보다 야학을 섬기며 다녔습니다. 당시 야학은 제 삶의 중심이었습니다.

1987년 민주화운동 당시 야학 졸업생들이 직장 동료와 가족들과 함께 부산 서면 시위 때 앞장서서 열심히 참여하던 모습을 보았습니다. 모두 함께 참여할 수 있었던 힘은 당시 강학들이 헌신한 노력의 결과라는 생각이 듭니다. 그래서 이러한 내용들이 기록으로 남겨지면 참 좋겠다는 생각을 했습니다. 저의 지도교수님은 이 연구보고서 주제를 지도해 줄 분이 안 계신다고 말렸지만, 연구 필요성에 대한 주장을 한 결과 그럭저럭 마무리를 하였습니다. 이 연구보고서를 야학 졸업생들에게 선물을 하는 마음으로 또 강학들한테 감사의 선물을 하고 싶은 마음으로 정리를 하였습니다. 연구보고서 뒷편 부록으로 시, 사진을 첨부하였습니다. 졸업생들 책꽂이에 꽂아놓고 야학을 한번 돌아보라는 마음을 담았습니다.

저의 마음을 담은 무궁화야학 연구보고서의 결과를 소개하면 이렇습니다. '위기를 기회로 만들어 긍정적인 생각으로 더불어 함께 살아가며

노력하는 삶'

무궁화야학은 1978년부터 지금까지 40여 년간 지역에서 인간 중심 열린 교육, 건강한 공동체적 삶, 민주시민 의식을 심어준 곳입니다. 그리고 배움의 한을 풀어준 곳입니다. 노동자로서의 정체성 회복과 건강하고 행복한 삶을 살게 해주었습니다. 20대 젊음과 열정을 바친 강학들의 삶과 역사의 기록이 되었으면 좋겠습니다. 그리고 아직도 배움에 소외된 사람이 많이 있습니다.

야학은 시대에 맞는 대안적인 활동으로 사회 변화에 맞게 정체성을 살려가야 된다고 생각합니다. 이를 테면 대안학교 등 여러 가지가 있을 거라 생각됩니다. 경쟁사회에 밀려 그늘진 곳에 있는 사람이 아직도 많습니다. 현재 다양한 시설은 많지만 사람을 중심에 두고 실천하는 열린 교육, 더불어 나눔과 공동체적 의미의 평생 교육으로 이어졌으면 하는 것이 제 바람입니다.

학강에서 강학으로 새로운 대안교육을 모색하다

2005년경 제가 야학의 대표(교장)를 맡게 되었습니다. 그때 제가 함께 활동하면서 많은 졸업생들이 함께 용기를 내어 강학으로 참여하였습니다. 학강 졸업생들은 각자 자신 있는 과목으로 교양, 한문 등 수업을 맡아서 하게 되었습니다. 당시 지역 교도소 청소년 출감자들이 학생모집 홍보 안내를 보고 부모님과 동행하여 '10대 학교 밖 청소년'들이 한두 명씩 오기 시작했습니다. 당시 야학 학강(학생)들은 중장년으로 고령자분들과 한 반에서 공부를 하였습니다.

10대 학교 밖 청소년들은 평소에 존중받지 못하고 인정받지 못했는데, 야학에 오니까 인기가 너무 많은 겁니다. 중년, 청소년, 고령자분과

짝지가 되어 보조교사 역할을 하게 되니까 인기가 많은 거지요. 야학에 온 학교 밖 청소년들은 나름대로 발전해서 이후 검정고시로 고등학교, 대학을 가기도 하고 직장과 사회생활 적응을 잘하는 모습을 보면서 야학의 역할이 여러 가지가 있을 수 있구나 하는 생각이 들었습니다. 그리고 많은 야학 졸업생들이 다른 야학에서 1년 공부를 하여 졸업을 한 후 또다시 무궁화야학으로 오는 분들도 많았는데, 자신들의 모교 야학에 있었던 강학 분들 특히 대건야학의 이동환 선생님 등 강학들 칭찬을 많이 하셨습니다.

마지막으로 이번에 야학운동 집담회를 하면서 생각해보니 무궁화야학이 지역에서 몇십 년간 자리하면서 많은 노동자들 그리고 지역주민들과 함께 공동체적인 삶과 활동을 하면서 '진심을 다해 몸과 마음으로 실천활동을 하였구나.' 하는 생각이 들었습니다. 무궁화야학뿐만 아니라 다른 야학들 또한 마찬가지였던 것 같습니다. 저도 그 길에 함께 해서 행복했고 정말 다시 한번 야학운동에 함께 했던 모든 분들께 감사의 마음을 전합니다."

유망한 역사학도, 야학에서, 국제상사 노동자로, 사회변혁의 새로운 역사를 살다

"대학교 4학년 때 도서관에서 열심히 공부도 하고 책을 보았습니다. 우리나라 근현대사를 읽으면 읽을수록 뭔가 이렇게 마음이 좀 들끓어 올랐습니다. 이러한 문제의식을 친구한테 얘기하니까 너와 똑같이 얘기하는 친구가 있는데 소개시켜주겠다고 했어요. 소개받은 그 친구가 저에게 '그런 문제의식을 가지고 있으면 낮에는 공장에서 일하고 저녁에 와서 공부하는 곳이 있는데 네가 교사로서 그런 역사를 가르쳐보는 건 어떤지…' 그렇게 해서 1982년 부산YMCA 야학을 시작하게 되었습니다. 저는 당시에 선생님이 꿈이었고, 역사학도로서 우리나라의 역사와 처지에 대해 '왜 이렇지?' 하는 문제의식을 가지게 되었던 격동의 시기였습니다.[15]

야학에서 역사 교과 담당이라 공부를 해서 가르치는데, 처음에 제가 교과서에서 배운 것만 가르치니까 선배 강학들이 '역사의식에 문제가 있는 것 같다 공부가 필요하다'라고 민중의 역사를 저한테 권유하였습니다. 그러면서 제가 다시 공부를 했고 노동자를 만나면서 내가 지금까지 살아온 것이 너무나 부끄러웠습니다. 야학에서 만났던 노동자가 '당신들은 강학이고 대학 출신이고 자기들하고 다르다' 이런 얘기를 많이 했어요. 그래서 강학과 학강이 다르지 않다는 것을 보여주기 위해서 '내가 공장에 취업을 해야 되겠다. 노동자가 되어야겠다.'라고 생각을 했습니다.

제가 처음에는 동구 초량동에 있는 YMCA 본관에서 야학 강학을 하였습니다. 그다음에는 총괄하시는 전점석 부장님이 초량뿐만 아니라 아미동, 감전동에도 노동자들이 많고 그쪽에 풍영(감전동), 국제상사(괘법동)가 있으니까, 그쪽으로 가서 우리가 야학을 개척하자고 했습니다. 두번째로 사하구 괴정 산정현교회에서 야학을 했습니다. 그러다가 아미동

---

15 지도교수였던 신라대 이송희 교수는 제자인 조숙영이 우수한 학생으로, 갑오농민전쟁 시기 농민군의 폐정 개혁안을 주제로 하는 논문을 잘 쓴 학생이었기에 계속 공부를 했으면 좋겠다고 생각하였다고 한다. 그런데 대학 4학년 때 교사 시험공부를 그만두고 야학을 하러 갔다.

지금은 감천문화마을인데 그 감천마을 꼭대기에 야학을 열고 강학으로 활동하였습니다. 그 마을 꼭대기에는 태극도라는 1945년 창도한 한국의 신종교 근거지가 있는데, 그곳에서는 다닥다닥 방 하나에 공동 화장실을 쓰는 그런 동네였어요.

제가 집이 해운대였는데 산꼭대기에서 밤에 수업을 마치고 집에 가려면 막차를 타야 되거든요. 그 아미동 꼭대기에서 캄캄한 데로 내려오면 전점석 총장님이 기다려서 같이 귀가하고는 했습니다. 집이 같은 방향 해운대였어요. 그렇게 야학을 하고 있는데 태극도 주민들이 쳐들어왔습니다. 'YMCA 기독교단체인 이단이 이 마을을 물들이고 있다'고 해서 저희들이 쫓겨나면서 야학을 철수하였습니다.

그때도 강학과 학강의 처지 차이가 너무 많이 느껴졌습니다. '아무리 말로, 이론적으로 설명해봤자 노동자의 문제가 해결되지 않는구나.' 이렇게 생각하던 중에 제가 가르치는 학생의 어머님이 산재를 당해서 돌아가시게 되었습니다. 그 일을 계기로 '이제는 내가 공장에 가야 되겠다. 이렇게 가르치는 것만으로는 노동자 문제가 해결되지 않구나'라고 생각해서 처음 들어간 곳이 사상의 국제상사였습니다.

1984년 국제상사에 입사 후 그런 생활을 한 번도 해보지 않아서 일 잘하는 노동자한테 구박을 당하면서 미싱을 배우다가 회사를 퇴사하게 되었습니다. 왜 그렇게 되었냐 하면 그때 어떤 사람이 국제상사 옥상에서 유인물을 퍼트리는 사건이 있었습니다. 나는 미싱 경험을 쌓으며 노동현장을 열심히 배우고 있었는데, 그 유인물 사건으로 인해 공장이 발칵 뒤집히면서 이런 사람들을 색출해야 된다는 분위기에서 원하지 않게 공장을 나오게 되니까 너무 억울하였습니다. '내가 역시 너무 못난 사람인가? 나는 노동자가 될 수 없는 사람인가' 이런 갈등을 하면서 그다음에 들어간 데가 스타인이라는 신발 만드는 회사였습니다.

스타인이라는 학장에 있는 고무공장(신발제조공장)인데 나는 그동안 미싱을 좀 배웠고 경력이 생겨 나이키 옆선 미싱사로 조금 발전을 한 상태로 들어갔습니다. 그렇게 하면서 여기서는 뭔가를 해야 되겠다고 생각하면서 이혜숙, 최성희 등 4~5명이 저녁에는 공부하고 낮에는 공장에서 열심히 일하면서 디데이를 잡았습니다. 우리가 드디어 노동자들을 불러일으켜야 되겠다고 생각하고 임금 인상 등 문제점을 쭉 적어가지고 공장 전체에 유인물을 돌렸습니다. 유인물을 돌리고 나오면서 바로 경찰들한테 잡혔는데 일주일 정도 구류를 살았습니다.

과정을 돌아보면 야학이 저한테 그런 것들을 실천할 수 있는 계기를 주었습니다. 이후부터는 다른 공장으로 들어가려니까 제 이름으로 안 되어 북구 만덕동에 있는 와이셔츠 만드는 한주통상에 다른 사람 이름으로 위장 취업했는데 1년 만에 87년 노동자 대파업이 벌어졌습니다. 다른 데 여기저기서 노조가 만들어지고 대우[16] 이런 데서도 파업이 일어나니까 한주통상 노동자들도 노조를 조직하였습니다. 노조가 만들어져 제가 협상 대표단으로 뽑혀서 노동자 측과 사용자 측이 임금협상을 하는 테이블에 앉았습니다. 그런데 같이 활동하던 조직에서 초기 노동조합을 세워나가는 데 위장 취업자가 드러나면 안 좋으니까 빠지는 게 좋겠다고 하였습니다. 그래서 한주통상에서 나오게 된 것이 제가 노동현장에서 마지막으로 있었던 과정입니다.

그 후 부산여성회에 들어와 활동하다가 지금은 북구 만덕동에 있는 옛 한주통상 맞은편에서 사회복지사로 지역자활센터에서 그 옛날의 노

16　(주)대우는 부산지역의 봉제공장으로 규모가 컸다.

동자들과 함께 활동하고 있습니다. 지금은 한주통상 등 그 공장들이 다 없어지고 그 자리에 아파트단지가 들어서 있는 걸 보면 여러 가지 생각이 들면서 감회가 새롭습니다. 저는 학교 다닐 때 운동권은 아니었지만 20대 때 야학을 접하면서 야학운동의 경험을 계기로 지금까지 새로운 삶을 살게 되었고, 오늘 이때까지 열심히 살아온 것 같습니다."

이동환 영도BBS야학, 대건야학, 강학 1986년 부산야학연합회 회장 역임[17] 사례 4

봉사로 시작한 야학, 인간다움을 찾아 부산지역야학 연합회, '야학맨'으로 평생을 소외계층과 더불어 살다

"저는 대연동에 있는 부산공고 토목과를 나왔는데 오일 쇼크 때문에 취업을 못 하게 되었습니다. 그래서 대학교에 들어갔는데 동기가 동아리에 들어오라고 해서 갔더니 영도구 사람들이 90%이고 영도구 도서관에서 주로 봉사활동을 하는 동아리였습니다. 1982년도에 동아리에서 야학을 한다고 해서 2학년 1학기 때쯤 그 야학을 가보니까 검정고시 야학인데 강학들이 자기 시험 공부한다고 빠지고 학생들이 와 있어도 수업이 엉성하고 시험시기에 시험 문제도 제대로 안 내고, 보기에 너무 형편없이 운영되고 있어서 안타까운 마음에 야학에 참여하게 되었습니다(영도BBS야학).

17　이동환은 부산지역에서 대표적 '야학맨'으로 불린 사람 중의 한 명이다. 부산 경실련, 아름다운가게 등에서 근무했다.

검정고시야학을 하면서 문제의식을 가지며

생활교재와 야학연합회를 만들다

그 당시 저는 1982년에서 1983년까지 야학을 열심히 했는데 그 과정에서 많이 느낀 게 그 당시에 노동시간이 10시간이었습니다. 기본근로가 10시간이고 잔업을 하면 11시간, 12시간 되었습니다. 학강들은 8시부터 출근해서 6시에서 6시 반 사이에 퇴근해 오니까 그 이후 잔업을 안 하고 야학에 왔습니다. 학강들은 공부에 한을 가지고 또 최소한의 학력은 있어야 된다고 생각하여 오는 중학교, 고등학교 과정이었지만 중학교 과정에 오는 학강들이 다 국민학교를 졸업한 것도 아니었어요. 사실은 국민학교 졸업도 못한 학강도 있었습니다.

제가 야학하면서 제일 크게 느꼈던 게 이런 조건에서 검정고시 공부를 하는 게 불가능하다는 겁니다. 왜냐하면 한 야학에 학강이 50명에서 60명 정도, 한두 개 반을 운영했는데 저녁 6시 반이나 7시에 수업을 시작해서 9시 반에서 10시까지 3시간씩 수업을 했는데 1년 정도 지나면 수업하다가 안 쓰러지는 친구가 50%가 안 되더라고요. 피곤해서 쓰러지거나 어디 아파서 쓰러지거나 하니까 선생님들이 응급처치 대기를 항상 하고 있었어요. 이렇게 노동시간이 긴데도 그나마 공부에 한이 되어서 왔기에 1년 반 과정을 하거나 2년 과정을 정말 힘겹게 했습니다.

1984~1985년 제가 군대에 가 있는 기간에 후배들이 영도BBS야학을 계속 운영했는데, 1982년부터 1985년 정도까지 4년에 걸쳐 검정고시에 합격한 친구들이 몇 명 있는지 살펴보니 60~70명이 야학을 시작해서 2년 후 졸업할 때, 이런저런 사정과 건강과 잔업 때문에 중도 탈락을 하고 15명 정도 졸업을 합니다. 그중에도 검정고시 시험 치는 사람은 한 해 열 명도 안 되고 시험에 합격되는 사람은 한 명, 두 명 될까 말까 했

YMCA생활야학 온누리 입학식 축사
1983 이성희 대건야학 강학
(1983 부산야학연합회 2대 회장)

습니다.

이런 사정인데 다른 야학은 어떻게 하는지 알아보기 시작했어요. 그 당시 대건야학은 이성희[18] 씨가 교장을 하고 있고 성신야학은 김수홍 씨가 교장을 하고 있어서 다른 야학은 도대체 어떻게 하고 있는지 물어보니 똑같은 고민을 하고 있었습니다. 그래서 그때부터 모여서 여러 가지 해결책을 궁리했습니다. 우리가 볼 때 이 학강들이 검정고시만 해가지고 될 문제가 아니고 어떻게 해도 검정고시 자격증을 따는 것이 어렵다. 그러면 1년을 있든 6개월을 있든 야학을 그만두게 되더라도 뭔가 자기한테 도움이 되는 걸 배워 가면 좋지 않겠냐? 교양이나 상식이나 생활이라든지 우리가 이런 과목을 만들고 교재를 같이 만들어 시작하자고 의논을 했고, 여러 야학이 모여서 교재를 만들기 시작했습니다.

그렇게 해서 만든 새 교재의 첫 페이지가 '인간다움이란 무엇인가'

---

18 검시야학 중심의 '야학연합회'를 제의하고 주도한 이성희는 초기 노동야학이나 부산YMCA야학, 영남산업연구원 등 부산지역노동자교육기관이나 단체와 폭넓게 교류하며 실제로 초기야학과 노동자교육에 중요한 역할을 하게 된다. 뒤에 영남산업연구원의 교육실무를 맡기도 하였고 일꾼도서원의 설립과 운영에도 주도적으로 참여했다. (이성홍, 2009, 「70-80년대 부산지역노동야학 운동사개괄」, 『성찰과 전망』 4, (사)부산민주항쟁기념사업회, 137쪽 각주 참조.)

였습니다. 그 당시에 남미의 프
레이리 교육학이나 그런 걸 가
져와서 검정고시 안 될 학강들
70~80%에게 도움이 되도록 만
들었고, 노동청소년에게 도움이
되는 교양과 근로기준법 과목을
만들어 몇 개 야학 전체가 토요
일에 한 시간씩 배치해서 수업했
습니다. 그러면서 야학들 연합
회나 전체 모임이 필요하다는 의
견이 나오면서 부산지역야학연
합회(1981, 이후 부야연)[19]가 더욱
대중적인 연대활동을 전개하는
계기를 만들었습니다.

부야연이 만들어진 1981년 검
시 야학 중심으로 10개 야학이
모이고 그때 초대 회장으로 김한
규, 2대 이성희, 3대 김수홍, 다
음으로 황정대, 이동환으로 이어
졌습니다.

부산지역 야학연대 문화의 밤

부산지역노동자 대동문화제–부산야학
연합회 공동주최(1988년 8월 28일)

---

19   부산검정야학연합 변천(이동환 증언): 부산지역야학연합회(1981~1988년) ⟹
부산지역야학협의회(1989~1994년) ⟹ 부산지역 야학연대(1995년 이후~)

생활야학으로 변환과 연합행사를 벌이다

저는 군대 갔다 와서 1986년부터 부야연 회장을 맡았는데 부산 영도 BBS야학을 그만두었고, 기존 검시야학이던 대건야학이 생활야학으로 변화하면서 3개월 6개월 과정 수료 후 노동야학으로 보내는 과정을 기획했습니다. 부야연 시절 1986년에 야학 10개 정도가 참여해서 공동으로 크게 했던 행사가 3월 근로자의 날 전후에 같이 하는 문화행사로, 야학별로 연극, 노래도 준비해 발표하고 게임과 운동도 하고 마지막에 항상 대동놀이를 했는데 수영광안야학 '안도주' 풍물패가 멋지게 주도를 하였습니다.

1987년도 6월 항쟁 때는 제가 부야연 회장 할 때였는데 야학연합회에 속해 있던 야학생들은 수업 한 시간만 하고, 저녁시간(낮에는 직장 다니니까)에 와서 남포동으로 나오든 부산역으로 나오든 모여서 야학연합회 깃발 들고 참여하고 또 개별 학교는 개별 학교대로 시위에 계속 많이 참여를 하였습니다. 1987년도 6월 항쟁을 넘어 7월 8월 9월 노동자 대투쟁 시기로 넘어갔을 때는 야학 틀에서 뭘 할 수 있는 것이 없었어요. 노동야학이 주도적으로 집회 참여를 많이 하니까 관심 있는 친구들은 집회에 같이 가고 생활야학에 참여하는 학강들을 노동야학과 연계하는 그런 역할을 했습니다. 조금 더 의식이 있는 학강들은 노동운동으로 연결시키기 위해서 사전 학습하는 과정으로 연결하고 학습 과정을 거치면 노동현장조직으로 연결하는 통로 역할을 하고자 했습니다. 그리고 부야연 차원에서도 노동운동과 함께 하려고 노력했습니다.

제 개인적으로는 야학을 하면서 아내를 만났습니다. 처남이 영도BBS에 다녔는데 어느 날 한 여성노동자가 찾아와서 자기 남동생 공부 잘하고 있냐고 해서 상담해 주다가 인연이 되어 결혼을 하게 되었습니다.

야학의 시대적 요구, 사랑방노동자학교의 탄생

반송생활야학은 1988년에 생활야학과 노동야학이 통합을 해서 만든 '사랑방노동자학교'로 포함되면서 해소되었습니다.[20] 그때 주축이 이창우, 김수홍, 대건야학, 성신야학, 노동야학 이렇게 뜻 맞는 야학이 합쳐서 수공업적으로 하지 말고 대중적으로 '사랑방노동자학교'를 하자고 뜻을 모았습니다.

야학들의 역할이 미약해지면서 활동이 도서원으로 연결되는데, 처음으로 아람도서원이 생기고, 일꾼도서원은 이성희 씨가 했고, 김현철 씨가 햇살도서원을 시작했습니다. 자연스럽게 야학이 노동자학교로 변화해갔기 때문에 저는 금사공단으로 가서 일사랑도서원을 하게 되었고, 지금 민주당 을지로위원회에 근무하는 이원정 씨가 신평장림지역에 광장도서원을 만들었습니다. 이때 부산지역에 각종 노동단체, 노동공간 등이 많이 만들어졌고 이후 1989년에 연대기구로 '부산노동단체협의회'가 만들어졌습니다.

도서원이 만들어진 것은 '사랑방노동자학교'같이 노동자교육이 전문화된 이후 지역마다 새로운 공간을 만들어 지역별 노동자들의 배움과 모임, 문화공간으로 도서원의 역할이 필요해졌기 때문입니다. 도서원은 1987년 6월 항쟁 이후에 거의 만들어졌는데 기존 야학을 하던 역량이 뒷받침되었기 때문이라고 봅니다. 각자 야학을 운영했던 야학 멤버들

20　무궁화야학의 경우는 그때 해소되지 않고 그 정신을 이어 금정구 서동에 지역민을 위한 "마을공동체 무궁화 공부방"으로 운영되었다. 취약계층이 많은 서동지역(맞벌이, 한부모)에서 아동, 청소년대상 공부방을 운영하다가 2023년 대표 및 운영진 구장모, 허인범 님이 돌아가셔서 지금은 정리되었다.

중에 지역을 나눠서 여기저기 만들었습니다. 노동자와 지역주민을 위한 합법적 공간의 필요성도 있었고, 그리고 이 시기는 1987년을 거쳐 노동조합운동도 합법적으로 활동하고 있었기 때문에 노동자의 다양한 활동 공간은 시대적 요구라고 할 수 있습니다."

야학에서 시작하여 자기 삶의 주인으로 민중운동의 주체가 되다

1980년대 부산의 야학은 단순히 공부를 배우는 작은 교실이 아니었다. 그것은 자신을 가로막던 벽을 처음으로 인식하고, 스스로 그 벽을 넘어 세상을 향해 나아가려는 사람들의 삶터이자 배움터였다. 가난과 긴 노동시간, 혹독한 정치 환경 속에서 사람들은 작은 교실에 모여 앉아 서로의 삶을 비추며 '인간답게 사는 것'의 의미를 묻곤 했다.

당시 야학의 강학으로 참여했던 조숙영, 이동환은 대학생으로서 나눔과 연대의 가치를 실천하고 노동자들과 함께 배우고 함께하기 위해 야학에 들어왔다. 야학은 그들에게 단지 가르치는 공간이 아니라, 올바른 역사를 함께 써 내려가는 실천의 현장이었다. 그 경험은 이후 사회복지 자활현장, 아름다운가게의 자원순환 활동, 사회적경제 활동 등 더 넓은 사회운동으로 이어져, 지금까지 삶의 중심에 '함께 사는 가치'를 놓고 살아가게 했다.

야학의 문을 두드렸던 학강들의 이야기는 더욱 인상적이다. 최명희(최명애)는 검정고시 합격이라는 단순한 목표로 야학을 찾았지만,

그 경험은 노동조합 결성을 주도하는 전환점이 되었다. 그는 스스로 근로기준법을 공부하고 여성노동자들의 단결을 돕기 위해 여성단체 활동에 뛰어들었다. 공부 또한 놓지 않아 중등·고등·대학교에 이르는 학업의 길을 결국 스스로 완성했다. 이봉선 역시 공부를 하러 들어간 야학에서 자신의 목소리를 발견했고, 그것은 노동조합 활동과 전국여성노동조합 운동으로 이어졌다.

이 네 사람은 모두 야학이라는 공간을 통해 자기 삶의 주인이 되는 길을 찾았다. 1987년 노동자 대투쟁이라는 한국 민주화의 격동기에 민중운동의 주체로 우뚝 섰다. 누군가는 노동조합 결성과 연합회 조직으로, 누군가는 지역의 사회단체 활동으로. 그리고 그 삶은 오늘까지 이어져, 각자의 자리에서 민중 속에 뿌리내리고 있다.

부산의 야학은 우리 민중운동사 속에서 결코 작은 발자국이 아니다. 봉건 말기의 야학과 일제강점기의 야학이 민중 의식화의 장이자 계몽의 장이 되었던 흐름은 1980년대에도 자연스럽게 이어졌다. 혹독한 정치 탄압과 고단한 노동 현실 속에서, 야학은 노동자와 학생이 서로를 깨우던 곳이었고, "노동자도 인간이다. 인간답게 살아보자"라는 절실한 외침이 자라난 토양이었다. 그 외침은 1987년 7·8월 노동자 대파업으로 터져 나와 한국 사회변혁의 중심이 되었고, 이후 노동조합, 노동자학교, 노동상담소, 도서원 등 다양한 민중운동으로 확장되었다.

1970~1980년대 부산지역의 야학운동 활동가들은 사람을 중심에 두고, 열린 교육과 공동체적 가치를 실천하며, 민주주의를 삶의 언어로 배워 나갔다. 야학은 그들에게 단순한 교육기관이 아니라, '인간답게 살아보려는 몸부림'이 모여 하나의 공동체가 된 곳이었

다. 마무리하며 1970~1980년대 야학운동의 원형을 돌아보는 이 글
이 오늘을 살아가는 우리에게도 '인간다운 삶'에 대해 다시 생각해
보는 작은 출발점이 되기를 바란다.

2장

도서원

함께 배우고 성장하는
노동자의 벗, 지역의 이웃

도서원

함께 배우고 성장하는 노동자의 벗, 지역의 이웃

이동환

'도서원'이라는 이름은 낯설다. 도서원은 서점이라고 하기엔 책을 팔아서 돈을 벌 생각이 없었고, 도서관이라고 하기엔 도서의 수도, 책 볼 공간도 제대로 갖추지 못했다. 상가건물 2층을 빌려 쓰거나, 공단 주변 주택가의 허름한 전세 건물 혹은 교회에 딸린 일부 공간을 꾸며놓은 경우가 많았다. 빼곡히 꽂힌 책들이 방문자를 맞이했고, 인문교양 도서들이 기증받은 책과 어렵게 마련한 사회과학 도서와 함께 놓여 있었고, 벽에는 전단지와 대자보가 빽빽하게 붙어 있었다. 그곳은 책이 있는 공간이자, 동시에 사람들의 꿈과 분노, 연대와 희망이 켜켜이 쌓여가는 공간이었다.

1970년대 후반 박정희 유신체제의 암울한 현실에서 출발해, 1987년 민주화 대투쟁을 거치며 폭발적으로 성장한 시민의식, 그리고 노동자 대투쟁 이후에 이르기까지 부산의 '도서원운동'은 단순한 독서공간을 넘어 시대의 열망과 호흡하며 전개된 하나의 지역 사회운동이었다. 책을 갖춘 공간에서 사람들은 당시 시대가 억누르고 있던 사회문제를 알아보고, 노동자들이 실천할 수 있는 활동을 토론했으며, 동료들과 더불어 현장 활동으로 이어지는 연결 고리를 만들어갔다. 그곳에는 읽기와 토론, 실천이 하나로 엮인 독특한 문화와 운동의 흐름이 살아 있었다.

도서원의 맹아, 양서협동조합

시대적 시민 사랑방, 양서협동조합의 탄생

도서원의 기원은 1970년대 후반으로 거슬러 올라간다. 군사정권의 무거운 억압이 도시 전체를 짓누르던 시절, 책을 읽고 토론하는 일조차 감시의 대상이 되었다. 그럼에도 사람들은 지식과 교양을 향한 갈망을 포기하지 않았다. 1977년 부산 중부교회 청년들이 중심이 되어 상담소와 시국 토론회를 진행했는데, 토론에만 그칠 것이 아니라 실천사업을 하자는 데 의견을 모아 양서협동조합이 만들어졌다. 이름처럼 좋은(養) 책(書)을 함께 읽고 나누자는 뜻이었지만, 그 속에는 더 큰 열망이 숨어 있었다. 교회 청년들은 캐나다로부터 배워 온 협동조합운동의 정신을 책을 매개로 구체적인 실천으로 옮기고자 했다.

1978년 4월 유신체제가 휘청거리던 시기, 부산 보수동 책방골목에 '부산양서판매이용협동조합(약칭: 부산양협)'이 문을 열었다. 이는 단순한 서점이 아니라, 좋은 책을 구비해두고 조합원제로 운영되는—의식 있는 대학생이나 지식인들이 만날 수 있는—사랑방이자 시민들의 연대의 장이었다. 누구나 출자금만 내면 조합원이

될 수 있었고, 책을 빌리고 구매하면서 토론과 교육에도 참여할 수
있었다.

　당시에 책을 둘러싼 자발적 모임은 민주화운동의 가장 안전하고
효과적인 방식 중 하나였으며, 부산양협은 이러한 시대적 요구에
정확히 부합했다. 양협의 창립 조합원은 107명으로 시작해 600명
을 넘었고, 출자금도 700만 원 이상이 모였다. 이는 당시 시민사회
의 강한 참여의지를 보여주는 대목이었다. 특히 부산양협은 어학연
구, 지역사회 개발, 예술 연구 등 다양한 소모임과 강연회를 운영하
며 사회 전반의 지식과 교양을 불어넣었다. 협동조합의 원리로 교
육하고, 민주주의 가치를 책으로 전파시킨다는 시도는 당시로서는
혁신적이고 대담한 시도였다.

　부산양협은 단순한 독서모임이 아니었다. 학생, 노동자, 청년이
함께 모여 책을 읽고 토론하면서, 억눌린 사회를 바꾸려는 가능성
을 모색했다. 책을 사 모으고 빌려주는 일은 수단이었을 뿐, 본질은
‘함께 배우고 성장하는 협동조합운동이자 민주화운동’이었다. 부산
양협은 회원들끼리 책을 모으고 돌려보면서 민주화 의식을 고취시
켜 나갔다. 책을 매개로 모인 회원들이 함께 읽고 토론하는 교육활
동은 민주화운동단체가 대중들과 만날 수 있는 가장 효율적 방법
이기도 했다.

　부산에서 시작된 이런 움직임은 서울, 마산, 대구, 울산, 광주 등
전국 곳곳으로 빠르게 퍼져나갔다. 그러나 그 빛이 강렬했던 만큼,
탄압의 그림자도 길었다. 군사정권의 감시는 집요했고, 1979년 부

부산양서협동조합 협동서점

마항쟁의 배후로 의심받아 부산양협은 강제 해산되었고,[1] 전국 각지의 양협들 역시 운영진의 투옥이나 잠적 등으로 문을 닫아야 했다.[2] 하지만 부산양협의 그 실험과 활동은 많은 사람들의 기억 속에 깊이 뿌리박혀 있다. '진실·화해를위한과거사정리위원회'가 "당시 암울했던 시대에 그래도 의미 있는 대화가 오가는 시대적인 사랑방 역할을 했다"라고 평가했듯이, 양협은 시민들과 지식인, 대학생들이 지식과 소통의 갈증을 해소하는 오아시스이자 사랑방이었다.

최진호(한국도서관사연구회 운영위원)는 "87년 6월 항쟁 이후 부산에서는 부산양협 출판운동이 노동도서원 설립을 도왔고, 마산양협의 후신인 마산 책사랑은 1990년대 지역의 마을도서관 설립으로

---

1   이후 36년의 세월이 흐른 후 2015년에 조합원 88명이 재창립하여 해운대구에 북카페를 열고, 210명 조합원이 참여하여 다양한 문화를 공유하는 활동을 전개해오다가 2023년 8월까지 운영하고 해산했다. 해산총회 공고문을 통해 "디지털 시대 도래 등 변화하는 환경에 알맞은 독서문화운동 모델을 정립하지 못하고 어렵게 이끌어 오다가 마침내 한계에 부딪혀 이제 겸허하게 모든 활동을 내려놓기로 했다."라고 밝혔다.(현정란 이사장 인터뷰)

2   마산양협은 내부동력 부족으로 자진해산했으며 울산, 광주, 대구, 수원, 서울 등 운영진의 투옥, 잠적, 탄압 등의 이유로 해산했다. 양협들 중에 서울양협이 제일 오랜 기간(1978.11~1982.3) 남아 있었다.

이어졌다", "서울양협의 한 분과였던 어린이도서연구회는 1990년 대 이후 어린이 독서문화운동을 이끌면서 어린이도서관 설립운동에 주도적 역할을 했다"라고 말했다. 이어 "양협은 1960년대 마을 문고운동과 함께 지금의 작은도서관을 만들어낸 기반"이라고 강조했다.(출처: 내일신문 인터뷰 2022.03.10)

부산양협으로부터 아롬도서원까지

양서협동조합의 불씨는 완전히 꺼지지 않았다. 부산양협의 정신은 1987년 6월 민주항쟁 이후 도서원운동으로 이어지며, 노동도서원의 탄생에도 결정적인 영향을 미쳤다. 1987년 7월 부산에 우리나라 최초의 노동도서원인 '아롬교양도서원(이하 아롬도서원)'이 문을 열었다. 양서협동조합의 경험을 되살리고, 서울의 '글사랑'에서 힌트를 얻은 아롬도서원 설립자 전중근[3]은 '책을 매개로 한 시민의식 고양'이라는 목표를 세운 다음 후배들과 함께 1,000여 권의 책으로 도서원을 개원했다.

전중근은 부산양협 출신이었으며, "도서관이라는 관(官)적인 이미지를 탈피하고 공동체라는

아롬교양도서원 홍보 포스터

3　부산에서 최초로 아롬도서원을 설립 운영한 이후 1990년 문화운동 2020년대 협동사회연구회 등을 통해서 대안경제와 대안사회 연구와 담론을 주도하는 활동을 지속해왔다.

의식을 강조하기 위해서 '도서원'이라는 말을 사용했고, '알다'의 옛 말인 '아롬'에서 차용하여 이름을 지었다"라고 했다. 도서는 활동가들이 보는 책과 일반인이 보는 책을 1:1로 구성하려 했고, 약 4,300권의 교양 및 노동운동 관련 장서를 소장하고, 회원제로 운영했다. 매일 아침 10시부터 밤 10시까지 문을 열었고, 한 달에 1,500원 회비를 내면 회원으로서 각종 모임 참석이나 소장하고 있는 도서와 자료를 자유로이 이용할 수 있었다.

서면 및 동래 등 지역의 사무직 여성들과 노동자들의 뜨거운 호응을 얻어, 한 달 만에 200명이 넘는 회원을 확보했다. 이름처럼 아롬도서원은 세상을 알아가고 삶을 성찰하는 공간을 지향했다. 문을 연 지 한 달도 되지 않아 200명이 넘는 회원이 가입했다는 사실은 당시 사람들에게 책읽기와 사회가 돌아가는 정보에 대한 갈증이 얼마나 절실했는지를 보여준다.

노동자의 친구, 지역의 이웃

책을 매개로 한 노동자문화 공간들

아롬도서원의 성공은 다른 도서원의 설립에 큰 영향을 미쳤다. 서면 은아극장 옆 4층 건물에 세 들어 있던 늘푸른도서원은 고교생들의 터전이었다. 560여 명의 회원이 가입비 3천 원, 한 달 회비 2천 원을 내고 『스비까(스스로를 비둘기라고 믿는 까치에게)』, 『소외된 삶의 뿌리를 찾아서』 등을 빌려 보거나, 기타반 등에 참여했다.

또한 1987년 노동자 대투쟁 이후, 노동현장에서 노동조합운동에 대한 의식이 높아지기 시작했고, 노동자들이 문화적 · 정치적 요구가 빗발쳤다. 이런 상황은 자연스레 노동자들이 모여 사는 지역에서 주거지를 중심으로 노동도서원 설립이 확대되는 계기가 되었다. 이후 1988년 4월 사상공단과 감전동 일대의 노동자와 주민들 300여 명이 회원으로 활동했던 햇살도서원이 개원한 것을 필두로, 다음 해인 1989년 4월에는 사상구 덕포동에 들불도서원이 개원했다. 연이어 9월에는 부산진구 가야동에 일꾼도서원이 문을 열었고, 일꾼도서원에는 신발공장과 금속부품 공장에서 일하는 노동자들 100여 명이 회원으로 가입하여 활동하였다. 금사 · 서동 일사랑도서원, 신평 · 장림동 광장도서원 등에서도 인근 공단의 노동자들과 지역주민들이 회원으로 가입하여 활동하였다.

사상공단에는 김현철이 햇살도서원을, 반송성당에서 야학을 운영하고 부산야학협의회를 창설했던 이성희는 가야에서 일꾼도서원을, 부산야학연합회 회장을 지냈던 이동환은 금사공단에 일사랑도서원을 설립하는 등 야학활동가들이 도서원 설립의 주요한 밑바탕이 되기도 했다. 그때는 도서원 자체에 대한 인식보다는 책을 매개로 하는 새로운 운동에 대한 요구와 보다 쉽게 대중을 만날 수 있는 공간이 절실하게 필요하다는 인식에서 출발했다.

"도서원이 만들어진 것은 사랑방노동자학교같이 노동자교육이 전문화된 이후, 지역마다 새로운 공간을 만들어 지역별 노동자들의 배움과 모임, 문화공간으로서 도서원의 역할이 필요했기 때문입니다. 도서원은 87년 6월 항쟁 이후에 거의 만들어졌는데, 기존에 야학을 하던 역량이 뒷받침되었기 때문이라고 봅니다. 각자

야학을 운영했던 멤버들 중에서 지역을 나눠서 여기저기 만들었습니다. 노동자와 지역주민을 위한 합법적인 공간으로서의 이유도 있었고, 이 시기는 1987년을 거쳐 노동조합운동도 합법적으로 활동하고 있었기 때문에 노동자의 다양한 활동공간은 시대적 요구라고 할 수 있습니다."_이동환 일사랑도서원 대표 구술

1990년에 부산지역에는 앞서 언급한 도서원뿐만 아니라 남구 늘푸른, 괴정 한돌, 영도 삶터 그리고 부산 근교인 양산의 움터도서원 등이 세워지면서 총 9개의 노동도서원이 있었다. 노동도서원들은 당시 부산노동운동단체협의회[4]에 참여하기도 했고, 따로 '부산경남지역도서원협의회'를 결성하여 전국적인 국민운동단체인 '국민연합'에도 참여했다. 노동도서원은 노동조합운동의 경험이 일천하던 시기에 노동자의식을 키우고, 노동운동을 외곽에서 지원하는 역할을 담당하는 교양·문화 공간으로 자리매김해나갔다.

도서원에는 일반 양서들과 사회과학서적, 문학작품, 노동법해설서가 나란히 꽂혀 있었고 노동자의 생활과 노동운동에 관련된 도서가 중심이었다. 아울러 인근 지역의 사업장별 현황과 노동운동 관련 자료들도 정리해 두고 있었고, 각종 행사 홍보용 유인물, 선전

4　1989년 4월 1일 부산지역의 노동 단체를 모아 창립하였다. 상담교육 분야에는 가톨릭노동상담소, 사랑방노동자학교, 동래노동상담소, 노동자복지연구소, 노동법률상담소, 문화교양 분야에는 일꾼도서원, 햇살도서원, 들불도서원, 일사랑도서원, 놀이패 일터, 조사연구 분야에는 지역사회문제자료연구실, 이외에 신평장림 노동자의 집, 부산여성노동자의 집, 노동자 모임터 등이 참가하였다.(1990.9 부산노동자단체협의회 제2기 출범 보고)

유인물, 대자보 글 등을 비치해 두었다. 도서원 운영을 담당하는 활동가들은 도서원이 소장하고 있는 도서나 자료에 대해 상당한 지식을 갖고 있었으며, 노동운동이나 노동조합 등에 대한 지식과 정보제공이 가능한 사람들로 구성되었다.

도서원은 회원제로 운영되었는데, 일반적으로 월 3,000원~5,000원 정도의 회비를 내면 회원으로 가입되고, 회원은 언제든지 1회 2권씩의 도서를 대출할 수 있었다. 그러나 회원들에게는 회비로 빌려 읽을 수 있는 책 몇 권보다, 그 공간에서 만나는 사람들과 나누는 대화가 더 큰 보상이었다. 퇴근 후 도서원 문을 열고 들어서는 순간, 사람들은 고단한 하루의 피로를 내려놓을 수 있었다.

도서대출 권수 및 대출자 수(1989년 햇살도서원)

분기	대출자수	한국소설	외국소설	노동서적	사회과학	수필	교육기타	총 권수
2/4	324	134	31	79	40	43	50	377
3/4	539	215	48	156	74	26	183	702
4/4	537	263	106	197	119	70	53	808
합계	1,400	612	185	432	233	139	286	1,887

공단지역에 가장 먼저 개원한 사상구 햇살도서원의 초기 도서대출 현황을 살펴보면, 한국소설과 노동 관련 서적이 절반 이상을 차지했고, 한국소설 중 가장 많이 대출된 도서로는 『태백산맥』, 『객지』, 『고삐』, 『금관의 땅』, 『녹슬은 해방구』, 『민중의 바다』 등이고, 외국소설 중에는 『어머니』, 『나의 라임오렌지 나무』, 『피어나는 꽃』, 『사이공의 흰옷』 등이 가장 많이 대출되었다. 그리고 노동 관련 서적으로는 『전태일 평전』, 『암탉이 울면』, 『내 죽음을 헛되이 말라』,

『알기 쉬운 근로기준법』, 『노동법해설』, 『소외된 삶의 뿌리를 찾아서』, 『노동의 역사』 등이 가장 인기가 높았다.

도서원은 또한 다양한 문화프로그램을 조직했다. 문학강독회, 영화상영회, 시낭송회 등 독서를 넘어선 문화를 접할 수 있는 공간으로 준비해 나갔다. 회원들은 단순히 책을 빌리는 데 그치지 않고, 함께 독서회나 토론모임을 열어 책의 내용을 공유하고 각자의 현실과 연결해서 해석했다. 이를 통해 책은 개인의 독서 경험을 넘어서, 공동체적 학습과 인식을 넓히는 매개체로 기능했다.

노동자 회원들은 처음엔 서툰 말로 더듬거리며 의견을 내다가, 이내 친구들의 눈빛에서 용기를 얻어 목소리를 키워갔다. 책을 읽는다는 것이 단순히 지식을 얻는 행위가 아니라 세상을 새롭게 바라보는 눈을 갖는 것이고, 자신을 주체로 세우는 일임을 도서원에서 배웠다. 도서원은 노동자와 청년들이 스스로 삶을 바꾸기 위해 만든 작은 공간으로, 그곳에는 시대의 억압을 넘어서는 희망이 있었고, 책과 사람이 만나 빚어내는 민주주의의 씨앗이 있었다.

저녁마다 시사토론반이 열리면 작은 방은 열린 토론의 장으로 바뀌었다. 그날 신문에 실린 기사가 흑판 위에 적히고, 회원들은 삼삼오오 모여 앉아 각자의 생각을 꺼냈다. "이건 단순한 노사분규가 아닙니다. 구조적인 문제예요." "정부가 이렇게 보도하는 이유가 뭔지 생각해 봅시다." 목소리는 격렬했고, 때로는 웃음이 터져 나오기도 했다. 방 안의 공기는 늘 뜨겁게 달아올랐다. 풍물패가 모이는 날이면 북소리가 골목 밖까지 울려 퍼졌다. 동네 사람들이 창문 밖으로 고개를 내밀고 박수를 쳤고, 미소를 지으며 장단을 맞췄다. 도서원은 그 자체로 시끌벅적한 작은 마을이었다.

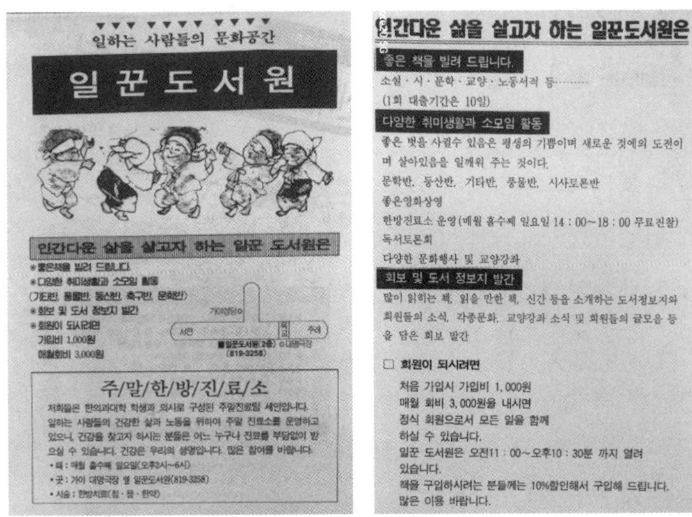

일꾼도서원 안내 홍보물 앞면, 뒷면

이처럼 1980~1990년대 도서원은 단순히 책을 빌려주거나 읽는 공간을 넘어, 지역사회 안에서 독서를 매개로 어떤 이는 문학반에 서 읽은 책에 대한 소감을 나누고, 어떤 이는 시를 낭독하다가 목이 메었고, 또 어떤 이는 노동법 강좌를 통해 권리를 배웠다. 도서원에 모이는 순간만큼은 일하는 사람의 고단한 하루를 잠시 다른 빛깔 로 물들이는 생활문화 공간이었다. 1987년 6월 민주항쟁과 7, 8월 노동자 대투쟁으로 열린 자유공간 안에서 도서원은 노동자와 청년, 대학생, 지역주민들은 자유롭게 책을 접하고 사고를 확장할 수 있 는 교양·문화의 거점이자 자율적 학습과 교류의 터전이 되었다.

이런 도서원 활동은 첫째, 지역사회 속 '대안적 문화 공간'으로서 주민들의 문화적 욕구를 충족시켰다. 당시 공공도서관이나 문화센 터가 충분히 기능하지 못하는 상황에서, 주민들에게 책과 문화 활동을 접할 수 있는 통로 역할을 했다. 둘째, 책을 매개로 한 공동체성이 형성되었다. 사람들은 같은 책을 읽고 토론하며 서로의 경험을 공유했고, 이는 단순한 독서가 아닌 공동체적 연대와 성찰로 이어졌다. 셋째, 도서원은 새로운 지식과 사상을 유통하는 창구가 되었다. 검열과 통제 속에서도 도서원에서 접한 지식과 정보는 주민과 노동자들의 사고의 지평을 넓히고, 민주화와 사회변화에 대한 감수성을 키우는 데 기여했다. 즉, 도서원은 책을 단순한 읽을거리에 머물지 않게 하고, 문화와 연대, 사유로 이어지는 통로로 전환함으로써 지역사회 안에서 자율적이고 살아 있는 문화운동의 토대를 형성한 공간이었다.

노동운동에 대한 지원부대

1980년대 말~1990년대 부산지역의 도서원은 단순히 책을 빌려주는 공간을 넘어 노동자들의 의식을 깨우고, 투쟁의 기초를 다지는 장이 되어야 한다고 믿었다. 도서원은 노동자 대투쟁을 도화선으로 열린 공간에서 노동운동을 지원하는 단체로서, 그리고 노동자들의 자율적 학습과 조직화를 뒷받침하는 실질적인 지원기지로 기능하고자 했다. 강좌와 소모임은 회원들을 훈련시키는 과정이었고, 도서원은 곧 '작은 노동교실' 혹은 '민주주의 교실'로 여겨졌다. 실제로 많은 도서원에서 노동법 강좌가 열렸고, 현장에서 겪는 부당한 대우와 권리침해에 맞서기 위한 실질적인 지식과 정보가 공유되었다. 어떤 노동자는 도서원에서 처음으로 '근로기준법'이라는 단어를 알았고, 노동조합의 존재 이유를 깨달았다. 이런 배움은 곧 행동으로 이어지는 밑거름이 되었다.

노동교실은 노동법, 노동3권, 임금체계, 산업안전 등 실질적인 노동지식을 제공하는 교육프로그램이었다. 당시 노동자들은 노동 관련 법률이나 노동자의 권리에 대해 제대로 알지 못하는 경우가 대부분이었는데, 도서원은 전문가나 대학생, 활동가를 초청해 노동법 강좌를 열거나, 노동 관련 책을 읽고 토론하는 과정을 마련했다. 노동자들에게 필요한 지식과 정보를 제공함으로써 단순히 불만을 표출하는 것이 아니라, 노동자들이 자신들의 처지와 사회구조를 이해하고, 권리를 주장할 수 있는 힘을 길러주었다.

또한, 도서원은 노동자 소모임을 지원했다. 직장별, 업종별로 모인 노동자들이 공부모임을 만들고, 함께 책을 읽거나 현실 문제를 토론하는 활동을 꾸준히 이어갔다. 어떤 모임은 문학작품을 읽으며 노동자의 삶을 성찰했고, 어떤 모임은 서툴지만, 자본주의 구조를 비판적으로 이해하는 책(서적)을 학습하기도 했다. 이 과정에서 형성된 연결은 노동조합 결성이나 공동투쟁 참여와 같은 노동자 연대활동에 밑거름으로 작용했다.

도서원은 노동운동을 단순히 '지원'하는 주변적 기구가 아니라, 노동조합과 같은 공식 조직을 갖지 못한 노동자들이 고립되지 않도록 매개하는 공간이기도 했다. 도서원에서 이루어진 소모임 활동은 노동자와 시민, 학생을 서로 연결하는 장이 되었고, 그 과정은 노동운동이 사회운동으로 확장되는 계기를 마련했다. 또한 도서원은 인근 지역 노동자들의 모임 공간으로 활용되며, 회원들이 향후 노동조합 활동을 준비하는 장이 되기도 했다. 더 나아가 노동자들이 투쟁에 나서는 날이면, 비록 내가 속한 노동조합의 깃발은 아니었지만 '노동자'라는 자부심으로 동료노동자들과 함께 연대하는 거점으로 기능했다.

　　도서원 활동에 참여하는 노동자들은 스스로 권리를 지킬 힘을 키웠다. 해고, 임금체불, 안전문제 같은 현장의 부당함을 막연히 참는 대신 법과 제도를 근거로 대응할 수 있게 된 것이다. 그리고 도서원은 혼자였다면 감당하기 어려웠을 문제들이 '함께'라는 이름으로 해결의 실마리를 찾아가는 노동자들의 작은 거점이 되었다. 노동자들의 목소리와 기록, 그리고 실천이 모이는 살아 있는 공간으로 탈바꿈한 것이다.

도서원 활동의 꽃, 역동적인 소모임 활동

　　도서원 활동의 진정한 '꽃'은 바로 소모임 활동이었다. 도서 제공 외에 회원을 위한 교양과 교류를 지원하는 것이 가장 중요한 사업이었다. 부산지역의 각 도서원에는 시사토론반, 문학반, 합창단, 노동교실 등 다양한 소모임이 운영되었다. 각 소모임은 스스로 규칙을 정하고 독자적인 행사를 기획했으며, 때로는 다른 도서원의 소모임과 공동행사를 개최하며 연대를 만들어 갔다. 소모임을 통한 인간적인 유대관계의 형성과 소모임 활동에 들어 있는 취미와 정보, 지식 등은 책이나 자료 이상으로 회원들에게 매력적이었다. 그래서 도서원 회원들은 대부분 소모임 활동에 참여하고 있었고, 다른 도서원 소모임과 함께 공동행사를 하는 풍물패 연대모임 같은 경우도 있었다. 또한 소모임의 핵심 활동은 단순히 친교모임을 넘어 학습, 토론, 현장경험의 나눔 등이 동시에 이루어지는 활동이었다. 독서토론반은 참여자들의 생각을 흔들고, 시사반은 세상 돌아가는 정보를 나누고, 등산반은 함께 산을 오르며 서로의 짐을 나눴고, 풍물반은 어깨를 걸고 연합하여 노동자가 주인 되는 세상을 만드는 꿈을 꾸었다.

독서토론모임-생각의 틀을 흔들었던 밤들

1980년대 후반, 부산지역의 도서원은 저녁만 되면 불빛이 환하게 켜졌다. 작은 책상 위에는 책과 연필, 그리고 몇몇 청년들이 다닥다닥 붙어 앉아 책에 밑줄을 그으며 이야기를 나누었다. 그들의 이야기는 단순히 책 줄거리를 요약하는 것이 아니었다. 그들은 책 속에서 자신들의 삶을 비추고, 한국사회의 모순을 읽어내고, 서로 다른 생각의 경계를 부딪치며 새로운 관점을 만들어냈다.

도서원에서 열린 독서토론모임은 단순한 취미활동이 아니었다. 당시 노동자이거나 막 사회에 나온 청년들은 사회문제에 관심이 많았지만, 그것을 나눌 마땅한 공간은 부족했다. 도서원은 이들에게 책을 빌려주는 곳을 넘어, 자신들의 목소리를 키울 수 있는 열린 장이 되었다.

"삶터도서원이 1990년에 출범하면서 다양한 소모임이 활동을 하게 됐어요. 독서토론반, 소리하나, 기타반, 풍물반, 등산반 등이 있었습니다. 독서토론반은 제가 반장을 하고 있었는데, 주로 사회과학 공부를 했어요. 그런데 도서원은 책 읽는 곳인데 사회과학 공부를 하니까 이상한 공부한다고 누가 신고를 한 거예요. 그래서 정보과에서 조사하러 나오고 그런 일도 있었어요. 그때 이성원이 원장일 때인데, 일반 시민들이 책 빌리러 와서 보면 독서토론을 하면서 사회구조가 어떠니, 노동현실이 어떠니 하는 이상한 이야기만 하니까 도서원에 대한 평이 안 좋다고 좀 다른 책을 했으면 좋겠다고 제안해서 일반소설을 읽게 되었어요. 그런데 사회과학 공부하는 사람들은 일반소설을 봐도 사회과학적으로 해석을 하는 거예요. 모든 것은 사회구조적인 문제니까. 그래서 '이 독서토론반은 문제가 많다.'라고 했던 에피소드가 있었어요."
_여승철 삶터도서원 활동가 인터뷰

독서토론모임의 성격은 무엇보다 '평등한 서로 배움'이었다. 누구도 선생이 아니었고, 모두가 함께 배우는 학생이었다. 서로의 해석을 존중하며 끝없이 질문을 이어갔다. 이런 과정에서 참여자들은 '생각하는 힘'을 얻었다. 사회를 바라보는 눈이 달라졌고, 일상의 문제를 더 깊이 성찰하게 되었다. 이런 성과는 개인을 넘어 공동체로 확장되었다. 토론 속에서 쌓인 신뢰와 유대감은 이후 지역사회 운동이나 소모임 활동의 씨앗이 되었다. 지금도 그 시절을 떠올리면, 책장 넘기는 소리와 함께 뜨거운 목소리가 뒤엉키던 밤의 공기가 생생히 살아난다.

시사반 소모임-세상을 읽고 토론한 작은 학교

가야의 일꾼도서원 한쪽 방에서는 매주 금요일 저녁이면 '시사반'이라는 이름의 모임이 열렸다. 이야기 주제는 '언론개혁과 전두환 정권'이었다. 소박한 모임이었지만 그 열기는 여느 강당 못지않았다. 신문과 잡지, 복사한 기사들이 탁자 위에 어지럽게 놓였고, 참석자들은 서로의 목소리를 놓치지 않으려 앞다투어 이야기를 꺼냈다. 군부정권이 생겨난 과정, 바람직한 역사관이 무엇인지를 논의하면서 회원들의 심도 깊은 토론은 새벽까지 이어졌다.

시사반의 성격은 단순한 정보공유가 아니라 '시민으로서의 눈'을 키우는 데 있었다. 당시 사회는 급격히 변하고 있었지만, 정작 평범한 사람들에게는 그 변화를 해석할 언어가 부족했다. 시사반은 그 공백을 메워주었다. 정치뉴스나 경제문제를 함께 읽고, 그 의미를 토론하며 세상을 바라보는 시각을 넓힐 수 있었다. 활동 내용은 주로 신문기사 스크랩과 발표, 그리고 토론으로 이루어졌다. 누군가 한 주의 주요사건을 정리해 오면, 서로 다른 해석이 부딪치면서 뜨거운 논쟁이 벌어졌다. 노동자의 파업, 교육개혁, 국제정세 같은 거대 담론으로부터 시작해서 동네 재개발 문제나 환경오염 같은 생활 밀착형 주제까지 다뤘다. 이 과정에서 참여자들은 '큰 역사와 작은 삶이 이어져 있다'는 사실을 체감했다.

시사반 활동의 성과는 분명했다. 참여자들은 세상에 무심하지 않은 시민으로 성장했다. 언론보도를 그대로 받아들이지 않고 질문을 던지는 힘을 길렀고, 서로의 의견을 경청하며 민주적 대화방식을 배웠다. 무엇보다도 세상을 바꾸려면 먼저 세상을 제대로 읽어야 한다는 교훈을 공유했다. 작은 도서원 골방에서 나눈 토론은 거창한 결론으로 끝나지 않았지만, 그 시간은 참여자들에게 '깨어 있는 삶'을 살도록 자극했다. 돌이켜보면 시사반은 작은 학교였고, 사람들을 세상의 시민으로 길러낸 진정한 배움터였다.

풍물반 소모임-북과 꽹과리로 이어진 공동체의 울림

주말이면 도서원 마당에서 밤마다 북소리와 꽹과리 소리가 울려 퍼졌다. '풍물반' 소모임 연습시간이었다. 풍물반의 목적은 '문화와 놀이를 통한 공동체 회복'에 있었다. 당시 도시화와 산업화로 전통문화가 점점 잊혀져가던 시절, 풍물은 단순히 전통예술이 아니라 공동체의 끈을 이어주는 도구였다. 모임에 참여한 이들은 처음에는 악기를 잡는 것조차 서툴렀지만, 함께 장단을 익히고 소리를 맞추면서 자연스럽게 마음이 하나가 되었다.

활동 내용은 주로 주말 저녁의 연습과 종종 있는 마을잔치나 지역행사에서의 공연이었다. 명절이나 동네 축제 때면 풍물반은 앞장서서 길놀이를 펼쳤고, 사람들은 박수와 웃음으로 화답했다. 풍물반이 북소리와 함께 골목골목을 누비면, 그동안 서먹했던 이웃들도 손을 흔들며 어울렸다. 풍물은 단순히 공연이 아니라 주민들을 다시 모이게 하는 힘이었다. 마을 아이들부터 청년, 주부까지 뒤섞여 어설픈 걸음으로 장단을 맞추며 웃고 떠들던 그 풍경은 도서원이 단순히 책만 빌려주는 공간이 아님을 잘 보여주었다.

풍물을 통해서 도서원 회원들끼리 몸으로 부대끼며 쌓은 정은 말로 다할 수 없을 만큼 깊어졌고, 또 풍물은 참여자들에게 우리 문화에 대한 자긍심을 심어주었다. 서양 음악이나 대중가요에 밀려 사라질 뻔한 전통이 도서원 마당에서 다시 살아났고, 그것은 모두에게 '우리 것의 소중함'을 깨닫게 했다.

풍물패 연대모임은 여름수련회와 체육대회에서 한판 크게 땀 흘리며 뛰놀다가도 돗자리에 둘러앉아 도시락을 나누어 먹었다. 그 순간만큼은 공장의 고단함도, 사회의 억압도 잠시 잊을 수 있었다.

웃음과 대화, 땀과 눈물이 뒤섞이며 새로운 공동체가 만들어졌다. 세월이 흘러 지금은 풍물소리가 자주 들리지 않지만, 그때 북과 꽹과리로 맞추던 장단은 여전히 많은 이들의 가슴속에서 울린다. 풍물반은 단순한 취미모임이 아니라 이웃을 다시 이어주고, 문화를 되살리며, 공동체를 춤추게 만든 소중한 실험이었다.

노동교실 소모임-책에서 공장까지 이어진 모임

'노동교실'이 열리는 날, 퇴근 후 지친 몸을 이끌고 찾아온 노동자들이 낡은 책상 앞에 둘러앉아 노동법과 사회학, 그리고 민주주의에 관한 기본 강의를 들었다. 강좌가 끝나면 사람들은 곧장 집으로 돌아가지 않았다. 배움에서 멈추지 않고, 함께 모여 더 깊은 이야기를 나누기 위해 소모임을 만들었다. 이것이 노동교실 후속 소모임의 시작이었다. 이 모임은 단순히 공부 모임을 넘어 '인간다운 삶을 함께 고민하는 작은 연대체'였다. 공장에서 해고를 당한 동료의 사정을 들으며 법률조항을 다시 확인했고, 산업재해로 손가락을 다친 조합원의 이야기를 통해 안전문제를 토론했다. 법과 제도는 책에만 있는 것이 아니라, 바로 노동자의 삶 바로 곁에서 작동하거나 무너지는 것이었다.

활동은 구체적이고 실천적이었다. 매주 토요일 저녁이면 도서원에 모여 신문을 스크랩해 와서 주요사건을 정리했다. 민주화 이후 변화하는 노동관련 법안을 분석하기도 했고, 노조 집행부 경험이 있는 선배가 사례발표를 하기도 했다. 어떤 날은 '부당해고 구제신청 절차'를 구체적으로 정리해, 실제로 동료가 노동위원회에 제출할 문서를 함께 작성해 주었다. 또 다른 날에는 『전태일 평전』을

햇살도서원 소리반 소모임　　　　　　햇살도서원 독서반 소모임

읽으며 '우리의 삶도 누군가 기록해야 한다.'라는 다짐을 나누었고, 직접 작은 글쓰기 연습을 통해 자신의 노동경험을 적어 내려가기도 했다.

소모임은 도서원 안에만 머무르지 않았다. 노동절 집회나 연대 집회가 있을 때면 함께 손에 피켓을 들고 거리에 나섰다. 처음에는 '내 문제'였던 부당노동행위가 모임을 통해 '우리의 문제'로 확장되었기 때문이다. 또 가족을 초대해 작은 문화행사나 아이들 공부방을 열기도 했는데, 이는 노동자의 삶이 일터와 집이 연결되어 있음을 보여주는 시도였다. 그래서 책 공부하는 노동교실은 후속 모임을 통해 서로의 문제를 공동의 과제로 삼는 자리로 이어졌다.

돌이켜보면, 노동교실 후속 소모임은 책상 위에서 시작해 거리까지 이어진 배움이었다. 낡은 칠판에 적힌 글씨는 금세 지워졌지만, 그 속에서 얻은 지식과 연대의 경험은 여전히 지워지지 않는 기억으로 남아 있다. 도서원이라는 작은 공간에서 자라난 이 소모임은 부산지역 노동운동 역사 속에 조용하지만, 깊은 자취를 남겼다.

도서원 활동에서 피어난 서로를 아끼는 사귐들

1980~1990년대 도서원은 책을 읽고 빌려주는 일만으로는 설명되지 않는 활기가 있었다. 바로 문화활동과 친교활동 속에서 서로를 알아가는 애틋한 사귐이 피어났기 때문이다. 도서원의 문화활동은 독서토론회, 영화상영회, 민중가요합창, 주말등산반, 풍물한마당 등 다양했다. 주말이면 친교활동은 더 소박하고 따뜻했다. 도서원 테이블에서 김밥을 나눠 먹으며 수다를 떨었고, 누군가의 생일이면 작은 초코파이 케이크를 준비해서 다 같이 축하했다. 봄에는 인근 산으로 소풍 겸 등산을 갔고, 여름이면 인근 강가에 있는 캠프장에서 장기자랑과 연극발표, 영화상영과 시원한 수박을 나눠 먹으며 연합수련회를 다니기도 했다. 가을에는 풍물반이 나서서 흥겨운 마당을 열었고, 겨울에는 촛불을 켜놓고 송년회를 했다. 이 모든 활동은 돈이 많이 들지도 않았고, 특별한 준비가 필요한 것도 아니었다. 다만 서로를 생각하는 마음이 있었기에 가능했다.

그 속에서 맺어진 사귐은 단순한 '동아리 친구' 이상이었다. 일터에서 부당한 일을 겪은 회원이 눈물을 흘리면, 다른 이들이 손을 잡아주고 함께 대안을 찾아주었다. 생활이 어려운 회원이 있으면 모아둔 회비로 쌀을 사서 나눠주기도 했다. 그래서 계절마다 있는 행사들이 끝나면 서로 사귀는 커플들이 여기저기 생겨났다. 어떤 이들은 도서원에서 만나 연인이 되어 결혼하기도 했고, 또 어떤 이들은 세월이 흘러도 여전히 서로의 안부를 챙기는 벗으로 남았다. 책을 매개로 모였지만, 결국 우리가 지켜낸 것은 책보다 더 값진 '사람 사이의 정'이었다.

그 사귐은 애틋했다. 왜냐하면 당시의 시대적 상황 속에서, 서로에게 기대지 않으면 버티기 힘든 순간이 많았기 때문이다. 노동현장에서 민주화에 대한 열망이 뜨겁게 달아올랐던 시기였지만, 동시에 노동자의 삶은 여전히 팍팍했고, 여성과 청년들의 젊은 청춘은 여전히 억압과 제약 속에 있었다. 노동자들은 도서원에서 함께 웃고 노래하며 마음을 나누면서 고단한 삶의 무게를 잠시 덜어낼 수 있었다. 그리고 서로의 이야기를 진심으로 들어주던 시간이 있었기에 다시 월요일 아침, 공장과 사무실로 돌아갈 힘을 얻을 수 있었다.

세월이 흘러 도서원은 많이 사라졌고, 함께 했던 얼굴들도 각자의 삶으로 흩어졌다. 하지만 가끔 연락이 닿아 옛이야기를 나누다 보면, 그때 도서원에서의 따뜻한 밤과 골목길 소풍이 여전히 눈앞에 아른거린다. 책보다 더 깊은 기억, 영화보다 더 긴 울림, 바로 사람 사이에 맺어진 애틋한 사귐이다. 그것이 도서원에서 얻은 가장 큰 선물이었고, 지금도 삶을 버텨내는 든든한 뿌리가 되고 있다.

소모임 활동은 도서원운동의 심장이었다. 시사토론반과 문학반, 풍물패와 독서반, 등산반과 영화감상 모임까지 소모임 활동은 단순한 취미가 아니라, 노동자들의 삶을 지탱하는 끈이었고, 서로가 평등하고 자율적으로 문화를 누리는 성격이 강했다. 소모임 활동은 토론과 감상과 놀이 활동을 통해 생각의 깊이를 확장해 주고, 각자의 자존감을 회복시키면서 하나의 공동체라는 소속감을 만들어갔다.

한 권의 책은 도서원에 들어오는 순간, 단순한 지식이 아니라 토론과 연대, 그리고 삶의 무기가 되었다. 기름때 묻은 손으로 책장을 넘기는 노동자—하루 종일 기계 앞에서 쇳가루를 마시던 청년이 도서원에서 처음으로 사회과학 책을 펼쳐 들었을 때—그의 마음은 어땠을까? 활자는 낯설고 이해하기 어려웠을지도 모른다. 하지만 같은 소모임에 참여하고 있는 옆자리 친구의 설명을 들으며 조금씩 고개를 끄덕이고, 이내 토론 자리에서 더듬더듬 한마디를 보태는 작은 목소리였지만 모두가 귀를 기울인다. 그 순간 그는 더 이상 익명의 노동자가 아니라, 스스로 사고하고 발언하는 주체가 되어가고 있지 않았을까? 그래서 도서원에서 소모임 활동은 동료들에게 묻고 함께 답을 찾아가는 길목이었다.

지역사회를 향한 모색과 새로운 길

도서원운동이 직면했던 한계

부산의 도서원운동은 1987년 노동자 대투쟁 이후 1990년대 초에 열정과 연대의 기운으로 가득 차 있었고, 노동자와 지역주민들에게 읽을 만한 양서와 다양한 문화활동의 기회를 제공했다. 도서원을 이용하는 노동자들은 노동교실에 참여했고, 현장에서 추진되는 노동조합 조직활동에 구성원으로 동참했다. 권미경 열사와 같이 지옥 같았던 노동현장을 온몸으로 고발하는 노동자가 되는가 하면, 열성적인 노동조합 간부가 되어 노동운동의 발전에 기여해 왔다. 즉 도서원운동은 노동운동을 지향하거나 지원하는 대중문화단체 성격이 강했다.

1991년 봄, 사하구 감천2동에 있는 지역 노동자들의 독서모임인 '광장도서원'에 나가면서 권미경은 노동 현실에 눈뜨기 시작했다.

광장도서원 노동분과에서 그는 배움의 갈망을 해소하고, 자신의 사회적 존재에 대해 새롭게 자각하게 되었다. 권미경이 광장도서원에 큰 애정을 가지고 적극적으로 참여한 것은 당연한 일이었다. 이 무렵 그는 일기장에 "오랜 세월 애타게 갈망해 오던 그런 사람들이 여기 있었다. 바로 이곳 '광장'에. 그들과 언제까지나 함께하고 싶다."라는 글을 남겼다.

1991년 12월에 들어서면서 권미경이 다니고 있는 (주)대봉의 노동 강도가 더욱 강화되었고, 바이어가 품질 검사 문제를 제기하자 조장과 반장이 동료를 심하게 야단치는 모습에 큰 충격을 받았다. "천국과 지옥이 있다고 믿느냐? 이곳이 바로 지옥이 아니냐."라고 울먹였다. 살인적인 노동통제에 항거하며, 회사 옥상에서 30m 아래로 몸을 던졌다.(부산역사문화대전, 이일래)

권미경의 투신 후 도서원들은 부산노동단체협의회에 소속되어 노동법 개정투쟁 등 다양한 연대기구에 참여했고, '부산경남지역도서원협의회'를 결성하여 실무자 간의 정기적인 모임과 토론, 공동 독서토론회, 특별교양강좌, 작가와의 만남, 체육대회 등 공동행사를 열었다. 그 결과 도서원은 노동운동의 한 외곽조직으로 자리하면서, 직접적인 노동조합운동을 하지 못하는 노동자들의 의식을 고취하고, 문화적 갈증을 풀어주는 역할을 해왔다고 볼 수 있다. 그러나 당시에도 도서원들이 시급히 해결해야 할 당면과제가 적지 않았다. 한 노동도서원이 당시에 작성한 평가서에 이런 고민들이 고스란히 담겨 있다.

"먼저 사업운영의 측면에서 사업에 맞추어 분명한 실무자 체계

를 갖추는 것, 재정문제를 해결하기 위해 회비 인상과 노동자후
원회를 조직하는 것, 도서원 사업의 의사결정에 회원들의 참여를
보장하는 틀을 마련하는 것 등이 있었다. 그리고 사업 방향의 측
면에서는 도서원의 지속성을 확보하기 위해 책, 취미문화 활동의
기본적 수행과 함께 교육사업의 체계화(교양교실, 교양강좌, VTR
교육, 노동자후원회에 걸맞은 자료정리, 정세 정리)를 더욱 확립하는
것이다.

그리고 이를 해결하기 위해 실무역량의 강화, 즉 변혁운동에 대
한 총체적 시각, 노동자 대중정치 교육의 원칙 및 경험에 대한 이
해, 현 단계 노동운동의 현황 및 과제에 대한 이해, 상담역량의
강화 등을 실질적으로 이루어내야 했다. 또한 사상지역에서 도
서원의 역할을 높이기 위해 현재 도서원을 이용하고 있는 민주노
조, 중간노조 조합원과의 사업을 활성화하는 틀도 마련해야 했
다. 아울러 어용노조 내의 노민추 그룹과의 상호협력 및 지원에
관한 접점들도 조금씩 확보해 나가야 했다."(햇살도서원 2년 평가
서 1990)

이런 점들이 어느 정도 해결되고, 체계가 갖추어진다면 도서원의
역할은 더욱 높아질 것이고, 사상지역 내에서 변혁적 노동운동의
틀을 확립하는 데 일정한 기여를 할 것이라고 보았다.

"하지만 교양문화 분야의 지역단위 조직으로서 역할과 노동운동
과 대중활동에 적극적으로 참여해온 도서원운동은 1990년대 중
반부터 더 근본적인 질문 앞에 서게 되었고, 새로운 진로를 모색

해야 하는 시기를 맞이했다. 무엇보다 도서원은 스스로의 정체성을 묻기 시작했다. '우리는 노동운동의 일부인가? 지역문화운동의 한 축인가? 아니면 민중의 도서관인가?' 이 질문은 시간이 흐를수록 더 크게 울려 퍼졌다."_김현철 햇살도서원 대표 인터뷰

도서원운동은 도서원이 나아가야 할 방향을 가르는 심각한 고민에 직면해 있었다. 즉 도서원운동은 '책을 매개로 한 문화공간'과 '노동운동을 지원하는 활동거점'이라는 두 가지 성격을 동시에 지니며 성장해 왔다. 그러나 도서원은 현장 노동운동이 노동조합 조직 중심체계로 자리를 잡아가면서 변화된 노동운동 현실에서 공단지역이나 노동자 밀집지역에서 산재해 있는 미조직 노동자에게 도서원이 할 수 있고 해야 하는 효과적인 전략과 방안은 무엇인지 다시금 고민에 봉착하게 되었다.

"삶터도서원은 어떻게 청년회로 전환되었나요?

장영심이 삶터 회원이 되고, 삶터 마지막 대표도 할 그 시기에 삶터가 부산민족민주청년회 영도지부 삶터로 가게 되었는데, 그 과정에 우여곡절이 많았어요. 왜냐하면 삶터라는 곳은 회원들의 책과 기금을 모금해서 만든 곳으로, 선배들도 있었고, 연장자 중심으로 '공소리' 모임이 있었어요. 그분들 중심으로 삶터라는 이름을 없앨 수 없다고 해서 '청년공동체 삶터'라는 이름으로 총회를 해서 활동을 이어가기로 했어요. 지금도 보면 청년회 활동가 출신들이 사회운동을 많이 해왔고, 영도 내에서 활동하는 사람들이

삶터회원이 중심이 된 경우가 많아요. 영도희망21 이송미 대표도 회원이었고, 남편도 회원으로 부부회원이었어요. 부부회원이 12 팀이나 되네요."_여승철 삶터도서원 활동가 인터뷰

이때 삶터도서원, 늘푸른도서원, 광장도서원은 지역사회 공동체 운동으로 전환을 모색했다. 또한 햇살도서원, 일사랑도서원, 일꾼 도서원은 노동운동과 연대해왔던 역할을 마감하고, 협의체를 통해 노동운동 지원단체라는 관점을 넘어서 지역 내 풀뿌리 활동과 연계 하여 지역운동의 실마리를 찾고자 하였으나 현실적으로 어려움이 많았다고 한다.

"현재(1992년)의 도서원이 갈 수 있는 두 가지의 길.
하나, 자신의 주된 과제를 대중단체로 두고 이러한 방향으로 전 환하는 것.
회원의 내부교양, 단련, 육성을 기본으로 하는 단체로의 길. 그럴 때 도서대출 사업은 회원을 확보하고, 모집된 회원의 교양 수단 적인 의미를 갖는다. 소모임은 조직 내부의 활동이 된다. 큰 사무 실이 필요 없다. 규모의 경제로 전환하고, 회원의 집행체계가 주 된 내용임.
둘, 민주적 민간도서원으로서의 길.
그동안 지속적인 문제의식으로 언급한 길이며, 방향이다. 광범한 지역대중의 요구에 부응할 수 있는 (전문적 도서관) 체계로의 전 환과 그러한 사업체계로 가는 것."
_김현철 햇살도서원 대표 작성.(1992)

도서원 활동의 성과와 전환기의 도래

1990년대 중반을 기점으로 도서원운동은 급격한 퇴조 국면에 접어들었다. 도서관 운영에 대한 전문성 부족과 조직의 영세성, 그리고 도서원운동 자체에 대한 전망 부재가 복합적으로 작용하면서, 도서원은 지역사회 운동조직으로서 점차 한계에 부딪히게 되었다. 이러한 변화의 배경에는 몇 가지 중요한 사회적 조건의 변화가 있었다.

첫째, 민주화 이후 사회운동 지형의 변화이다. 1987년 민주항쟁 이후 정치적 공간이 넓어지면서, 노동조합과 시민단체가 제도권 안팎에서 활동할 수 있는 여건이 마련되었다. 노동운동은 민주노총과 같은 전국적 조직으로 결집했고, 시민사회운동 역시 환경·여성·교육·인권 등 다양한 영역으로 분화·확장되었다. 이 과정에서 도서원이 담당해왔던 '노동운동의 비공식적 거점'이라는 역할은 점차 약화되었다. 노동자들이 권리학습과 조직화를 위해 더 이상 소규모 도서원에 의존하지 않아도 되는 조건이 형성되었기 때문이다.

둘째, 문화·소비 환경의 변화이다. 1990년대 들어 대중문화 산업이 급속히 성장하면서, 도서원이 수행해왔던 대안적 문화 공간으로서의 기능은 상대적으로 희석되었다. 공공도서관과 문화센터, 대학도서관이 확충되었고, 시민들이 책과 문화에 접근할 수 있는 경로는 이전보다 훨씬 다양해졌다. 이러한 변화 속에서 도서원의 문화활동은 여전히 의미를 지녔지만, 과거와 같은 독점적·선도적 역할을 유지하기는 어려워졌다.

셋째, 운영상의 구조적 어려움이다. 대부분의 도서원은 회원 회비와 소규모 후원으로 운영되었기 때문에 안정적인 재정 기반을 확보하기가 쉽지 않았다. 민주화 이후 사회운동의 지형이 변화하면서 젊은 활동가들은 다른 운동 영역으로 이동했고, 지역주민들의 참여 역시 점차 느슨해졌다. 이로 인해 도서원의 지속가능성은 심각한 도전에 직면하게 되었다.

이러한 조건 속에서 전국적으로도 이 시기 노동도서원은 도서원 자체의 발전보다는 사회운동적 기능에 더욱 무게를 두게 되었으며, 마산·창원지역을 제외하고는 대부분 도서관운동으로 발전하지 못했다.

지역운동으로의 진로 모색과 남겨진 유산

이러한 시대적·사회적 변화 속에서 도서원들은 1990년대 후반부터 새로운 진로를 모색하게 된다. 노동운동과의 직접적 연계를 줄이는 대신, 독서토론회, 문학강좌, 청소년교실, 영화상영회 등 문화·교육 활동에 보다 집중하기 시작했다. 이는 도서원을 지역주민 누구에게나 열린 공간으로 전환하려는 전략이었다.

이 과정에서 일부 도서원은 '작은도서관' 형태로 전환되거나 새롭게 태어났다. 작은도서관은 전문 사서가 상주하지 않더라도 지역주민의 자발적 참여로 운영되며, 생활 속 독서문화를 지향한다. 이는 도서원이 오랜 시간 쌓아온 운영 경험과 공동체적 학습 방식을 제도화하고 생활화하는 과정이었다.

또 하나의 중요한 흐름은 지역운동과의 결합이다. 주민자치, 환경운동, 생활협동조합, 교육운동 등 다양한 지역 기반 활동 속에서 도서원 출신 활동가들이 주도적 역할을 담당했다. 도서원에서 형성된 토론문화, 자율적 운영방식, 공동체적 연대 경험은 지역운동의 중요한 토대가 되었다.

1990년대 중반 이후 부산의 노동도서원은 역시 대부분 노동운동 지원단체로서의 역할을 마감했다. 그 과정에서 일부는 조직의 성격을 전환해 지역주민 중심의 공동체운동으로 발전했고, 이는 이후 작은 도서관과 지역운동의 기반이 되었다. 남구의 늘푸른시민모임, 영도의 '삶터' 등은 지역청년회로 출발해 지역사회와 결합하며 지역주민운동의 지평을 넓혔고, 이후 본격적인 지역운동으로 전환해 갔다.

도서원운동이 남긴 유산을 살펴보면, 첫째, 작은도서관운동의 '실험실' 역할을 했다는 점이다. 도서원에서 경험한 주민자율 운영, 회원회비 중심의 재정구조, 공동체학습 방식은 이후 전국적으로 확산된 작은도서관운동의 중요한 모델이 되었다. 실제로 2000년대 들어 전국 곳곳에서 작은도서관이 생겨날 때, 도서원 출신 활동가들과 경험자들이 중요한 역할을 수행했다.

둘째, 도서원은 단순한 독서 공간을 넘어 사람과 사람이 만나 관계를 맺고 연대하는 장이었다. 이러한 경험을 축적한 이들은 이후 생활협동조합, 주민자치회, 마을만들기, 사회적 경제조직 등 다양한 지역운동에서 주도적 역할을 담당했다. 이 점에서 도서원은 지역운동의 인큐베이터, 즉 인적·문화적 자산을 길러내는 공간이었다고 평가할 수 있다.

셋째, 민주적인 운영과 문화활동의 확산이다. 도서원은 위계적인 조직운영이 아니라 자율적이고 참여적인 방식을 지향했다. 회원이 회비를 내고, 스스로 기획하며 토론을 통해 운영을 함께 책임지는 경험은 이후 여러 지역조직에서 '민주적 운영모델'로 계승되었다.

종합해 보면, 도서원은 민주화과정 속에서 지식·문화 공간이자 노동운동의 거점이라는 두 축을 동시에 담당했다. 민주화 이후 사회적 변화와 내부적 어려움으로 인해 그 역할은 점차 종료되었지만, 도서원운동은 작은도서관운동과 다양한 지역운동으로 그 영향을 확산시켰다. 도서원이 남긴 자율적 운영, 공동체적 학습, 지역사회 연대 경험은 오늘날에도 여전히 유효하다.

부산의 도서원운동은 암울했던 시대에 책을 통해 민주주의와 사회변혁을 꿈꾸었던 사람들의 뜨거운 열정의 산물이었다. 비록 많은 도서원들이 역사 속으로 사라졌지만, 그들이 남긴 정신과 실천의 경험은 오늘날 부산의 시민사회운동과 독서문화운동 속에서 여전히 살아 숨 쉬고 있다.

3장

탁아

지역공동체의 거점이자 씨앗

탁아

지역공동체의 거점이자 씨앗

정윤식

공업도시 부산과 방치된 아이들

1980년대 부산의 모습이 궁금하다면 제조업이 융성하던 시기의 도시 풍경을 상상하면 된다. 도시 외곽에 펼쳐진 공단에는 수많은 공장이 자리 잡았고, 그 공장의 기계는 쉴 새 없이 돌아갔다. 공장의 노동자들은 근면했다. 기계와 컨베이어벨트가 계속 가동되었기에, 노동자들에게는 잠시의 휴식도 허용되지 않았다. 공장에서는 근면해야만 살아갈 수 있었다.

노동자들은 이름부터 근로자라고 불렸다. 근면하게 노동을 바쳐야 살아갈 수 있는 사람들이었기 때문이다. 근면한 그들은 아침 일곱 시부터 가야와 개금의 가야대로에서 통근버스를 기다렸다. 근면한 노동자들이 일하는 사상공단의 공장굴뚝에는 연기가 피어오르지 않는 날이 없었다. 공장에서는 폐수가 흘러나왔다. 감전과 모라의 개천은 검은색 물이 흘러서 흑룡강이라고 불렸다. 매연으로 인해 하늘은 뿌옇게 물들었지만, 그것을 보고 크게 문제 삼는 사람은 별로 없었다. 그것은 나라 경제가 발전하는 과정에서 감수해야 할 비용 같은 것이었다.

부산은 크게 보아 항만시설이 있는 해변, 생산 공장이 자리 잡은 공단, 상업과 유흥시설이 있는 도심, 그리고 시내 곳곳의 주거지로 나눌 수 있다. 주거지가 가장 큰 면적을 차지했지만, 그곳은 계획적인 주거지역이라기보다는 공장이나 항만시설이 들어서지 않아서 기존주택들이 그대로 있는 장소라 보는 것이 맞을 것이다. 주거지에는 5층에서 10층 높이의 아파트나 연립주택이 가끔 있긴 했지만, 대부분 주택은 단층이나 2층으로 된 단독주택이었다. 특히 노동자들이 많이 사는 지역의 단독주택은 슬레이트로 된 긴 지붕 아래에 여러 개의 방을 놓은 집이었다. 노동자들은 부엌 딸린 서너 평 단칸방에서 셋방을 살아야 했다.

아이가 있는 부부노동자들도 대부분 단칸셋방에서 살았다. 맞벌이 부부인 그들은 아이를 집에 남겨두고 공장으로 출근했다. 아이가 학생이라면, 그 아이는 학교를 마치고 학원에 다니든지 친구와 놀면서 시간을 보낼 수 있었다. 그러나 초등학교 취학 전 아이에게는 마땅히 갈 곳이 없었다. 3세에서 6세 연령대의 유아를 자녀로 둔 맞벌이 노동자들은 어린아이를 대책 없이 방치하는 경우가 많았다. 그들은 마을의 다른 어른들에게 아이를 보아달라고 하거나, 학교에 다니는 언니가 있다면 그 언니에게 동생을 잘 보살피도록 하였다. 아이의 생활과 안전이 걱정되었지만, 공장에서 일하는 노동자들에게 그런 것을 모두 고려하는 것은 사치스러운 일이었다.

초등학교 2학년인 형과 일곱 살 된 동생이 있었다. 낮에 놀다가,

동생이 넘어져서 피부가 찢어졌다. 동생은 피를 흘렸고 형은 상처를 헝겊으로 감싸는 것 이외에는 아무것도 할 수 없었다. 공장 일을 마친 부모가 집에 오니 작은 아이의 옷은 피에 젖어 있었고, 형은 죄지은 표정으로 서 있었다. 엄마는 아이를 안고 밤중에 병원으로 달려갔다.

이러한 소식은 다음 날 공장의 라인을 통하여 전해졌다. 사람들은 한탄하며 한숨을 쉬었지만 그뿐이었다. 아이의 안전이 불안하지만, 공장에 나와서 일해야 하는 것은 노동자들의 숙명이었다. 만일 일을 하지 않고 집에서 아이를 돌본다면 생계는 누가 책임질 것인가? 돈을 벌지 않는다면 방세도 낼 수 없고, 입고 먹는 것도 해결할 수 없을 것이다. 살아가기 위하여, 노동자는 아프지 않아야 하고 아이들은 스스로 안전해야 한다.

아이들을 보살피는 활동가들

정부는 맞벌이 부부 자녀를 돌보기 위한 대책으로 1982년에 아동복지법을 개정하여 새마을유아원을 설립했다. 이에 따라 전국 1,374개 시설이 새마을유아원으로 설립되었으나, 공장 노동자들에게는 알맞지 않은 대책이었다. 새마을유아원은 종일반을 운영했으나, 그 종일반이 오후 4시 이후에는 운영되지 않았다. 저녁 늦은 시간까지 일해야 하는 맞벌이 노동자부부에게 이런 시설은 그림의 떡이었다. 언제나 그렇듯 정부 정책이라는 것은 가진 사람, 여유 있는 사람들에게 적당한 것이었다. 이렇게 허울뿐인 정부 정책을 바라만 보던 그들에게 실질적인 도움이 되는 탁아소가 생겨났다. 이런 탁아소는 빈민탁아소 또는 민중탁아소라고 불렸다. 이 글은 그 탁아소와 탁아소에서 일했던 활동가들에 관한 이야기이다.

1980년대 마을 골목을 살펴보자. 어느 작은 동네, 집을 나서면 좁은 골목들이 실핏줄처럼 얽혀 있다. 골목을 벗어나면 좁지만 포장된 직선도로가 있고, 이곳에는 작은 점포들이 올망졸망 줄지어 서 있다. 이 점포들은 미용실, 식당, 학원과 같은 곳이다. 구포 꽃들나라는 구포시장 인근에 있던 작은 점포를 얻어서 운영했던 탁아소다. 여느 피아노학원이나 미술학원처럼, 현관문을 열면 비교적 넓은 홀이 나타난다. 그 홀에는 작은 미끄럼틀이 놓여진 아이들 놀이 공간이 있다. 홀 안쪽에는 방이 있다. 방에도 아이들을 위한 놀이기구가 있다. 그리고 벽에는 침구가 있다. 요즘 어린이집도 그렇듯이 탁아소에는 아이들의 낮잠 시간이 있다.

꽃들나라는 대학에서 여성문제를 고민했던 사람들이 설립한 탁아소다. 다음은 '꽃들나라' 소식지(여성공동체4,「꽃들나라」1988년 5월호)에서 발췌한 초기 모습이다.

1987.11.19.

계약을 하고 여러 가지 준비 관계로 인해 일주일 후에 개원하기로 했다. 일주일 동안 선반을 만들고 페인트칠하고 환경미화도 하였다. 포스터도 이곳저곳에 붙이고 전단을 만들어 산골짜기 집집마다 골목골목 돌렸다. 개원을 했는데도 찾아와 보는 사람들은 많아도 선뜻 가입하는 엄마가 없었다. 교사들 네 명이서 홀에다 난로를 두고 발을 쬐면서 애타는 마음으로 기다렸다. 가만히 있어서는 안 될 것 같은 심정에서 계속 포스터를 붙이고 동네 아줌마를 붙잡고 선전을 하기도 했다.

드디어 1987.12.08.

아이들이 오기 시작했다. 아이들이 막상 오니 어떻게 대하여야 할지 몰라 당황하였다. 그래서 우리 나름대로 프로그램도 만들었다. 그러나 생각만큼 잘 되지 않아 노심초사했었다. 자리가 잡혀가던 1월 말경에 돈이 없어서 석유를 사두지 못했는데 그날따라 몹시도 추웠다. 오돌오돌 떨고 있었던 아침에 자모님이 석유를 사주고 가셨다.

한번은 연탄이 떨어져 걱정이 태산 같았는데 한 후원자님께서 어떻게 알고 연탄 200장을 후원해주셨다. 그때의 그 감격들은 눈물이 날 만큼 고마웠다. 어떤 날은 연탄보일러가 터졌는데 주인아저씨가 수리를 월요일로 미루는 바람에 홀에다 난로를 피우고 이불, 포대기, 옷 등을 모두 꺼내 덮고 낮잠을 자기도 했다. 그때는 담담하고 괴롭던 날들이 이제 생각해보니 어려울 때마다 도와주시는 분들이 계셨고 우리가 힘을 모아서 노력하면 어떻게든 방법은 모색되었던 것 같다.

꽃들나라도 그랬지만, 1980년대 탁아소 교사들은 대부분 20대 미혼여성이었다. 살림살이를 해본 적도, 아이를 키워본 적도 없는 그들에게는 아이를 돌본다는 것은 서툰 일이었다. 그렇지만 탁아소

꽃들나라 4돌 잔치 모습과 1987년 11월~1991년 5월까지
꽃들나라에서 근무한 김혜원 교사와 아이들

가 있었기에 방치될 뻔한 아이들을 보살필 수 있었다. 맞벌이 노동자들에게는 탁아소가 구원의 밧줄과 같은 곳이었다. 이곳에서 일하는 탁아교사들은 그야말로 토큰만 받고 일했다.

1989년 3월, 우리아가동산 교사들은 1인당 9만 원, 꽃들나라 교사들은 1인당 5만 원을 받았다. 당시 공장노동자들의 평균 월급이 15~20만 원 정도였으니, 교사들의 헌신이 어느 정도였는지 쉽게 짐작할 수 있다. 탁아교사들이 이처럼 적은 급여에도 불구하고 열정적으로 일할 수 있었던 것은 더 나은 세상을 만들어야겠다는 신념이 있었기 때문이다.

육아의 사회화와 지역사회 탁아

그들이 원하는 더 나은 세상은 '육아의 사회화'라는 말로 요약할 수 있다. 육아의 사회화란 육아를 개인의 책임으로 돌리지 말고, 사회가 책임지자는 의미이다. 1980년대까지—물론, 1990년대에도 그랬지만—아이를 돌본다는 것은 사회가 아니라 개인이 책임져야 한다고 생각했고, 국가정책도 이러한 개념에서 수립되었다. 이런 관점에 의하면, 아이가 부자 부모 덕에 호의호식을 하든, 가난한 노동자의 아이여서 피부가 찢어진 채 방치되든, 그것은 모두 개별 가정의 책임이 된다.

이처럼 피도 눈물도 없는 육아개념에 문제를 제기한 집단이 있었다. 1980년대 수도권에서 빈민운동을 하던 사람들은 달동네에서 탁아소를 운영했다. '빈민탁아소' 또는 '민중탁아소'라고 불렸던 탁아소들의 탁아활동을 묶어서 '지역사회탁아'라고 한다. 그들은 1986년 12월 15일에 '지역사회아동교사회'를 창립했다. 이후 이름을 몇 차례 변경하였다가 1987년 6월부터 '지역사회탁아소연합회(이하 지탁연)'라는 이름을 확정했다. 지탁연은 훗날 1997년에 '한국보육교사회'로 전환하게 된다. 지탁연이 보육교사들의 조직으로 전환한 것은 영유아보육법의 본격 시행으로 인하여 전국적으로 어린이집들이 많이 생겨난 것과 연결된다. 보육교사들의 조직은 2004년 '보육노조'로 전환된다. 한국보육교사회는 2006년 2월에 '한국보육교사회 맺음자리 행사'를 마지막으로 그 활동의 막을 내렸다.

'부산지역탁아소협의회(이하 부탁협)'은 1980년대 말과 1990년대 초에 빈민/민중 탁아소에서 일했던 부산지역 탁아교사들의 모임이었으며, 아기자람터 교사였던 강숙진 선생이 회장을 맡았다. 각 탁아소에는 원장들이 있었지만 운영은 구성원들의 평등한 참여 속에서 이뤄졌다. 전국의 지탁연 소속 교사들과 마찬가지로, 부탁협 교사들은 기본적으로 탁아교사였지만 동시에 더 나은 세상을 꿈꾸는 운동가들이었다. 그들은 아이들의 부모보다 일찍 탁아소에 나와야 했고, 아이들이 모두 집에 돌아간 이후에도 탁아소에 남아서 학습하고 토론했다.

지탁연/부탁협 탁아소들은 일요일에만 쉬었고, 1월과 8월에 두 차례 방학이 있었다. 그러나 말이 방학이지 실제로는 3일 정도 탁아업무를 보지 않을 뿐이었다. 며칠간의 휴일 동안 그들은 전국수련회에 참가했다.

다음은 지탁연 동계수련회에 관한 글이다.

1월 4, 5, 6일 어렵게 방학을 하고 부천으로 향했다. 아이 때문에 동동거릴 엄마들을 생각하면 마음이 편치 않았지만, 앞으로 1년 우리 아이들을 바르고 건강하게 키우기 위해서 또 매일매일 반복되는 생활에 지쳐 떨어지지 않기 위해서 교사가 모두 수련회에 참석하기로 한 것이다. 꽃들나라와 꼬마동산의 교사와 함께 8시 반 기차를 타고 영등포역에서 내렸다. 바로 전철을 타고 부천에 내려 다시 시외버스를 타고 모임 장소에 도착하니 먼저 온 교사들이 반갑게 맞는다.

수련회를 하는 장소는 '작은 자리'라고 하는 붉은 벽돌건물이었다. 몇 차례 철거를 당하며 쫓겨 다니던 철거민들이 집단적으로 그곳에 정착하면서 특별히 마련한 건물이란다. 2층 건물인데 식당이 있어 100여 명이 함께 수련회도 할 수 있고, 지하에는 풍물을 할 수 있는 넓은 홀도 있었다. 또 1층 한쪽엔 도서원이 있어 사람들이 만나 이야기도 하면서 책도 빌려볼 수 있게 꾸며놓았다. 여러모로 유익하게 쓰일 수 있는 공간이었다. 철거민들이 정착하기도 쉽지 않았을 텐데 이렇게 공동으로 쓸 수 있는 공간까지 마련한 것은 함께 쫓겨 다니며, 굳게 뭉쳐 싸우면서 생긴 공동체 의식에서 가능할 수 있었으리라.

조를 나누어 저녁을 먹고 각 조별로 시간을 가졌다. 각 지역의 탁아 현황과 활동을 나누다 보니 새벽 2시였다. 하루 종일 차에 시달린 몸을 따뜻한 방에 뉘였다. 이튿날은 하루 종일 토론의 연속이었다. 경력별로 나누어서 탁아운동의 위상에 대해 자유스럽게 토론을 하고 다시 반별로 모여 정리를 하는 틈틈이 전국에서 모인 교사들끼리 인사도 하고 안부도 물으며 친교를 나누었다.

저녁 식사 후 탁아입법에 관한 경과보고가 있었다. 생활고 때문에 아이 가진 엄마들의 취업은 늘어만 가는데, 여태껏 방치된 아동을 맡아 길러온 탁아교사들의 축적된 경험이나 이론은 아랑곳 않고, 눈가림식으로 시행령을 만들어 올라오는 요구를 무마하려는 정부의 시책은 참으로 어이가 없었다.

(중략)

마지막 날은 여태껏 지냈던 일, 토론했던 내용을 종합적으로 평가하고, 각 지역에서 온 사람들이 있기에 일찍 헤어졌다. 신정 연휴가 긴 탓에 기차표를 겨우 구한 부산지역의 탁아소 교사들은 피곤한 몸을 기차에 실었다. 우리 아이들은 지금쯤 무엇을 하고 있을까?('동계수련회에 다녀와서', 우리아가동산 1990년 2월호)

탁아소 부모회와 공부방

부산 최초의 지역사회탁아소는 1987년 8월 16일에 설립되었던 '우리아가동산'이다. 그리고 그해 11월 25일에 구포에서 '꽃들나라'가 설립되었고, 1989년 5월 5일에는 우암동에서 '꼬마동산'이, 1990년 10월 8일 전포동에서 '아기자람터'가 문을 열었다.

우리아가동산은 부산진구 가야동에 있던 우리교회 1층에서 운영했던 탁아소이다. 우리교회는 1985년에 문을 열었고, 우리아가동산은 1987년 8월에 개원했다. 우리교회는 주택가에 있는 2층 양옥주택을 교회 건물로 사용했다. 기역자 모양의 건물 2층의 절반은 예배당으로, 절반은 목사가족의 사택으로 사용했다. 그리고 1층은

거의 전부를 탁아소로 사용했
다. 우리아가동산은 작은 마
당이 있어서 아이들이 놀기에
도 좋았다.

다음은 우리아가동산에서
일했던 김경해 선생이 『작은이
들의 벗 김영수』라는 책에 썼
던 글의 일부이다.

우리교회 공간에는 '우리아
가동산'이란 탁아소와 학령
기 아이들을 위한 어깨동무
공부방, 일주일 한 번 열리

1988~1992년 우리아가동산
대표교사로 활동했던
최혜림 교사와 아이들

는 치과진료가 있었다. 대문으로 들어와 처음 있는 작은 방은 일
요일에 치과 진료를 하였고, 다른 1층 방 두 개를 탁아소 아이들
이 사용했다. 전체 공간이 24평 정도 된다고 했던 것 같은데 정
확치는 않다. 마당이 조그맣게 있었고, 2층은 목사님 집으로 사
용되는 방과 평일에는 공부방으로, 주말에는 교회로 사용되는
큰 방이 있었다.

다음은 '우리아가동산' 소식지 1990년 7월호에 실린 아가동산
설립 후 3년간의 경과에서 발췌한 그동안의 활동내용이다.

1987년

8월 16일 공장에 다니는 맞벌이 부부의 아기들을 위해 개원하였
다. 처음엔 7명(남:4, 여:3)의 아동들이 왔었다. 나이는 만 2살부
터 만 4살까지의 아이들을 모집하였다. 장혜숙, 안정영 선생님이
수고하셨다.
12월 12일 7시 30분 첫 번째 자모회를 했는데, 엄마들이 모두 참
석하는 열정을 보였다.

1988년

1월 윤정희 씨(홍류 어머니)가 첫 자모회장으로 뽑혔다. 그리고
세 번째부터는 명칭을 '부모회'로 바꾸었다.
9월 부모회장으로 재영이 엄마가 수고하셨다.
11월 회비를 2만원으로 내려서 받았다.

1989년

5월 16일(화), 20일(토) 부산공업대학에서 반제평화 대동제 기간
동안 우리아가동산 기금마련을 위한 주점을 하였다.
5월 21일은 부산 꽃들나라와 함께 어린이대공원에 공동 가족소
풍을 갔다.
회비도 3만원으로 인상하였다.

1990년

3월 2일 첫 졸업식이 있었다. 미현, 정대, 동현, 은혜, 교린, 효원
이가 졸업하여 오전엔 학원에 나가고 오후엔 아가동산에 오게 되

었다.

3월 22일 부모회에서 회장에 유림, 동현이 엄마인 박둘금 씨가, 총무에 승원 엄마인 김현숙 씨와 영대, 영우 엄마인 마정화 씨가 뽑혔다.

20일에는 공동 체육대회 겸 소풍을 공부방, 교인들과 함께 가졌다.

위 일지에서 눈여겨볼 부분은 부모회, 대동제, 공부방이다.

부모회

모든 탁아소는 부모회를 운영했다. 지역사회탁아에서는 부모가 자율적으로 운영하는 부모회 조직을 중요하게 생각했다. 도시빈민이자 저임금 노동자들인 부모들은 사회의 억압적 구조에서 가장 큰 피해를 입은 사람들이기도 하다. 탁아소는 부모회를 운영하여 그들

우리아가동산 소식지

이 자신에게 숨어 있는 능력을 찾아낼 수 있도록 하고자 했다. 탁아소는 탁아소 운영 전반을 부모들에게 보고했고, 탁아소 행사를 부모들과 함께 기획했다.

대동제

1980년대와 1990년대에 대학교에서 열렸던 축제를 대동제라고 불렀다. 탁아소는 대학교 총학생회와 접촉하여 대동제에서 일일주점을 운영했다. 학생들도 빈민학생연대 차원에서 탁아소가 운영하는 주점을 많이 이용했다. 대학교의 대동제는 탁아소에 필요한 기금을 마련하기 위한 중요한 행사였다.

공부방

탁아소 어린이들은 대부분 초등학교 취학 직전까지 다녔다. 그런데 초등학교에 입학한 이후 방과 후 아이 돌봄에 대해서는 대책이 없었다. 그리고 탁아소 아이들의 언니인 초등학생을 위한 방과 후 대책도 필요했다. 그래서 일부 탁아소는 연계된 공부방을 운영했다. 우리아가동산이 있던 우리교회에서는 어깨동무공부방이 있었고, 전포동 아기자람터 인근에는 한울타리공부방이 설립되었다.

영유아보육법 제정시기의 보육운동

지탁연은 보육제도와 관련 법령을 개선하는 데도 관심이 있었다. 1980년대에 있었던 새마을유아원과 88탁아소는 지역사회탁아소 입장에서 미흡한 것이었다. 1990년대 초에 정부는 영유아보육법 입법을 추진했다. 그러나 정부가 만드는 보육입법 또는 정책 방향은 대체로 빈민이나 노동자 자녀들에게 알맞지 않은 것이었다. 예를 들어 보육(탁아) 시설의 종료시간이 너무 일러서 늦게 퇴근하는 공장 노동자들에게는 비현실적이었다. 시설기준을 살펴보면 아동 1인당 면적 규정이 너무 넓어서 주거지역에서 주택이나 점포를 임대해 운영하던 지역사회탁아소는 빚을 내서 큰 집으로 이사를 가든지, 아동 수를 대폭 줄여야 기준을 맞출 수 있었다. 법에는 처벌규정이 있으므로 정부가 정한 기준을 충족하지 못하는 탁아소는 운영을 그만두든지 벌금형을 감수해야 할 처지였다.

지탁연은 '육아의 사회화' 개념을 주장했다. 지탁연 입장에서 볼 때, 정부예산에서 보육예산의 비중이 너무 낮았고, 보육비용 대부분을 국가가 아니라 개인이 직접 부담해야 했기 때문에, 보육에서 소외되는 아동이 많아질 수밖에 없었다. 영유아보육법 제정 과정에서 지탁연은 정부기관에 대하여 때로는 비판적으로, 때로는 협조적인 활동을 했다. 특히 입법이 추진되던 초기에는 제도에 독소조항이 포함되지 않도록 많이 노력했다.

다음은 1991년 5월, 아기자람터 소식지에 실린 글이다.

1960년 공업화로 인한 대도시로의 인구집중, 기혼여성의 노동 참여가 높아지게 되어 1961년 12월, 정부에서는 아동복지법을 제정하면서 그 속에 탁아시설의 설치근거를 마련하였다. 그 후 1968년 3월, 정부는 민간탁아소의 권장을 위하여 '미인가 탁아시설 임시조치령'을 공포하여 '어린이집'이라는 이름으로 많은 탁아소들이 인가, 운영될 수 있게 하였다. 이러한 조처로 1966년 116개소에서 1976년 607개에 이르렀으나, 탁아사업의 질적인 하락을 가져오자 1977년 2월 사회복지법 시행규칙 제6조 2항을 개정해 신규 허가는 물론 임시조치령에 의해 설립된 탁아시설도 법인화할 것을 장려하고 임시조치령을 폐기하였다. 이로 인해 탁아사업이 위축되고 수적인 감소가 나타났다.

1980년대 초에는 보사부가 관장해온 어린이집 694개소, 농번기 유아원 382개소 및 민간시설 38개소를 병합하여 1,377개소를 '새마을유아원'으로 명칭을 변경하고 내무부가 관장하였다. 그 후 1982년 아동복지법에서 탁아시설의 설치근거가 삭제되고 유아교육진흥법이 새로이 제정되나, 이것은 시대적 조류에 따른 유아교육의 수적 확대충족은 이룩하나 본래 목적인 아동복지제도로서 탁아기능은 거의 상실하게 된다. 기혼여성의 급증과 탁아소의 요구 증대에도 불구하고 국가차원의 탁아정책이 전무한 상황에서 민간·종교단체와 개인들이 빈민·공단지역에 비영리탁아소를 설립하기 시작하여, 1991년 현재 전국적으로 200여 개에 이르고 있다.

그동안 이들을 중심으로 올바른 탁아제도와 정책수립을 위한 요구가 여러 차례 주장되었다. 이에 따라 정부에서도 새마을유아원에 부여된 탁아기능이 제대로 행해지지 못했음을 인정하면서 '아동복지법 시행령'을 만들기에 이르렀다.

그러나 아동복지법 시행령 개정안이 ① 정부지원 대상의 비현실적인 협소성 ② 직장탁아시설에 대한 방기 ③ 민간비영리탁아소에 대한 근거미비 ④ 의회입법주의에 어긋남 등의 문제점이 지적

되었다. 이러한 문제점으로 인하여 전국적으로 올바로 고쳐나가고자 싸울 것을 결의했다. 부산지역에서도 '올바른 탁아입법 쟁취와 9.28 신고제 거부를 위한 대책위원회' 활동을 전개했다. 최대한 국민들에게 현 정부의 '아동복지법시행령'의 문제점을 폭로하고 올바른 탁아입법을 홍보하는 것이 필요했기에 먼저 부산지역의 비영리민간탁아소 부모님들이 한자리에 모여 내용을 알고 호소문을 작성하여 시청·구청 아동복지과에 우리들의 의지와 결의를 전달했으며, 가두서명을 나서기도 했다. 내 아이만의 문제, 나 혼자만의 문제가 아니라 모든 방치되어 있는 아이들, 일하는 모든 여성들의 문제라는 것을 함께 느끼며, "동네마다 직장마다 탁아소를 설치하라", "아이에겐 보호·교육받을 권리를, 엄마에게 일할 권리를"이란 기치 아래 전단을 만들어 배포했다.

이에 9.28 신고가 연기되었으나 그동안 내팽개쳐 놓은 것과 다름없었던 탁아문제에 민자당이 관심을 가지면서 1990년 12월 정기국회 때 '영유아보육법'을 날치기 통과시켰다. 이것은 탁아문제가 크게 여론화되자 민자당의 대중적 이미지 공세와 탁아사업에서 정부, 여당의 주도권 장악을 위해 행한 관심이라고 볼 수 있다. 그러나 이 법은 입법과정부터 많은 문제점을 가지고 출발하였다. 입법안이 발표되자 육아 문제에 관심을 가진 각계각층의 반발에도 불구하고 여론수렴과정도 거치지 않고 제정되었으며, 그 내용도 일하는 어머니들의 자녀양육부담을 덜어주고, 아이들을 건강하게 보육한다는 입법취지가 거의 반영되지 못하였다. '영유아보육법'의 문제점을 알고, 홍보하여 여론화시켜 모든 사람들이 이 법의 잘못된 점을 고쳐나가는 데 총력을 기울여야 할 것이다.

영유아보육법은 1991년에 제정되었다. 법이 제정되는 과정에서 당시 집권당인 민주자유당은 지역사회탁아소들이 못마땅했지만 무시할 수는 없었다. 지역사회탁아소 입장에서도 입법 내용이 흡족하지는 않았지만, 그동안 주장했던 것이 많이 반영된 것도 사실이었다. 영유아보육법이 실시됨에 따라 전국적으로 많은 보육시설(어린이집)이 설립되었고, 보육교사들의 수도 비약적으로 증가하였다. 지탁연은 이제 교사공동체운동의 수준에서 벗어나 보육교사들을 조직하는 데 나서야 했다. 그리하여 지탁연은 1997년에 '한국보육교사회'라는 이름으로 새롭게 출발했다. 지탁연의 전통을 이어받은 '한국보육교사회'는 영유아보육법 개정을 위한 활동을 계속했고, 2004년에는 마침내 보육교사회의 주장이 대폭 반영된 영유아보육법 개정안이 국회에서 통과되었다.

새로운 보육제도 논의가 전개되던 1990년대 초반, 부산지역에는 새로운 보육운동이 나타나고 있었다. 부산대학교 유아교육과 임재택 교수는 1990년대부터 부산대학교 안에 보육종합센터를 개설하여 보육교사들을 양성하는 한편 부산대 부설 어린이집을 직접 운영하기도 했다. 임 교수는 생태유아교육이라는 자연, 환경친화적인 보육개념을 주장하고 실천했다. 임 교수는 이러한 노력을 통하여 기존 보육 흐름에 질적인 내용을 채워나갔다. 임재택 교수는 1990년에 '우리 아이들의 보육을 걱정하는 모임'을 결성했다.

『임재택 평전』에 의하면, 당시 임 교수는 다음과 같은 심정이었다고 한다.

부산보육교사회 여름수련회 모습

"우리나라 아이는 다 같은 대한민국 아이인데, 유치원 아이와 어린이집 아이가 다르고, 잘 사는 집 아이와 못 사는 집 아이가 다르고, 도시에 사는 아이와 농촌에 사는 아이가 다르고… 양심상 '이건 공정하지 못하다' 싶더군요. 유아교육은 일부 특권층의 아이만을 위한 것이 되어서는 안 된다는 생각이 들더군요."

이 모임은 기금을 모아 지역사회탁아소에 후원하기도 했다. 당시 걱정모임에 참여했던 사람들 가운데는 이우주 우리들의 집 원감, 최윤권 십자가어린이집 원장, 유복림 양정어린이집 원장, 한옥경 부산지역사회탁아소연합회 회장, 박성미 부산대 부설 보육시설 종사자 교육훈련원 강사 등이 있었다고 한다.

영유아보육법 제정과정을 설명할 때, 1990년 3월에 발생했던 '혜영이, 용철이 사건'도 기억해야 한다. 부모는 일을 나가고, 반지하방에 있던 3살과 5살 두 아이가 질식하여 사망했던 사건이었다. 아이를 맡길 곳이 없었던 빈민노동자 가족이 겪었던 비극이었다. 이 사건은 사회적으로 큰 충격을 주었고, 영유아보육법 제정의 필요성을 드높이는 계기가 되었다.

당시 추모제에서 가수 정태춘이 불렀던 '우리들의 죽음' 노래가사는 다음과 같이 시작된다.

젊은 아버지는 새벽에 일 나가고
어머니도 돈 벌러 파출부 나가고
지하실 단칸방엔 어린 우리 둘이서

아침 햇살 드는 높은 창문 아래 앉아
방문은 밖으로 자물쇠 잠겨있고
윗목에는 싸늘한 밥상과 요강이
엄마, 아빠가 돌아올 밤까지
우린 심심해도 할 게 없었네

낮엔 테레비도 안 하고 우린 켤 줄도 몰라
밤에 보는 테레비도 남의 나라 세상
엄마, 아빠는 한 번도 안 나와
우리 집도, 우리 동네도 안 나와
조그만 창문의 햇볕도 스러지고
우린 종일 누워 천장만 바라보다
잠이 들다 깨다 꿈인지도 모르게
또 성냥불 장난을 했었어

탁아운동의 정리와 보육교사노동조합

영유아보육법(영보법)은 1991년에 제정되었고, 2004년에 개정되
었다. 이러한 입법과 개정의 과정은 1980년대부터 탁아 현장에서
헌신했던 교사들이 있었기에 가능한 것이었다. 한편 지탁연과 부탁
위(부탁협에서 바뀐 명칭)는 영보법의 시행에 따라 조직의 진로를 고
민해야 했다. 기존 탁아소를 어린이집으로 신고할 것인가 하는 것
이 그 고민의 내용이었다. 기존 탁아소 가운데 전포동 아기자람터

는 1993년에 어린이집으로 신고했다. 구포의 꽃들나라는 정리하는 것으로 결정했고, 우암동 꼬마동산은 처음에는 어린이집으로 신고했으나, 나중에 정리했다.

영보법 시행으로 인해 어린이집이 많이 생겼고, 보육교사도 많아졌다. 부탁위는 지금까지 했던 탁아운동을 정리하기로 했고, 보육교사들의 대중조직을 만들기로 결정했다. 부산보육교사회는 처음에 회원 30명으로 출발했다가 70명까지 늘어났다. 보육교사의 숫자가 폭발적으로 증가했으므로 전체 보육교사들 가운데 조직율은 낮았지만, 보육정책의 변화를 위해 계속적인 노력을 기울였다.

2004년 영보법이 개정될 때, 부산보육교사회는 '부산시보육조례시민운동본부'를 만들었는데, 당시 집행위원장을 맡았던 김명선 부산보육교사회 회장은 간담회에서 다음과 같이 말했다.

"부산보육교사회가 주도해서 공동육아어린이집 학부모들과 교사공동체어린이집 학부모들, 민주노동당 부산시당을 포함해 부산지역의 진보적인 제 사회단체들을 망라해서 꾸려진 부산시보육조례시민운동본부(이하 운동본부)가 있었습니다. 민주노총, 부산여성회, 경실련, 참여연대 등 60개 시민사회단체로 구성했었고 2003년 5월에 발족, 2004년 2월까지 6만 518명 시민들의 청구서명을 받아 광역시 단위 최소로 주민자치조례를 발의할 수 있는 요건을 갖추어 부산시에 제출했습니다.

이는 난방비 등을 포함해 과도한 추가비용을 부담하던 학부모, 장시간 노동과 과한 업무량에 비해 최저임금에도 못 미치는 임금과 열악한 근무환경에 처해 있는 보육교사들을 포함해 보육 관

련 당사자들이 가지고 있던 어려움과 불합리한 문제를 부산시민
사회의 관심과 학부모 교사들의 힘으로 해결해 보고자 추진했던,
주민자치 시민운동의 중요한 사례가 되었습니다."

부산보육교사회는 조직전환을 위해 여러 차례 회의를 했고,
2006년 12월에 해산했다. 그리고 그 이전인 2004년에 보육교사노
동조합이 출범했다. 보육노조에서 일했던 김경해 교사는, "노동조
합을 해보니 상대방이 선명해졌어요. 정부와 일부 원장들이 그들이
죠. 노조를 하니 정부와 교섭을 할 때 이전보다 힘이 더 많이 생겼
고, 우리가 만든 정책이 관철된 경우도 많이 있었습니다."라고 했다.

공동육아와 공동체교육 어린이집

영보법의 제정은 지역사회탁아소 교사들의 땀과 노력의 결과물
이라고 볼 수 있다. 영보법이 시행됨으로써 그들이 원했던 '육아의
사회화'가 이뤄졌을 뿐 아니라 보편적 보육의 토대가 마련되었다.
제도적으로는 이토록 큰 성과를 이루었으나, 보편적 보육에 의한
어린이집에서는 과거 탁아소 활동에서 보았던 공동체의 의미는 거
의 남아 있지 않았다. 1980년대 탁아소는 탁아교사들의 공동체 공
간이었다. 그리고 부모들과 공동체를 만들었고, 지역공동체의 거점
이자 씨앗이 되기도 했다. 그러한 공동체적 탁아의 전통은 어떻게
이어지고 있을까?
이러한 전통이 비교적 잘 이어지고 있는 곳은 1990년대 초반부

터 나타난 공동육아어린이집이다. 공동육아어린이집은 부모와 교사가 함께 운영하는 형태를 말한다. 지역사회탁아소는 교사와 부모가 공동체를 이루기는 하지만, 탁아소 운영의 주도권은 교사에게 있었다. 그러나 공동육아에서는 부모와 교사가 함께 참여하는 협동조합을 만들거나, 혹은 부모들이 협동조합을 만들어서 교사를 채용하는 경우도 있다.

부산에서 공동육아보육은 1991년 '우리들의 집'에서 처음, 그러나 짧은 기간 동안 시도되었다. 이어서 1996년 장전동 '아이들 세상'이 공동육아를 표방하는 최초의 부모공동체 공동육아어린이집으로 설립되었다. 이후 1998년 양정에서 '씽씽어린이집', 북구 '쿵쿵어린이집', 2000년 '도토리친구들어린이집'이 설립되었고, 2002년에는 교사공동체 방식의 '해야해야어린이집'이 개원했다.

전국의 공동육아어린이집은 대부분 '공동육아와 공동체교육(약칭 공공교)'이라는 조직에 속한다. 공공교 홈페이지(http://www.gongdong.or.kr/)에 의하면 전국의 가입 단체는 72곳이고, 이 가운데 부산지역에는 꿈샘어린이집(남구 동명로), 짱짱어린이집(기장군 정관읍), 캥마쿵쿵어린이집(부산진구 백양로), 쿵쿵어린이집(북구 산성로), 포구나무어린이집(동래구 쇠미로) 다섯 곳이 있다.(2025년 6월 기준)

공동육아의 시작은 지역사회탁아와 함께한다. 1978년 구성된 어린이걱정모임은 해송보육학교를 설립하여 4년간 20명의 교사를 양성하였고, 1984년에는 서울 창신동에서 해송아기둥지를 설립했다. 1990년에 '탁아제도와 미래의 어린이 양육을 걱정하는 모임'으로 재발족했고, 1994년에 서울시 마포구 성산동에서 최초의 협동조합형 공동육아어린이집인 '우리어린이집'을 개원했다.

　　공동육아어린이집 가운데 쿵쿵어린이집은 지금 부산북구 화명동에 있다. 이 어린이집은 덕천동에서 시작했고, 부모들은 자가용을 이용해서 아이들을 어린이집에 데려다주었다. 그런데 아이들이 성장하여 초등학교 취학연령이 되자, 부모들은 아이들을 같은 마을에서 키우기로 했다. 그래서 이사한 곳이 북구 화명동이다. 2003년에 쿵쿵어린이집은 화명동으로 이사 왔고, '징검다리 놓는 방과후학교'를 만들었다.

　　쿵쿵어린이집은 학부모와 교사가 함께 운영하는 공동육아협동조합 어린이집이다. 그렇다면 일반 어린이집과 협동조합 어린이집은 어떤 것이 다를까? 쿵쿵어린이집에 자녀를 보내며 함께 시작했던 이귀원 선생은 다음과 같이 대답했다.

"아이들이 가고 싶어 하는 다른 어린이집과 쿵쿵어린이집의 교육 내용은 똑같아요. 그런데 부모 입장에서는 쿵쿵이 훨씬 힘들어요. 공동육아어린이집은 부모들이 회의하고, 청소하고, 교육받고, 운영방침을 결정해야 하고, 심지어는 마루도 직접 닦아야 합니다. 우리가 주인이니까. 다른 어린이집 부모는 이런 수고를 할 필요가 없지요. 일반 어린이집과 공동육아의 차이는 공동체를 만드느냐, 못 만드느냐의 차이라고 봅니다. 공동육아를 하면 부모가 성장합니다. 이웃이 만들어지고요. 힘들긴 하지만 이웃이 있어서 삶이 행복하지요. 그렇게 만들어지는 행복의 정도는 만만치 않습니다. 몸은 피로하지만, 정서적으로는 행복해지는 것이 공동육아라고 봅니다."

다시 그날을 생각하며

부산에서 지역사회탁아를 시작하고 40년 가까운 세월이 흘렀다. 그동안 탁아 활동가들의 헌신은 놀라웠고, 그들이 뿌린 씨앗 또한 많은 곳에서 큰 성과를 이루었다. 지금 부산에는 1,446곳의 어린이집이 있고, 아이들은 어린이집의 안전한 환경에서 지내고 있다. 이제는 탁아의 사회화를 넘어 보편적인 보육이 실현되고 있다. 이런 점에서, 초기의 탁아 활동가들에게 큰 감사와 찬사를 보내기에 충분하다.

'탁아'는 1990년대에 영유아보육법이 제정된 이후에 사용되지 않는 말이 되었다. 그러나 '보육' 이전에 '탁아'가 있었고, 그 현장에서 활동했던 사람들이 있다. 30년 이상의 세월 동안 그 활동가들은 어떤 삶을 살았을까? 그리고 당시 탁아소에 아이를 보냈던 부모들은 어떤 경험을 했으며, 지금은 어떻게 생각할까? 이런 궁금증을 풀기 위해 1980년대와 1990년대에 탁아소에서 일했던 교사들을 만나보았다. 그리고 당시 탁아소에 아이를 보냈던 부모들의 이야기도 들어보았다.

아기자람터 부모들과 만남

아기자람터는 1991년에 개원했다. 당시 부모들은 30세 안팎이었고, 아이들은 5세 전후였다. 35년이 지난 지금, 부모들의 연령은 60세 언저리가 되었고, 당시 아이들은 30세 전후의 어른이 되었다. 30년이 넘은 기억을 되살리기 위해 당시 아기자람터 부모들을 만나보

왔다. 2025년 9월 12일, 카페 밭개에서 모인 사람들은 다음과 같다.

김주연: 찬희 엄마
김경이: 향아, 연지 엄마
강은영: 현진 엄마
이봉선: 지혜, 지은 엄마

참가자 가운데 두 사람은 1993년쯤에 아이를 처음 보냈고, 두 사람은 1995년쯤부터 보냈다. 1995년을 기준으로, 이 아이들은 모두 아기자람터에 다녔다.

다음은 이날 대화내용이다. 발언내용이 중요하기 때문에 발언한 사람의 이름은 밝히지 않는다.

질문: 아기자람터에 아이를 어떻게 보내게 되었나요?

- 아빠가 부산일보 지국을 운영했는데, 지국에서 같이 일하던 사람이 아이를 잘 보는 곳이 있다고 해서 보냈습니다.

- 가야에 살았는데, 주변에 아무리 찾아봐도 아이를 제대로 봐주는 곳이 없었어요. 그러다가 전포동에 좋은 탁아소가 있다는 말을 듣고 이곳으로 이사 왔습니다.

- 저와 남편은 노동운동을 했습니다. 전포동에 좋은 탁아소가 있다는 말을 듣고 이곳으로 이사 왔지요.

질문: 좋은 탁아소 소문을 듣고 전포동으로 이사 온 경우가 있었네요. 그런 사람들이 또 있었나요?

- 참가자들이 아이들 이름을 기억하며 말함. 다섯 가족 정도가
전포동으로 일부러 이사 왔다고 했다.

**질문: 다른 탁아소에 비해서 아기자람터에 보냈기 때문에 달
랐던 점은 어떤 것이었습니까?**

- 아이들한테 그렇게 잘해 주는 선생님이 없었어요. 모든 것을 애
들 눈높이에 맞춰서 해주었지요.

- 당시 돈벌이도 별로 없었는데, 탁아소 회비가 싸서 좋았어요.
그리고 선생님들 인성이 좋아서, 내가 일을 해도 편안하게 할 수
있겠구나, 라는 생각이 들었습니다.

- 먹거리도 좋았습니다. 반찬을 선생님들이 손수 만들어서 아이
들에게 먹였지요.

- 탁아소에서 아이들이 형제처럼 부대끼는 모습이 많이 좋았어
요. 그리고 봉사해주는 삼촌과 누나도 있었지요.

- 애들이 자유롭게 지냈고 아무런 불만도 느끼지 못했습니다.

**질문: 아기자람터에 대해서 모두 좋은 추억을 가지고 있는 것
같아요. 지금도 기억나는 이야기가 있나요?**

- 어린이날이 되면 교대에서 행사를 했는데, 그게 기억이 나요.
야외행사에서 노래도 하고, 아이들과 함께 황령산에도 올라갔던
것이 좋았습니다.

- 엄마들과 선생님들이 보물찾기도 하고 같이 밥도 먹었지요. 이
런 장면을 삼촌들이 사진을 찍어서 앨범을 만들어서 나눠줬어요.
그런 기억이 아직도 남아 있어요.

- 아기자람터에서 아이가 당당해졌어요. 우리 애가 중학생일 때 아빠가 해고되었는데, 교무실에 찾아가서 사정이 이러하니까 급식을 공짜로 해달라고 요구했어요. 동생이 '언니, 부끄럽지 않았어?'라고 물었는데, 전혀 부끄럽지 않다고 대답했어요. 이처럼 당당한 아이로 큰 것이 아기자람터 덕분이라고 생각합니다.

질문: 다른 탁아소와 마찬가지로 아기자람터에서는 부모회를 운영했습니다. 어떤 것이 기억나세요?

- 부모회에서는 다른 곳에서 들을 수 없는 소식을 많이 들었어요. 그리고 우리가 자체적으로 어떤 것을 운영한다는 것이 의미 있었습니다.

- 한 해는 제가 서기를 했어요. 매월 회의결과를 작성했고, 임기가 끝나면 그 공책을 다음 임기 서기에게 넘겨줘야 했어요. 공책 빈 공간에 내가 작성했다는 점에서 참 뿌듯했어요.

- 아기자람터 재정이 안 좋았잖아요. 그래서 수산대(지금의 부경대 대연캠퍼스) 축제 할 때 주점을 했는데, 엄마들도 같이 도왔지요.

- 부모모임을 할 때 각자 먹을 것을 만들어 왔어요. 누구는 카스테라 빵을 구워 오고, 과자도 가져오고, 김밥도 만들어 왔지요. 이렇게 만든 음식을 아이들도 먹고, 선생님들도 같이 먹었던 것이 좋은 추억으로 남아 있습니다.

- 부모들이 알고 지내니까, 저녁에 볼일 있으면 우리 아이를 친구 집에 맡기기도 했지요. 애들에게 더불어 살아가는 것을 보여주었던 것 같아요.

질문: 아기자람터 출신 아이라서 다른 아이들과 다른 점이 있나요?

- 아기자람터 출신은 인성이 착합니다. 남들을 배려하는 것도 있고, 길거리에 침 뱉는 것을 안 좋아하고, 어른들을 존경해요.

- 아기자람터 출신 아이들은 기본적으로 일상생활에서 도덕을 굉장히 중시해요. 집에서 함부러 쓰레기 버리는 것을 싫어하고요, 어른들에게 인사를 잘 합니다.

질문: 아기자람터 출신들이 훗날 한울타리공부방으로 많이 갔나요?

- 간 아이들도 있는데, 가지 않은 경우가 더 많은 것 같아요. 학교에 가면 친구들이 학원에 가니까 자연스럽게 그쪽으로 간 아이들이 많았죠.

- 유치원에 갔다가, 상대적으로 딱딱한 과정에 적응을 못해서 아기자람터로 돌아온 경우도 있습니다.

질문: 요즘 어린이집을 보면 어떤 생각이 드세요?

- 국가에서 지원을 확실히 해주니까 선생님들의 보수가 안정된 점이 좋지요. 그리고 선생님당 아이 수를 제한한 것도 좋은 것 같아요. 예전에는 그런 것 없었거든요.

- 여건이 좋아진 것은 좋은데, CCTV를 설치해서 감시하는 것은 안 좋은 것 같아요.

- 선생님들이 모든 것을 엄마들한테 다 보고해야 하는 것 등 많은 제한을 받으면서 일하는 것 같아요.

- 아기자람터는 지금도 비교적 예전 전통대로 하려고 하는데, 어떤 어린이집은 너무 삭막한 것 같아요. 요즘은 정도 없고, 배려해주는 것도 없는 것이 안타까워요.

탁아교사들과 만남

당시 탁아소에서 일했던 교사들을 만났다. 박찬주 선생은 아기자람터가 설립되던 해인 1991년부터 시작하여 지금까지 현장에 있다. 김경해 선생은 부산 최초의 탁아소인 우리아가동산에서 근무를 시작하여 지금은 부산자유발도르프 어린이집에서 일하고 있다. 이원경 선생은 우암동의 꼬마동산과 아기자람터 탁아소에서 일했던 바 있다.

박찬주 선생은 전포동의 54평 슬레이트 지붕 있는 단독주택(위에서 엄마들이 말하는 아기자람터 장소) 건물관리가 힘들었다고 말했다. 이어서 참석자들에게 탁아소에서 일했던 것이 인생에서 어떤 의미가 있는지 물었다.

이원경: 1990년 연습생으로만 3개월을 지냈어요. 탁아소 교사들이 회의를 할 때, 저는 아이들 7, 8명을 데리고 온 동네를 돌아다녀야 했어요. 그 이후에 탁아소에서 정식교사로 일했는데, 탁아소에서 만났던 선배들에게 일을 많이 배웠어요. 그때만큼 일을 열심히 했던 적이 없습니다. 저에게는 그 경험이 자양분 같은 것이어서 이후 인생에서는 어려움이 없었습니다. 아무리 힘들어도 탁아소에서 일했던 당시보다는 어렵지 않았으니까 말이죠.

김경해: 탁아가 제 인생에서 어떤 의미일까 생각해보니, 탁아를 했기 때문에 딸들에게 '엄마는 그냥 이렇게 살았어.'라고 떳떳하게 이야기할 수 있을 것 같다는 생각이 듭니다. 사회에 첫 발을 들일 때 탁아소에서 일을 시작했는데, 지금도 하고 있습니다. 애들을 바라보면서 나의 가치관도 정립시켜 나갔고, 그러한 인연이 아직 이어지고 있습니다.

박찬주: 저는 아직도 모자라는 교사예요. 더 공부하고 싶은데 자꾸 약해지는 것 같아요. 요즘은 예전 선생님이 가졌던 희생정신이 부족해요. 옛날에는 아이들에게 자연을 보여주겠다고 업고, 배낭을 메고 황령산 정상에 있는 봉수대까지 올라갔는데 지금은 체력이 안 되네요. 예전에는 부모회를 했는데, 매월 행사를 준비하느라 참 힘들었어요. 그렇지만 부모회 2시간이 끝나고 나면 즐거워하는 거예요. 지금도 좀 더 공부하고 열정적으로 가르치는 교사가 되면 좋겠어요. 그리고 그때 만났던 사람들, 저를 탁아교사가 되도록 이끌어주었던 사람들이 모두 소중한 인연이라고 생각합니다.

이렇게 탁아교사들은 경험했던 고생을 소환하고, 아이들이 행복했으니까, 그리고 좋은 인연이 남았으니까 좋지 않느냐고 스스로 위안한다. 그들 누구도 자신들이 했던 노력으로 인해 이 사회에 올바른 보육제도가 정립되었다거나, 사회가 정의롭게 되었다거나, 자신들의 행동이 공동체라는 큰 대의를 위한 것이었다고 주장하지 않는다. 그럼에도 불구하고 분명한 것은 당시에 헌신적으로 일한 탁

아 활동가들이 있었고, 그 활동은 훗날 피어날 지역공동체의 원형
이 되었다는 것이다. 그들에게는 비록 작은 실천이었을지언정, 그
실천의 발자국은 뚜렷이 남아 훗날의 실천 활동가에게 소중한 본
보기가 되었다.

4장

공부방

마을 아이들의 품속

공부방
마을 아이들의 품속

오세자

아름다운 변화의 시작

"가난을 벗어나기 위해, 가족들과 그저 살아내기 위해 밤늦게까지 일하러 나가야만 했던 부모! 아침 일찍 공장에 나가기 위해 엄마는 아이를 맡길 곳이 없어 방문을 걸어 잠그고 나가야만 했다. 학교에서 돌아와 빈집에 우두커니 있거나 아무도 없는 불 꺼진 방에 들어가기 싫어 하릴없이 동네 골목을 서성이던 아이들! 저녁이 되어도 밥 한 끼 챙길 곳이 없어 이웃집을 기웃거리며 허한 몸과 마음을 추스르는 가난한 동네 아이들! 이런 아이들에게 공부방은 간식도 나누어 먹고, 숙제도 같이 하고 준비물도 챙기며 일상의 이야기도 주고받는 따뜻한 집 같은 공간이 되어주었다."

1975년 중반, 직장을 찾아 도시로 이주한 저소득층 주민의 문제가 심화되었다. 도시빈민들은 주거환경이 열악한 산동네로, 공단지역으로 자연스럽게 스며들었다. 그러면서 가정형편의 어려움으로, 부모들의 경제활동으로 인해 보호받지 못하는 아이들과 방과 후 방치된 아이들의 문제가 심각한 사회적 이슈가 되었다. 이런 사회문제로 인해 1980년대에 들어서면서 빈곤지역의 저소득층 자녀들을 위한 공부방이 활성화되기 시작하였다.

공부방은 한국 근·현대사의 사회문화적인, 경제적인 측면과 맞물려 주로 산동네 또는 공단지역 등 빈민지역을 중심으로 생겨났다. 그러면서 지역주민들과 아동청소년들에게 다양한 역할로 다가가 지역에서 삶을 함께하며 운영되어 왔다. 공부방은 사회문화적인, 경제적인 어려움을 겪고 있는 사람들의 처지에 공감하며 지역주민들과 더불어 깊은 연대를 목표로 출발했다.

공부방은 빈곤 지역주민의 센터로 출발하였다. 1985년 서울 성북구 하월곡동 동월교회에서 탁아소인 '똘배의 집'을 열고, 지역 센터로서 '산돌공부방'을 만들게 되었다. 하월곡동 산돌공부방에서 출발하여 빈민지역과 공단지역인 구로, 봉천, 신림, 상계동 지역에서 공부방이 생겨났고, 이후 공부방은 1988~1991년 사이에 급격하게 증가하였다. 지방에서도 서울지역과 마찬가지로 공단이나 빈민지역을 중심으로 공부방이 생겨나게 되었다.

1989년에 '서울·안산지역 공부방 실무자모임'을 시작으로 '서울지역공부방연합회'가 정식 발족하였다. 이후 1993년 가톨릭공부방협의회, 1996년 부스러기 전국공부방연합회가 연이어 발족되었다. 이외에도 광주, 대전, 대구, 인천, 부산 등 대도시를 중심으로 공부방이 생겨나기 시작했으며, 지역공부방협의회가 발족되었다.

부산지역공부방교사협의회 창립총회(1993.1.31. 한울타리공부방 제공)

부산은 1993년 '부산지역공부방교사협의회'가 창립총회를 가졌다. 이런 공부방의 설립 주체는 대체로 기독교, 가톨릭 교회 관계자들, 그리고 개인이나 민간단체들이었다. 공부방은 제도교육에서 소외된 아동과 청소년들에 대한 관심을 불러일으켰다. 또 이들에 대한 민주시민의 자질을 함양하고, 전인적 교육을 실천해야 한다는 참교육이라는 이슈가 사회적으로 환기되는 터여서, 공부방을 설립하는 데 촉매 역할을 하였다.

이 글에서는 부산지역의 우리누리공부방, 한울타리공부방, 어깨동무공부방 이야기를 중심으로 부산지역공부방운동의 전개 과정을 살펴보고자 한다.

아동청소년의 대안교육

대부분의 공부방 활동가들은 사회에서 소외되고 생계문제를 해결하기도 급급한 가난한 주민들과 함께 지내며 그들의 생활에서 발생되는 문제를 해결하는 역할과 학교에서 소외받는 열악한 환경에 방치된 아이들을 보호하고 교육하는 역할을 하였다. 공부방의 주요활동은 주민과 아동청소년에 대한 대안교육에 집중한 것이다. 동시에 저소득층 지역주민들의 조직화를 위한 지역 센터로서의 활동에 중점을 두었다. 그리고 지역공동체의 일원이 되기 위한 노력과 종교단체 중심의 선교활동을 펼치기도 했다.

1996년 서울지역공부방연합회 비전 찾기에서 공부방 활동가들은 '공부방의 주된 교육대상은 저소득층 지역이나 공단지역의 모든 소외아동과 학부모, 지역주민이다.'라고 정의하였다. 공부방은 아동청소년을 위한 학습 공간으로서의 역할, 아동을 안전하게 보호하는 역할, 건전한 문화공간으로서의 역할을 겸하고 있었다. 공부방의 설립목적이나 운영 주체 혹은 지역주민들의 요구에 따라 운영형태가 조금씩 달라지기도 했지만, 기본적으로는 아동을 위한 학습지도 공간으로서 회비를 거의 받지 않거나, 저렴하게 받아 운영했다.

2000년 설미정의 「저소득층 지역교육운동의 실태분석」에 따르면 저소득층 지역 공부방의 역할로는 첫째, 지역운동의 부문운동으로서의 위상을 가지고 있었다. 공부방은 저소득층 지역의 주민들이 처해 있는 현실적 문제에 접근하여 그 해결책을 찾는 것과 동시에 아동들의 삶에 적극적으로 결합하여 학습지도와 인성교육, 심성교육에 이바지하였다. 공부방에서 실천하고 있는 사회운동은 지역의 문제를 해결하기 위한 것에 기인하고 있다. 그리고 지역의 문제는 지역뿐 아니라 사회 각 분야의 사회활동과 함께 연대하면서 풀어나 갔다.

둘째, 주민들의 조직화를 위한 지역 센터로서의 기능을 하였다. 공부방을 운영하는 것이 지역운동의 매개 역할이 되었나. 부모회 를 통한 주민들의 조직화를 이야기하였으며, 지역공동체를 설립하 고 이 공동체의 일부가 되어야 한다고 이야기하였다. 이는 공부방 이 지역에 들어간 가장 커다란 이유이기도 하였다. 그래서 공부방 은 지역공동체의 일부이고, 지역주민들을 조직화하기 위한 센터로 기능하였다고 할 수 있다.

셋째, 종교기관으로서의 활동이다. 이는 공부방 운영을 종교기 관에 속하는 교회와 천주교회, 원불교 등에서 많이 실시하였음에서 알 수 있다. 그래서 많은 수의 공부방들이 교회나 성당 안에 만들어 졌고, 재정적으로도 선교 재원 등의 도움을 많이 받았으며, 설립목 적을 선교 활동을 위한 것이라고 이야기하는 공부방도 많았다.

주민들의 사랑방

천주교도시빈민회는 1988년 부산에서 가장 열악한 산동네 중 가난한 사람들이 가장 많은 감천2동에 공부방을 열기로 했다. 1989년 2월 22일, '우리누리공부방'이 개원했다. 지금 이름은 '우리 누리지역아동센터'이다. 그리고 우리교회가 만들었던 탁아소인 우 리아가동산이 있던 건물 2층에서는 '어깨동무공부방'이 있었다. 이

처럼 탁아소가 있는 곳에서는 공부방이 필요했다. 그것은 탁아소
아이들이 초등학교에 입학한 이후 방과 후 대책이 필요했기 때문이
기도 했고, 탁아소에 다니는 아이들의 언니와 형들 때문에 같은 공
간에 탁아소와 공부방이 나란히 있는 경우가 많았다.

　대표적인 사례로 지금도 현존하고 있는 전포동의 탁아소 '아
기자람터'가 있는 동네에는 '한울타리공부방'이 있다. 한울타리는
2006년도 지역아동센터로 전환하여 한울타리지역아동센터가 되
었다. 2000년도에 설미정[1]에 의해 조사된 부산지역 공부방으로는
사하구 감천동에 있는 우리누리, 남구 우암동의 밝은 누리, 부산
진구 전포동의 한울타리, 연제구의 물만골, 중구 신창동의 나눔의
집, 진구 범천동의 우리들의 집, 남구 문현동의 비둘기, 해운대구
반송동의 성분도 빛둘레, 영도구 청학동의 해돋이 등 총 9개의 공
부방이 가난한 동네 어귀에 조그맣게 자리 잡고 아이들과 함께하
고 있었다.

　천주교도시빈민회 10년 사록에 의하면, 우리누리공부방은 '돈이
돈을 낳고 가난이 가난을 낳는 그릇된 구조' 속에서 성실하게 살아
가고 있는 이 땅의 가난한 사람들과 함께 살며, 그들의 어려운 문
제를 함께 고민하고, 가난한 사람들의 뭉친 힘으로 해결해 나가기
위해서 부산시 사하구 감천2동에서 두 명의 크리스천이 먼저 생활
을 시작하였다. 3개월은 직장생활을 하며 지역주민으로 살면서 지
역조사를 하였고, 당시의 역량으로 공부방이 적합하다고 논의되어

1　설미정, 2000, 「저소득층 지역교육운동의 실태분석-부산·경남지역 공부방을
　　중심으로」, 동아대학교 정책과학대학원 석사학위논문.

1989년 2월 22일에 공부방을 열게 되었다. 공부방을 통하여 지역의 열악한 교육환경을 주민들과 함께 해결하며, 지역주민과의 의식적 만남을 통하여 자주적인 주민조직 건설과 이를 통한 도시빈민지역의 문제를 해결하기 위하여 공부방을 만들게 되었다고 한다.

산동네 공부방 우리누리[2]

우리누리공부방의 시작

1988년 서울지역에는 34개의 산동네 공부방이 있었다. 대구, 부산, 광주지역에는 대기업이나 재벌들이 투기를 해서 경제적인 이득을 보려고, 도시빈민지역을 재개발할 것이라고 예상되는 지역에 공부방의 필요성이 있었다. 그때 노동자로 생활하다가 해고된 최수연 활동가가 천주교도시빈민회(이하 천도빈)의 제안으로 부산 감천동으로 오면서 우리누리공부방이 시작되었다. 노동운동가 출신의 최수연은 공부방이 노동현장과의 차이가 많이 나서, 본인이 계속할 수 있을까 생각을 많이 했지만, 1년만 해보자 하고 시작하게 되었다고 한다.

최수연은 부산에 내려오기 전 사례 수집을 위해서 경기 시흥에 있는 제정구 선생님 댁에 머물면서 서울 봉천동, 도봉동, 신림동, 서초동 비닐하우스, 철거민들이 거주하는 인천 만석동 등에 가서 탁

---

2 2023년 9월 2일 양산시 하북면 카페 페이퍼가든에서 인터뷰한 최수연의 구술 내용을 재구성하여 쓴 글이다.

아방과 공부방 자료들을 모았다. 저녁에 제정구 선생님 댁에 가면 선생님은 아무 말 없이 '술이나 한잔하자'라고 하셨다. 그때는 이 활동을 계속해야 되나, 말아야 되나 하는 고민의 시점이 있었다고 말한다. 최수연은 우리누리공부방이 어떻게 시작되었는지, 활동했던 기억들을 이렇게 증언한다.

1987년 6월 민주항쟁이 끝나고, 천도빈은 청년학생들을 중심으로 부산 연산동, 청학동, 당감동, 반송2동, 감천동에 자리한 빈민지역을 설문조사하였다. 그중 감천동은 빈곤 가구가 2만 세대로 가장 많았고, 나머지 지역은 천 몇백 세대 정도였다. 감천동 집들은 대부분 5평, 6평으로 제일 큰 집이 10평 정도였다. 지역조사가 끝났을 때 윤종일 신부님이 최수연에게 감천동으로 가보라고 말했고, 그 한마디에 최수연은 무작정 감천동으로 갔다.

그래서 감천2동 6-776번지 보증금 800만 원에 월세 3만 원 미달이가 달려 있는 7평짜리 작은 집에서 우리누리공부방이 시작되었다. 1980년대 후반의 빈민지역이었으나, 골목이라도 도로변에 위치한 우리누리공부방은 상대적으로 비싼 임차료를 지불해야 했다.

처음부터 공부방을 해야겠다고 생각한 것은 아니라서, 간호사 출신의 친구, 가정관리학과를 나온 후배와 가정방문을 먼저 시작하였다. 무엇보다 지역주민들의 정서를 파악해야 하고, 필요한 부분이 뭔지 알아야 하는데, 그들이 청년이다 보니 경험해보지 못한 것들이 많아 뭘 해야 할지도 몰랐다. 서울에서 가져온 자료들은 문화적인 차이나 사회적인 차이가 많이 나서 부산지역에 반영해서 할 수 있는 게 거의 없었다. 그래서 기한 없이 가정방문을 다녔다.

골목길에 있는 부업으로 봉투 붙이는 할머니 집에도 가고, 가내

수공업 하는 데도 가고, 몇몇 주부들이 모여 아르바이트하는 데도 가고, 옷 실밥 따는 데도 가면서 감천동 주민의 삶을 만나게 되었다. 주민들을 만나면서 제일 필요한 것이 뭔지 다시 설문조사를 할 필요성이 있었다. 아침 5시 30분부터 7시 사이 지갑 하나만 들고 버스를 타는 사람들이 있었는데, 파출부—지금은 가사도우미라 불린다—로 일하는 30~40대 젊은 엄마들이 많다는 것을 알게 되었다. 자녀양육을 위해 짧은 시간에 빨리 일하고 와서 가사 일을 돌볼 수 있는 파출부는 그들이 선호하는 일자리였다는 것도 알게 되었다.

그래서 어린아이들을 돌봐줄 탁아방이 절실하게 필요하겠다는 생각을 하게 되었다. 그러나 임대한 7평 공간은 너무 좁아 미끄럼틀 하나 놓을 수 없었다. 그래서 아이들이 자유롭게 올 수 있는 공부방을 시작하게 되었다. 막연하지만 공부방을 통해서 놀이도 하고 공부도 하고 방과 후에 돌봄도 하는 그런 목적이었다. 공부방 홍보지를 마을 곳곳에 붙였고, 50여 명의 아이들이 오면서 우리누리공부방이 시작되었다.

처음에는 공부방에 오는 아이들을 무작정 다 받아서 길에 돗자리를 깔고, 골목에 신문지를 깔고, 숙제만 겨우겨우 봐주는 정도로 활동을 하다가 몇 달이 지나 도저히 이건 아니다 싶어 아이들 한 명 한 명 가정방문을 시작하였다. 가장 어려운 집 아이들 중심으로 부모가 맞벌이면서 퇴근시간이 밤 10시가 넘는 분들이 많았기에 그때까지 돌봐주는 것으로 하였다. 아이들을 만나면서 교육도 중요하지만 엄마, 아빠, 주민들이 같이 동참해야 마을이 건강해지겠다는 생각을 했다. 그래서 아버지모임, 엄마모임을 시작했는데 처음에는 한 명도 안 왔다. 그때 활동가들이 머리를 써서 '다음부터 이 모임에 안 오면 그 엄마 집에 가서 모임을 한다'고 으름장을 놓고 참여를 유도했다. 방 한 칸, 다락 하나 있는 집들이라 모임하기가 여의치 않으니, 우리누리공부방의 모임에 참여할 수밖에 없었다.

부모모임은 처음부터 세미나를 하면 재미가 없으니까 기타 치며 노래배우기도 하고, 율동배우기도 하고, 가끔 소풍도 가서 춤도 추곤 했다. 이렇게 하니까 아버지들도 모임을 하고 싶어 하셔서 아버지모임도 하게 되었다. 당시만 해도 초등학교를 졸업 못하신 분도 너무 많고, 일용직 공사현장에서 옛날 일제강점기 노가다 판에서 쓰던 그런 단어들을 주로 썼는데, 대학을 졸업한 건축학도들이 건설현장에 오면서 건축용어를 영어로 쓰기 시작했고, 알파벳도 모르는 아버지들은 일을 하기 위해 알파벳이라도 알아야 했다. 그래서 아버지모임에서는 한글을 가르치면서, 영어 알파벳을 가르치기 시작했다.

그리고 1년에 한 번은 마을잔치를 하고, 전체 주민이 다 참여하는 가정노래자랑도 하고, 아이들 노래자랑도 하면서 점차 자리를 잡아가기 시작했다. 7평 좁은 공간에서 열린 마을 잔치는 너무 재미있고 따뜻했다. 공연을 위해 여러 가지 장식품을 직접 만들고 천사 옷과 원피스도 만들어 입히고, 아이들이 쓴 시와 그림은 바깥벽에 전시하고, 동네사람들과 후원자들을 초청했다. 낡은 부엌은 무대 대기실이 되고, 작은 방은 무대가 되고, 엄마도 웃고 아이도 웃고, 마을 어르신들도 웃는 마을잔치가 되었다. 이렇게 우리누리공부방은 주민들과 일상생활을 나누면서 마을에서 꼭 필요한 공동체가 되었다.

마을의 품속으로 스며들다

처음에는 마을주민들이 '학생들이 여기 왜 왔어? 우리 마을에 뭐 하러 왔어?'라고 약간 부정적인 생각들을 하기도 했다. 그런데 그게 몇 년 지나니까 신뢰감이 생겨서 그다음부터는 외부강사를 초청해서 세미나를 열 수 있는 정도가 되었다.

한번은 마을에서—그때는 새벽 4시에 쓰레기차가 오니까 그 시간에 하루는 연탄, 하루는 쓰레기를 번갈아 버리게 되어 있었는데—주민들이 연탄과 쓰레기를 번갈아 머리에 이고 등에 지고 건너 마을까지 가야 되었다. 마을에 쓰레기장이 없는 것이 문제라고 인식한 주민들은 '우리 힘으로 마을에 쓰레기장을 만들자. 그러면 수거해 갈 것 아닌가.' 하는 생각으로 쓰레기를 수거하는 곳을 만들기 위해 세미나도 하고 토론도 했는데, 결국은 이루어지지는 않았다. 그런 공간도 없을뿐더러 마을에 쓰레기차 한 대 왔다 가면 끝나는 문제였기 때문이다.

이렇게 생활 속에서 주민들과 관계를 맺다 보니까, 주민들이 점점 공부방 활동가들을 인정해주기 시작했다. 활동가들은 철저히 감천동 사람이 되기 위해서 동네 사람들과 똑같이 일하고, 돈을 벌어야겠다고 마음먹었다. 공부방 초기에는 아이들이 많지 않았기에, 오전에는 시간의 여유가 조금 있었다. 주민들이 단가가 높은 아르바이트도 소개해주었다. 꼼장어 껍데기 벗기는 것이 단가가 높았는데, '이모 어디 가니까, 이런 거 있던데 좀 단가가 높아' 이런 걸 소개도 해주고 했다. 그렇게 몇 년 지나니 후원자도 생기고, 그다음 5년 동안은 동아대학교 축제기간에 일일주점을 하여 후원금도 만들었다. 우리누리공부방은 그렇게 마을주민들에게 일상생활 속 고민을 나누며, 주민들의 마음을 얻기 시작했다.

우리누리 공부방에는 동아대학교 자원봉사 학생들이 50~60명 되었고, 동아대학교 축제 때 매번 300만 원 정도 기금마련을 하면 그걸로 2박 3일 캠프를 가곤 했다. 그때부터 자원교사가 조직되기 시작했다. 캠프를 가면 학생이 40명이고 교사가 40명이었다. 합천에 오랫동안 갔던 캠프장에서 '우리누리공부방이 오면 걱정 안 한다. 아이들 사고도 없을뿐더러, 사고가 나도 바로바로 병원부터 모든 인력시스템이 돌아가니까, 정말 자기네들 캠프장에는 온갖 팀이 다 오는데 이런 조직 처음 봤다'라고 할 만큼 자원교사조직이 잘 되었고 역할분담이 잘 되었다.

합천의 황매산 쪽에 있는 학교분교를 하나 빌려 해마다 캠프를 하면서, 자원교사조직이 자연스럽게 이루어지게 되었고, 코로나 전에 자원교사조직이 35기까지 이어졌다. 아직까지 자원교사들이 만나고 있고, 아버지모임은 한 10년이 지나니까 사회도 바뀌고 문화도 바뀌어 안 만나지지만, 엄마들 모임은 들쑥날쑥하긴 해도 여전히 만나고 있다.

함께해서 즐거웠던 공부방 운영

공부방 운영은 원래 세 사람 실무자들이 있었다. 1주일에 한 번 회의를 해서 역할분담을 하고, 대학생교사 조직화가 되면서 집행부로 교사회장, 총무부장, 기획부장, 교육부장이 생겼다. 집행부들이 전체 실무자회의에 같이 모여서, 한 달에 한 번씩 전체 프로그램과 회계 등 모든 걸 공유했다. 자원교사회 기획부에서 프로그램을 기획하고, 실무자가 최종 점검하였다. 예를 들어 1박 2일로 캠프를 하게 되면, 자원교사회에서 2박 3일 내 프로그램을 기획하고 다 같이 회의를 해서 하루 날 잡아서 1박 2일 프로그램 전체를 리허설하고, 부족한 부분을 공유하면서 자원교사 조직화가 되었다. 자원교사도 공부방 운영을 함께한다는 주체의식과 책임의식이 있어서 가능했다.

공부방 학생들은 초등 1학년부터 중3, 고등학생도 있었는데, 고등학생은 너무 늦게 와서 점차 안 하게 되었다. 아이들은 자치회라는 자치회의를 운영했다. 회의에서 회장 뽑고 총무 뽑고 아이들끼리 회의록도 작성하고 초등학생 자치회, 중학생 자치회, 고등학생 자치회가 다 따로 있었다. 자치회를 통해 제안되는 것은 들어줄 수 있는 것은 들어주고, 들어줄 수 없는 것은 설명도 하고, 그렇게 함께 운영하는 시스템이 만들어졌다. 또 아이들이 한 달에 한 번씩 신문을 만들었다. 신문부가 있어서 감천마을에 있는 태극도라든지, 경찰서라든지 취재를 하고 글을 쓰는 역할을 하였다. 그 당시 감천 2동에 있었던 햇살도서원의 감천지역 대학생회가 있어서 아이들이 신문을 만들 때 자원교사로 도와주기도 했다.

10년이 지나니 졸업생들이 생겼고, 좁은 공간이었지만 방 한 칸을 주민도서관을 만들었다. 주민도서관을 만드는 데 졸업생들이 역할을 했다. 초등학교 1학년 때 들어온 아이들이 중2, 중3이 되어 상고에 진학하는 아이들도 있다 보니 학교에서 일찍 끝나면 공부방에 와서 자기 공부도 하고 주민도서관을 지키기도 했다. 책을 빌려가면 100원씩 받아 생기는 수익으로 신간을 사놓고, 그렇게 졸업생 조직이 생겨나고, 지금까지 만남이 이어지고 있다.

우리누리의 위기

우리누리공부방이 3년쯤 되었을 때 서울에서 천주교도시빈민회 (천도빈) 사무국장 박재천을 중심으로 몇몇이 우리누리공부방을 방문했다. 천도빈은 우리누리공부방이 감천동에 정착할 수 있도록, 독일 해외지원단체에서 프로젝트를 받아 2층 건물 13평짜리, 언덕 위에 작은 집을 구해주었다. 그때는 50명이 넘는 아이들이 있었는데, 그래도 처음 시작할 때의 7평 집보다는 훨씬 나았다. 여전히 비좁고 북적이는 집이라도 일단 자가였고, 무엇보다 50명이 넘는 아이들이 주인 눈치 보지 않고 화장실을 사용할 수 있게 되었다.

1997년에 IMF가 오면서, 학생들이 70~80명으로 늘어났다. 경기침체의 영향을 가장 빨리 받고, 가장 늦게 헤어나는 사람들이 가난한 사람들이다. 워낙 어려운 시기이다 보니 마을에도 아버지들이 아이들을 버리고, 어른들이 집을 나가고, 할머니 할아버지만 남는 마을공동화현상이 생겼다. 그러니 당장 아이들 돌보기에만도 급급했고, 오래된 부모들은 그대로 남아 있기는 하였지만, 조직화를 통해 어떤 역할을 해내는 것은 엄두도 낼 수 없었다. 공부방은 적정 인원을 넘어버려 본래의 기능을 상실할 정도로 복작거렸지만, 공부방이라도 없었다면 이 아이들은 어찌 되었을까? 하는 생각에 안도하기도 했다.

이런 상황에서 급기야 최수연이 영양실조에 걸려 너무 힘든 상황이 되었다. 이때 최수연은 "오히려 잘됐다. 10년 했으면 내가 떠나도 누가 뭐라 하겠나?" 하고 박재천에게 전화를 했다. "형, 내 결혼할 꺼다." "그래 어떤 사람이니?" "그래서~ 이러 이런 사람이다."라고 했더니, 동작도 엄청 느린 박재천이 그다음 날 바로 새마을호를 타고 부산으로 내려왔다. "어떤 사람이니? 가는 걸 반대하지는 않는데, 그런데 너하고는 안 맞다."

그때 최수연은 만나고 있던 사람이 퍽 마음에 들었던 것이 아니라, 아픈 김에 좀 쉬어보려고 해본 투정이었기에 "공부방은 내 운명이다."라고 생각하게 되었다. 그리고 신기하게도 자원교사 조직화가 되기 시작하니, 다시 힘이 생겼다. "이 벅찬 사람과 사람 관계, 이 모든 청년학생들과의 관계, 이런 것들이 일회성으로 끝나는 게 아니라, 누군가는 한 사람이 끝까지 있어줘야만 조직화가 가능하고 만들어지는구나!" 그런 생각을 하게 되었다. 그제야 "그래 뭐 처음에는 하기 싫으니까 1년만 한다고 했는데 결혼을 한들, 어디 간들 부귀영화를 누리겠나? 잘 선택했다." 그런 생각이 들었다. 그렇게 10년이 지나고 20년이 지나고 또 30년이 되었다.

지역아동센터로 고민에 고민을 더하다

2004년도 참여정부 때, 전국에 있는 공부방들이 지역아동센터로 바뀌었다. 빈민지역의 공부방들이 운영이 너무 힘들어 지원을 해달라는 요구가 계속 있었다. 부스러기선교회, 가톨릭공부방협의회, 서울지역공부방연합회 이 세 단체는 잘못된 법제화를 거부하기 위해 계속 토론회를 했다. 지역아동센터로 전환하는 것은 쉽지 않았다. 상가지역으로 가라, 평수가 몇 평 이상이어야 된다 등 현실적이지 않은 여러 가지 제약 조건이 있었기 때문이다. 이런 시스템으로는 지역아동센터로 전환하기가 힘든 상황이었다.

우리누리공부방 입장에서는 공부방은 주민들의 접근성이 좋아야 하고, 주민들이 지나가다가 들러서 "이모! 아이가 열쇠 안 가져

갔는데 열쇠 좀 맡아주세요. 이모! 애 학교 갔다 오면 이거 좀 전달해주세요." 할 수 있을 만큼 집과 가까이 있어야 한다. 그래야 아이들과 관련된 생활적 문제들을 해결해 줄 수 있기 때문에 공부방은 마을에 있어야 한다. 그런데 상가지역에 지역아동센터를 만들라니 주민과 아이들과의 접근성이 떨어져서, 지역아동센터로서 역할을 제대로 할 수 없다며 반대했다. 참여정부 시절 여러 번의 토론회를 거쳐 보건복지부도 공부방연합회의 입장에 100% 공감한다고 했고, 청와대에도 계속 제안을 해서 다음 해에 법이 개정이 되었다. 덕분에 공부방이 산동네에 있는 것이 가능하게 되어, 우리누리공부방이 지금까지 산동네에서 계속 운영될 수 있게 된 것이다.

2004년부터 공부방이 지역아동센터로 전환되면서, 우리누리공부방도 2006년에 지역아동센터로 전환한 마지막 공부방이 되었다. 처음에는 한 달에 80만 원 운영비를 지원받았다. 이후 지속적인 투쟁으로 복지사 선생님들과 센터장들도 공무원처럼 호봉제를 하게 되었다. 지역아동센터는 인원이 몇 명 이상이 되어야 하는 기준이 있었다. 보통은 18명이고 3등급으로 나누어져 있는데, 49명이 되면 제일 예산지원이 많았다. 50명 이상 시설은 영양사를 조리사 자격증이 있는 사람으로 구해야 되니, 센터마다 인원을 49명으로 맞추게 되었다.

"나는 지역아동센터는 너무 재미가 없었어요. 너무 시스템화되어가지고. 몇 명 이상 되어야 하고, 주민과 아이들을 조직화하고 이런 거는 필요 없고, 하루하루 그날을 무사히 넘기면 그걸로 감사한 거였어요. 그러니까 지역아동센터는 지역에서 하기에는 답이 아닌 것 같아요. 그리고 지역아동센터가 있는 지역에서 예전 같은 공부방을 하려고 하면 벌금이 있었어요. 다른 지자체에 있는 공부방들을 지역아동센터들이 고발을 해요. 법 테두리로 들어오라는 거죠. 부산에서도 청학동에 수녀님들이 하는 공부방이 지역아동센터로 전환을 안 하고 있었는데, 결국 아이들이 없어졌고, 동네가 재개발하게 되면서 그만두게 되었어요."

이런저런 이유로 지역주민 조직화가 어려운 지역아동센터로의 전환은 달갑지 않았다. 그리고 지역주민들도, 아동의 보호자인 엄마 아버지들도 시간이 지나면서 변했다. 옛날에는 아이들 교육하고, 그다음에 프로그램 하면 좋다고 다음에 또 같이 하자고 했었는데, 어느새 "어느 센터는 롯데월드 엄청 비싼 데 데리고 가는데, 우리 애는 안 데리고 가나요?" 그러니까 퀄리티 높은 프로그램을 하는 센터를 찾아다니는 보호자들이 생겼고, 처음 지역주민들과 함께 만들어가던 공부방의 의미는 퇴색했다.

기억에 남는 에피소드

2022년에 퇴직했는데, 그때 기념식 할 때 졸업생 대표가 자기 소개를 하면서 "제가 저 이모의 생산물입니다."라고 했어요. 우리는 왜 이모라고 했냐 하면 학교에서 선생님 선생님하고 공부방에 오는데, 공부방에서도 선생님 선생님 하면 갭이 생길 수밖에 없잖아요. 그래서 이모,

이모 하니까 이게 제일 좋은 거예요. 애들이 웬만큼 크고 자원교사조직이 생기니까, 중간고사, 기말고사 치를 때 아이들이 동아대학교에 놀러가면 자원교사를 이모, 삼촌이라고 불러서 다른 대학생들이 무슨 조카들이 저렇게 많나? 했었지요. 나중에는 졸업생하고 자원교사하고 편지도 주고받고 했는데 우리는 "절대 안 돼" 그랬죠. 그래도 그 안에서 커플이 생긴 팀도 많아요. 내가 결혼을 안 했어도 주례는 두 번이나 했어요.

또 한 사례로, 지금은 ○○조선 본사에 가 있는 교사6기 기계공학과 나온 친구가 하는 말이, '이모, 내가 졸업할 때 학점이 3.6학점이었는데, 어떻게 ○○회사에 들어갔겠노?' 이러더라고요. '내가 공부방에서 기획부장을 해서 ○○회사에 들어갈 때, ○○회사는 복지 이런 걸 많이 보니까 공부방 활동에 대해서 억수로 많이 물어보더라, 그래서 내가 붙었고. ○○조선이 거제도에서 망할 때, 망하기 한 달 전 본사 발령이 나서 올라갔는데, 그 후 거제 ○○조선이 망한 거야, 내가 이런 놈이라고. 내가 이모 만나가지고 이런 놈이 됐어요.'라고 하더라고요.

이런 친구들이 후원뿐만 아니라 무슨 행사가 있으면 알아서들 해요. 그러니까 공부방을 오래 하고 인력자원들이 굉장히 많았어요. 심지어 어른들이 우리누리 건드리면 뼈도 못 추리겠다, 그랬거든요. 나는 한 번도 너네 의사 됐으니까, 너네 직장 갔으니까 후원하란 얘기를 해본 적이 없어요. 그렇기 때문에 더 자기네들끼리 1기부터 몇 기까지 조직이 되어서 모든 경조사부터 후원이나 행사참여를 조직적으로 잘 했어요. 주변에 다른 애들이 '우리는 왜 우리누리 오라고 안 했노?' 할 정도로 교사들의 자부심도 굉장히 높았어요. 졸업생들의 자부심도 그렇고, 졸업생들이 자원교사가 되어 오는 경우도 20% 정도 되었어요.

내가 지금도 한 번씩 '사람조직은 정말 잘했다' 하는 생각이 들어요.

지금 지역아동센터장들은 방이 따로 있잖아요. 나는 그런 게 없었잖아요. 7평, 13평짜리 내가 잠자는 방까지 오픈했으니까, 심지어는 냉장고에 소주, 맥주를 넣어놓으면 자원교사들이 공부방 마치고 먹고 하거든요. 한번은 내가 소주병에 무슨 중요한 약을 넣어놨는데 술을 퍼먹다가 없으니까 그것까지 꺼내 먹은 거야. 병에 들은 거 다 꺼내 먹고 숙취해소를 한 거지. 아침에 일어나 약을 먹으려는데 약이 없는 거야. 지금은 ○○중공업에 전무로 있는 앤데, 기분이 좋으면 코에 힘이 들어가 '이모, 소주병에 그게 뭔데?' '약이다, 이놈아' '우리가 묵었다 아이가, 맛있대' 하는 거예요. 이런 에피소드들이 많아요.

2022년 퇴직모임 할 때, 각 기수별로 에피소드가 나온 거야. 공부방에서 1차, 2차를 하고 3차는 남포동에서 하고 나면, 집에 갈 돈도 없고, 갈 곳도 없고… 결국 공부방으로 가는데, 1, 2층 문을 열쇠로 잠가 놨으니 창문으로 밀어주고 당기고 해서 들어간 거예요. '할매(최수연)는 자다가 우리가 들어온 거 알 거야.'라고 하면서. '이 새끼 몇 시고?' 이러다가 조금 있으면 창문으로 비닐봉지를 끈에 대롱대롱 매달아서 노가리하고 오징어를 달아서 주면 받아서 먹었던, 얘기를 하더라고요. 『산동네 공부방』 책에 보면 교사 얘기는 진짜 많은데, 출판사에서 길면 안 읽는다고 다 잘라버렸어요. 책 나오고 나서 밑에 기수 애가 책에 나오잖아요. 그때 "개새○ 니는 뭐했는데 책에 나오노?"라고 하니, "우리누리에서 사고를 쳐야 책에 나온다. 착하게 잘하면 책에 안 나온다. 알겠나?"라고 하더라고요.

내가 퇴직할 때, 마지막 인사말을 하면서 '나하고 인연이 돼서 왜 서운한 감정, 힘든 감정이 없겠냐, 그런데도 인연 끊지 않고 여기까지 와줘서 나는 정말 행복하고 좋았다. 그러니까 이제는 모든 짐 다 내려놓

『산동네 공부방』(최수연, 2009)

고, 나 때문에 힘들어 안 했으면 좋겠고, 이모도 돌아갈 공간도 있고, 이제 좀 자유롭게 편하게 살려고 하니까, 너희들이 하고 싶은 거 다 하고, 내 걱정 하지 말고, 자유롭게 살고, 부모님들이 안 기다려주니까 자주자주 연락하고, 그렇게 해라.'라고 그랬는데, 아이들이 "저 말은 초상까지 치르란 말이가? 혹시 유언 같은 거 쓰지 말고요. 쓰게 되더라도 누구보고 관 들어라 이런 말 하지 마소. 기운이 없어서 관은 못 드요."라고 우스개소리를 하더라고요. 어쨌거나 이 조직은 진짜 내 생이 끝날 때까지 없어지지는 않을 것 같아요. 지금도 자주 못 봐도, 한 번씩 연락 오고 이렇게 하는 거 보니까요.

비탈진 산동네 골목 끝에서 만난 희망

1970~1980년대까지는 지역주민들이 아이들의 교육과 생활문제의 책임은 오롯이 개인의 것으로 인식했다. 그러나 공부방이나 탁아방들이 빈민지역에 생기면서, 마을과 개인의 문제를 주민 스스로의 힘으로 해결해야 된다는 것과 공동체가 함께할 때 문제 해결력이 높아진다는 것을 알게 되었다. 그리고 아이들 교육과 주민들이 힘을 가질 수 있게 하는 역할을 간접적으로 하는 곳이 빈민지역

에서 활동했던 공부방의 가장 큰 의미다. 그 전에는 모든 것들을 활동가들이 다 해줬다면, 주민 스스로 할 수 있는 프로그램 같은 것도 제안하고, 함께 실천하게 된 것은 주민들이 그만큼 주체의식이 생겨서 가능한 일이었다.

또 교육적인 측면에서 공부방에 있던 아이들이 건강한 어른으로 성장할 수 있었다. 경쟁위주가 아니라 서로가 협동하는 법을-예를 들면 큰 그림이나 지도를 만들 때 전부 다 작은 조각으로 만들어서 하나씩 붙이면 완성되는 것이다. 이렇게 이루어지는 공동 작업으로 협동을 배우고 그런 관점을 갖도록 한 것이 의미가 있다.

"한 10년 지나고, 부산의 우암동인가 문현동 안쪽에 있는 동네에 철거가 있었어요. 언론에 기사가 나오니까, 우리누리 졸업생 애들이 학교 갔다 와서 가방을 공부방에 던지고, 전부 다 갔다가 오더라고요, 철거싸움이 벌어졌다고 하니까. 저는 가라고 안 했거든요. 갔다 와서 왜 이모들은 철거지역에 안 가요? 가서 이야기를 듣고, 막 흥분하고 왔다고 이러는 거예요. 그때 아주 자연스럽게 아이들이 의식화가 되는 것 같아요. 또 ○○고등학교 다니는 한 놈은 ○○고등학교랑 ○○고등학교가 통합되면서, 얘가 막 데모를 하기 시작한 거예요. 왜냐면 학교 전체가 하니까요. 매일 ○○에서 ○○○까지 행진해가지고 오는데, 고등학생들이 매일 노래를 복사하고 그러기에, 제가 그랬죠. '하는 거는 괜찮아, 뒤에 서라. 앞에 서지는 마라.'라고 했어요."

박재천-이야기 보탬

1989년도에 우리누리공부방이 시작됐는데, 그때 어려운 시기였
잖아요. 최수연 본인은 처음에 할 마음이 없다는 얘기를 했는데,
그냥 그런 마음을 가졌던 거고, 가장 적임자로서 할 수밖에 없는
상황이었어요, 제 관점에서는. 그때 제가 천도빈 사무국장을 할
때인데, 부산의 공부방운동이 잘돼야 된다는 마음에, 저도 마음
을 많이 썼던 것 같아요. 할 수 있는 것은 다 해보려고 노력했던
것 같고. 부산지역의 빈민운동 차원에서도 보면, 뭔가 시발점 역
할과 방향 그리고 좌표역할을 한 거죠.

저도 지역아동센터가 되기 전의 공부방운동에 관심이 있었고, 그
이후로는 별로 관심이 없어졌어요. 공부방 아이들을 중심으로 주
민운동, 조직화운동 또는 의식화운동 이런 것들의 가능성이 엄청
넓어지는 거죠. 다 아시겠지만 동네에 가서 어떤 아이한테 '야,
여기 이웃집에 누가 있나?' 이렇게 물어보면, 동네 모든 정보를
다 얘기해주고 막 그러잖아요. 아이들이 그러는 것처럼, 이제 아
이들이 갖고 있는 가능성이 굉장히 높은 건데, 우리 주민운동이
그 아이들로부터 시작을 한 거거든요. 그런 의미에서 공부방운동
은 역사적으로 또 운동적으로도 많은 의미가 있는 거죠. 그것을
어쨌든 최수연 도미니카께서 헌신을 하신 거지요.

우리누리공부방을 둘러싼 감천문화마을 이야기

최수연은 우리누리공부방 아이들의 부모와 이웃들이 감천문화
마을이 만들어지면서 겪었던 일상에 대한 이야기를 들려주었다.

최수연 활동가와 아이들

"마을이 완전 회색빛이고 하니까, 공부방 건물에다 우리가 해마다 그림을 그리기 시작한 거야. 사람들이 와보니까 관광과 교수나 이런 사람들 눈에는 다 좋아 보였던 거지요. 이 모임에 나를 오라고 했는데, 비판만 하니까 나중에는 안 부르는 거예요. 문화마을 관련해서 전국에서 인터뷰 오고 하면, 내가 원하는 거는 빼고 방송을 하는 거야. 동사무소에서도 문화마을 활성화 모임을 해요. 동장이 우리누리센터장님 이야기를 먼저 들어봅시다, 이러면 동장하고 나하고만 공감하고, 마을사람들은 그거 필요 없다는 거지요. 빨리 개발되어서 집값이 확 올라갔으면 좋겠고, 도로가 생기고 이런 환상이 너무 많은 거예요."

살기 좋은 공간에, 교통 접근성이 좋은 곳에 주민들이 살아야 되는데 주민들은 골방으로, 골방으로 리어카도 하나 못 가는 데로 몰리고, 바깥에는 외지에서 온 상가들이 전부 다 차지해 버렸다. 저녁 5시 반만 되면 상가들은 퇴근하고, 저녁 이후에는 완전히 죽은 마을이 되었다. 몇 년 동안 프로젝트 지원이 끝나면, 언제든지 떠날 사람들로 마을이 관광지가 되었다. 상가도 인건비를 지원하니 너무 상업적으로 되었다. 일부 외지인들은 집을 사서 한복 대여점이나 교복대여점을 차려서 문화관광 상품점들을 만들어가기 시작했다. 월세도 안 나오는 자영업자가 되었다. 그리고 자기는 월세를 벌려고 식당에 일하러 가는 아이러니한 현상이 생겼다. 팔고 싶은 집은 안 팔리고, 사람들은 관광도시라는 미명하에 피해를 강요받았다. 문화마을의 실상은 이러했다. 사람들은 감천문화마을이니 산토리니 마을이라는데, 오랫동안 마을에 정착하며 살고 있는 사람도 산토리니 마을이 뭔지 모르겠다고 한다.

"진짜 주민들이 필요로 하는 것들이 뭔지 알아야 해요. 왜냐하면 처음에는 문화마을에 대한 제안을 좀 했었어요. 혼자 사는 독거 노인들이나 연세 많으신 분들이 많으니까 집집마다 화분에 꽃을 가꾸게 해서, 꽃 가꾸기 경연대회 같은 걸 좀 해서 어르신들이 소일거리도 하고. 그다음에 문화마을 뒷산에 부산시 땅인가 국가 땅인가 넓은 언덕에 빈 땅이 있잖아요. 거기서 사람들이 소작을 하거든요. 소작을 하면 문화마을 중심거리에다가 5일장이라도 열어라. 문화마을을 보러왔을 때 호박이파리, 고추, 고구마, 못생겨도 감천마을에서 수확한 걸로만 파는 거예요. 감천문화마을에 가니까 5일장에서 이거 팔더라, 여기 마을에 어르신들이 심은 거다, 그래서 사 왔다, 이렇게 좀 하라고 하니까 좋네요, 하고는 그 다음에는 소식이 없어요. 아이디어 백날 제공해 봐야 무슨 소용

우리누리공부방 건물 전경

이 있겠어요. 5일장을 해보라고 했는데, 결국 이분들은 그 호박 이파리 따고, 고구마 캐서 자갈치시장까지 이고 가서 팔러 다녔 다니까요. 그리고 김밥 같은 것도 싸가지고 남포동에 팔러 가요. 그러니까 무슨 문화마을이 사람들을, 주민들을 외곽으로, 외곽 으로 몰고 있는 거지요."

"30~40대 젊은 엄마들이 가끔 있는데, 엄마들이 강정초등학교 가 재작년에 폐교돼서 학생들이 없는데, 방 한 칸 얻을 정도만 있 으면 내려가고 싶다는 얘기를 했어요. 왜냐하면 관광 오는 사람 들이 전부 카메라를 들고, 핸드폰 들고 와서 문만 열면 길인데 다 찍잖아요. 다 잠옷바람으로 있는데도 찍으니까, 그게 너무 동 물원의 원숭이처럼 싫다는 거지요. 이사 가고 싶다는 거지요."

"오랫동안 살았던 우리 학부모가 있는데, 감천에 우리 옛날 우리 누리공부방 있던 데서 이렇게 올라가면, 계단이 108~300개 정 도의 좁은 계단이 있는데, 문화담당 공무원이 와가지고 뭐라 하 니까, 뭐 좀 도와줄까 싶어서 얘기하다가, 공무원이 여기 계단 이 름을 뭐라고 지을까 해서, 그 엄마가 '별이 보이는 별이 빛나는 계단이네요.'라고 했는데, 공무원이 자기가 이름을 지었다고 해 요. 그 엄마가 내만 만나면 공무원 욕을 해요. 도둑놈들 천지 빼 가리다. 여기서 말하면 지가 다 했다고 한다고요."

"무인택배 관련하여 내가 처음 문화마을 교수팀들하고 꾸려질 때, 참여를 해서, 위에서 어른들이 택배가 오는데 너무 힘들어.

그러니까 밑에서 택배아저씨가 와가지고 계단이 많고 하니까 짜증이 나는 거야, 그러니까 밑에서 김복순~ 불러도 할머니가 지팡이 짚고 빨리 못 나오잖아, 대답하면 밑에 던지고 가. 그래서 밑에다가 모노레일 달아서 해보자고 제안했는데, 중구는 했는데 여기는 안 했다니까요. 아이디어를 내면 뭐하냐니까요. 내 생각에 오래 못 갈 것 같아요. 이제 지역자체가 그렇다 보니까, 식당이나 이런 데도 맛집이라고 한두 군데 있는데 식당도 안 돼요. 왜냐하면 30분 마을 돌면 끝인데, 송도나 남포동이나 해운대 광안리 가서 먹지, 감천마을에서는 안 먹더라고요.”

밭개마을 아이들의 등대! 한울타리

한울타리의 시작

1991년 4월 8일 전포동 산복도로 옛 아기자람터의 작은방에서 갓 대학을 졸업한 황이경 선생님과 30여 명의 아이들 그리고 자원봉사자들이 한마음 한뜻이 되어 공부방 ‘한마을배움터’(지금 한울타리지역아동센터)를 개원하였다. 입학식을 하는 날 예상보다 많은 아이들에 선생님들은 당황스러웠다. 스무 명이 넘는 아이들이 한꺼번에 들어가기에는 너무나 좁은 방이었기 때문이다. 그래서 1·2학년은 2시부터 4시까지, 3학년은 2시 30분부터 4시 30분까지, 4·5·6학년은 4시 30분부터 6시 30분까지 수업을 나누어 했다. 공부방에 오면 맨 먼저 숙제부터 했다. 대부분의 아이들이 집에 부모님이 안 계시고, 숙제를 안 해 가는 경우가 많았기에 생긴 규칙이었다.

아이들의 수준은 너무 다양했다. 2학년인데 아직 한글을 모르는 아이, 5학년인데 구구단을 모르거나 나눗셈을 못하는 아이, 받아쓰기가 안 되는 아이, 이렇게 아이들은 다양한데 이 아이들을 지도해 줄 선생님은 늘 부족했다. 좁은 방에서 서로 치고 받고 싸우고 장난치고 울고 그래서 야단도 듣지만, 때로는 숙제를 먼저 끝낸 아이가 다른 아이를 도와주기도 하고, 선생님이 내어준 문제도 잘 푸는 마냥 귀여운 아이들이었다. 공부방 문을 열 때, 전포4동에 진료봉사를 해주시던 인제대학 의대 팀이 만들어 준 책상이 아이들의 야단법석에 한 달도 못 가 주저앉고 말았다. 좁은 방을 벗어나 뒷산에 가재 잡으러 가고, 신나게 뛰어노는 아이들을 보면서, 자기 일을 스스로 할 수 있고 남과 더불어 살아가는 법을 배우며 건강하게 자라나는 아이들이 감사했다.

한울타리공부방은 2006년 지역아동센터로 전환 후, 지금까지 활동하고 있는 부산에서 아주 오래된 공부방이다. 모든 차별을 반대하며, 생애주기에 맞는 다양한 지원을 통해 함께 사는 세상을 배우고, 그에 대한 신뢰를 바탕으로 자신의 삶을 스스로 만들어가는 주체성과 서로 돕는 용기와 능력을 키워서 진정한 민주시민으로서의 자립을 돕는 목적으로 활동해오고 있다.

한울타리의 전성기는 지금까지 활동을 이어오고 있는 이미옥 센터장의 역할이 크다. 학생운동을 했던 김성호, 이미옥 부부는 같은 학교에서 근무하는 직장동료였다. 천주교신자와 개신교신자로서 믿어왔던 종교적 신념과 과거 학생운동의 경험으로부터 사회운동으로 전환해야 하는 시점에, 그들이 믿어왔던 신념을 어떤 방법으로 실천하면서 어떻게 살 것인가?라는 고민을 하게 되었다. 그러다 그들은 운동적 관점과 종교적 신념이 관통하는 진짜 선생님이 필요한 곳에서 헌신하기로 결정했다.

김성호가 대학 때부터 봉사활동을 해오던 공부방 운영을 결심하고, 1년 정도 공부방 운영에 대한 공부를 위해서 연제구에 있던 '물만골공부방'에서 봉사를 하였다. 그때 여러 가지 사정으로 실무자를 구하고 있던 한울타리공부방에 실무자로 일하게 되었다. 1년 후 김성호와 이미옥은 결혼을 했고, 한울타리공부방 실무자로 함께 일하게 되었다. 때 묻지 않은 순수한 마음으로 공부방 하나 잘해보겠다는 굳은 의지를 가지고서, 부부는 '경제적으로 가난하다고 해서 삶이 궁핍한 것은 아니다.'라는 삶의 가치관이 뚜렷하고, 세상을 바라보는 시각이 같은 든든한 동지로 함께하게 된 것이다.

부산에서 두 번째로 오래된 역사를 가진 한울타리지역아동센터는 아동복지법이 생기기 전까지 국가의 보조 없이 실무자들이 사비를 털어 꾸려나갔다. 재정적인 어려움이 많아 문을 닫을 지경에 이르기도 했다. 가진 것 없이 시작해서 10여 년의 세월동안 넉넉지 않은 살림에도 불구하고, 많은 아이들을 사랑으로 키워내 언제나 마음만은 풍족하였다. 지역아동센터로 전환되기 전까지 한울타리는 지역에서 중요한 역할을 해왔다. 아동복지시설이라는 행정적 개념을 넘어, 아이들의 삶을 만들어가는 행복하고 따뜻한 공동체로 기억되도록 노력하였고, 당당한 마을의 주인으로 성장할 수 있도록 항상 마을주민과 함께하려고 노력하였다.

한울타리는 마을놀이터

2007년부터 한울타리는 도전할 수 있는 기회는 균등해야 하고, 아이들은 안전하게 실패할 권리가 있다는 생각으로, 아이들의 자립을 지원하기 위해 '5년의 약속프로그램'을 시작한다. 아이들을 믿고 지원하면, 적어도 아이들은 사회를 따듯하게 기억하고 신뢰할 수 있는 아이들로 자랄 것이라 믿었기 때문이다. 현재 일곱 명의 아이들이 취업을 했거나 대학에 다니고 있고, 이제 열세 번째 씨앗을 뿌렸다.

2013년 '잡동사니'라는 밴드 결성을 기점으로 댄스 동아리, 네일 아트 동아리 등 두 명 이상이 자유롭게 동아리활동을 할 수 있도록 지원하고, 갈 곳 없고 놀 곳 없는 지역 내 청소년들도 함께 참여할 수 있도록 함으로써 청소년들에게는 안전한 놀이터가 되고자 했다. 여름, 겨울방학 때면 청소년들은 배낭을 메고 전국 팔도를 돌아다니며 여행을 하고, 프로젝트형 체험학습으로 스스로 주제와 여행일정과 식단까지 직접 계획하고 문제를 해결해봄으로써, 청소년들의 자립성을 키우고자 했다. 홈커밍데이(home coming day)로 졸업생 모임을 통하여, 그동안 나누지 못했던 이야기와 한울타리 선배인 졸업생들이 후배들에게 전하는 이야기 등 선후배와 함께하는 시간도 가지면서 서로가 더 큰 세상으로 향하는 마중물이 되고자 하였다.

"아이들이 커가면서 의젓해지는 과정을 지켜볼 때 가장 보람을 느낀다. 성질 부리며 자원봉사자 선생님들을 울렸던 어린 소녀가 이제는 어엿한 숙녀가 되어 학업에 열중하는 모습이 참 기특하다. 사랑이 필요할 때 옆에 있어주고 지지해주었더니 진심이 통

한울타리 공부방 소식지

하는 날이 언젠가 오더라."_이미옥 센터장 인터뷰

한울타리는 '5년의 약속'이라는 타이틀로, 생계를 책임져야 하는 어려운 가정의 아이들을 계속해서 지원하고 있다. 중학생까지 머물 수 있는 지역아동센터의 한계를 넘어서 지속적인 보살핌을 위해서다. 이들에게는 공부방 프로그램이 아니라, 가정의 따뜻한 관심과 사랑이 필요하다. 후원금으로 학업에 보탬이 되고, 스스로 자립할 수 있도록 지원을 아끼지 않는다.

"센터에서 몇 년간 함께 지내다 보니 모두 다 내 자식 같아요. 번 듯하게 취직해서 센터를 찾아오는 졸업생들을 보면 가슴이 뭉클

합니다. 사회 어딘가에서 모난 데 없이 밝고 행복하게 살아갈 수만 있다면 더 바랄 게 없습니다."_이미옥 센터장 인터뷰

2004년에 개정된 아동복지법으로 몇몇 지역아동센터는 숨통이 트이게 됐다. 하지만 한울타리 센터장은 신고를 미루었다. 그전까지만 해도 센터를 거들떠보지 않던 세상에 대한 회의감을 느끼는 동시에, 법안에 적합한 시설을 갖추지 못했다는 것과 복잡한 서류절차가 생김으로 인해 아이들을 보살필 시간이 줄어든다는 이유에서였다. 그러나 결국 한울타리도 변화해가는 사회적 추세에 따라 정부의 보조금 지원을 받기로 결심하고, 2006년 시설신고를 했다. 복권기금의 공부방 전세자금지원을 받아 지금의 센터로 자리를 옮기고, 기부금과 주위의 도움으로 인테리어를 해 아이들을 위한 쾌적한 환경도 만들었다. 사회복지시설이라는 공공성을 확보하고, 많이 부족하지만 보조금 지원으로 종사자들의 급여와 어느 정도의 프로그램을 안정적으로 운영할 수 있게 되었다.

그러나 보조금을 받는 시설로 지자체의 지도 감독을 받게 되고, 운영지침에 따라 운영을 하다 보니 자율성이 제한되게 되었다. 공부방 시절에는 동네 아이면 누구나 이용할 수 있었지만, 지역아동센터로 전환한 이후에는 이용자의 조건에 따라 이용제한을 받게 되어, 프로그램 운영에서도 창의성을 발휘하기가 어렵게 되었다. 가장 큰 단점은 과도한 행정업무로 아이들과 함께 시간을 보내는 시간이 줄어들었고, 자칫 실무자들과 아이들의 관계가 서비스 제공자와 소비자로 전락하기 쉬운 구조가 되었다. 그럼에도 '한울타리는 30년간 전포동에서 지역주민과 함께해온 전포동 주민들의 것이어야 한

다.'라는 이미옥 센터장의 생각은 변함없었고, 지금도 마을주민에
의해 마을 안에 담길 수 있는 공동체로서 사회적협동조합을 꿈꾸
고 있다.

희망의 빛을 만드는 한울타리

부경매일신문의 인터뷰에
이미옥 센터장은 "우리 한울타
리는 아동의 자립을 목적으로
하고 있습니다. 그래서 길게는
학령기 12년을 온통 한울타리
와 함께하다가 대학을 가거나
취업하는 친구들이 있습니다.
잘 성장해서 사회구성원으로
자립하는 모습을 보았을 때
가장 보람 있다고 생각합니다.
그 과정에서 자원봉사자로 후
원자로 동참하는 아이들을 보

이미옥 한울타리 지역아동센터장과
아이들

면 대견합니다. 해마다 아이들 졸업식을 하는데 초등학교 1학년에
들어와서 중학생, 고등학생이 되어 성장한 과정을 영상으로 볼 때
마다 부모도 실무자들도 감동의 눈물을 흘리며 어려운 시절 잘 견
뎠다는 생각이 듭니다."라고 말했다.

공부방을 만들어 형편이 어려운 아이들에게 기댈 공간을 만들어
주고 싶었던 이미옥 센터장의 소박한 꿈이 현실이 되었다. 방 한 칸
에서 20평의 아담한 집이 마련되기까지의 과정이 쉽지만은 않았다.

'한 아이를 키우기 위해서는 온 마을이 필요하다'는 아프리카의 속 담처럼, 지금까지 한울타리는 아이들과 함께 마을에서 희망의 빛을 만들어 내고 있다.

어깨동무공부방

어깨동무공부방 이야기는 교사 김영혜[3]의 기고 글을 통해서 듣 는다.

1989년 대학을 졸업하면서 평소 사회문제 특히 여성과 아동교 육에 대한 관심이 많았던 나는 가야지역 우리교회에서 운영하던 탁아소 우리아가동산을 찾아가게 되었다. 그곳에서 빈민지역 아 동을 돌보며 활동했는데, 그 아이들이 커가고 학교에 가기 시작 하면서, 그 아이들을 돌봐줄 수 있는 공부방이 필요하게 되었다. 교회 1층에는 우리아가동산 탁아소가 있었기 때문에, 2층을 지 역아동을 위한 공부방으로 쓸 수 있게 되어 1991년에 어깨동무 공부방이 문을 열 수 있었다. 2층은 원래 교회예배 장소였으나 교인들의 배려로 공부방으로 사용할 수 있었다.

부모와 교사들, 아이들 그리고 이 활동을 여러모로 도와주시는 분들과 어깨를 함께하며 살아가자는 뜻으로 만든 어깨동무공부 방은 지역에서 돌봄과 교육에서 소외되고 있는 아이들을 방과 후

---

3   2014년 김천으로 귀농하여 오미자농장과 치유농업을 운영하고 있다.

어깨동무공부방 아이들의 수련회 참여 모습들

에 돌보는 사회적인 대안가정의 역할을 맡았다. 어깨동무공부방
은 한부모, 조손, 맞벌이부부, 그리고 생활형편이 어려운 가정의
아이들에게 일하는 부모를 대신하여 방과 후 숙제를 함께하고,
학교 준비물도 챙기고, 배고픈 아이들을 위한 점심식사와 간식을
챙기고, 공동체의식과 건강한 성장을 위한 다양한 놀이프로그램
을 제공했다. 교사들은 초등 아이들이 돌아오는 오후부터 부모

들이 돌아오는 저녁시간까지 함께하고 시간을 보냈다.

또한 아이들의 교육은 부모님들의 교육의식과 분리되지 않는다는 생각에서 부모교육을 했고, 아이들을 조금 더 알아가기 위한 가정방문도 했다. 우리교회와 함께 했던 공동체행사들은 부모님들의 적극적인 참여와 따뜻한 성원으로 이루어냈다. 또한 부모님에게 받은 작은 회비, 뜻있는 후원자들과 교인들, 그리고 빈민지역 발전에 뜻이 있는 여러분들의 도움을 받아 운영되었던 어깨동무공부방은 공부방의 다양한 활동을 소개했으며, 재정 현황을 보고하고, 정기후원자와 새 후원자를 소개하고, 감사의 뜻을 전하기 위해 매달 1회 어깨동무공부방 소식지도 발행했다.

어깨동무공부방은 방과 후 돌봄 및 교육서비스를 통해 어려운 지역 내 가정들의 양육과 돌봄의 부담을 나누고자 했으며, 건전한 공동체 의식과 정서적 발달 추구를 통하여 아이들을 건강한 사회 구성원으로 성장시키고자 했다. 어깨동무공부방 활동은 몇 년간 이어진 후, 1994년에 우리교회의 어려운 상황과 맞물려 문을 닫아야만 했다. 그 당시 함께 그 공동체를 꾸려나갔던 나를 포함한 교사들, 부모님들, 아이들, 교인들 그리고 후원자님들의 어깨동무공부방에 대한 헌신은, 아이들의 마음속에 씨앗과 거름이 되어 싹이 트고 나무가 되어 건강한 어른으로 자라 지역과 나라를 이끌고 있을 것이라 믿는다.

'사람중심' '관계중심'의 공동체를 꿈꾸며

1990년대를 살아낸 사람들에게 '가난한 동네 공부방'은 단순한 학습 공간이 아니었다. 국가의 손길이 닿지 못했던 틈새에서 아이들의 일상과 삶을 지켜낸 작은 기적이었다. 공부방은 숙제를 도와주는 장소를 넘어, 밤늦게까지 일터에 묶여 있는 부모를 대신해 아이들의 마음을 어루만지고 생활을 챙겨주는 또 하나의 가족이었다. 이곳에서 이루어진 돌봄은 가족에게만 책임을 지우던 기존의 관념을 넘어, 지역사회 공동체가 아이를 함께 키울 수 있다는 가능성을 세상에 보여준 의미 있는 일이었다.

무엇보다 공부방운동은 아이들을 '저소득층'이라는 낙인이 아니라 공동체의 한 구성원, 마을의 주인으로 인정하고 바라보게 하였다. 이러한 시각의 전환은 2004년 공부방이 지역아동센터로 법제화되고, 지역 단위에서 아이들이 지지받을 수 있는 국가적 지원체계가 만들어지는 데 중요한 역할을 하였다.

그러나 2000년대 이후 한국 사회는 다시 심각한 학업 스트레스와 돌봄 공백이라는 문제 앞에 서 있다. 형식적이고 행정 중심으로 변해 버린 돌봄 체계 속에서, 초창기 공부방운동이 지녔던 '사람 중심', '관계 중심'의 원형은 점점 희미해졌다. 90년대 공부방운동이 우리에게 남긴 교훈은 분명하다. '아이를 안전하게 품어주는 일상의 공간, 서로의 이름을 알고 마음을 나누는 관계의 자리'이다. 학업 스트레스와 정서적 위기에 흔들리는 아이들이 존중받고, 참여하며, 스스로 선택할 수 있는 자율성이 보장되는 그런 공동체가 지금도 여전히 우리에게 필요하다.

부산지역 공동체운동의 발자취 2

주거권 · 자활 · 지역복지 · 마을공동체

5장

주거권

집이 무허가지 사람이 무허가냐?

주거권

집이 무허가지 사람이 무허가냐?

손이헌

집, 인간의 기본적인 삶터

요즘 사람들에게 '집'이란 무엇일까? 많은 사람들이 집을 삶의 터전보다는 재산을 불리는 수단으로 먼저 떠올린다. 주거권, 즉 인간이 누려야 할 기본적인 권리로서 주거에 대한 인식은 아직 우리 사회에 충분히 자리 잡지 못한 것 같다. 현실은 더 냉혹하다. 2023년 기준으로 우리나라 전체 주택의 약 3.6%가 최저 주거기준에도 못 미치는 곳이라고 한다. 길거리, 쪽방, 비닐하우스, 지하 셋방, 옥탑방, 불량주택… 이런 곳에서 살아가는 많은 사람들이 있다. 그런데 정작 그들은 최저 주거기준이 법으로 정해져 있다는 것조차, 그것이 자신의 권리라는 것조차 모르고 있다.

지난 수십 년간 경제는 성장했지만 도시의 주택 부족은 계속되고 있고, 특히 저소득층의 주거문제는 나아질 기미가 보이지 않는다. 이는 주택정책이 실패했다고 볼 수도 있고, 주거를 사회정책으

로 제대로 다루지 않았던 접근 방식이 한계에 부딪혔기 때문이라고
도 할 수 있다. 특히 부산의 주거문제는 그 역사가 깊다. 일제강점
기와 6·25전쟁을 거치며 인구가 급증했고, 5·16군사쿠데타 이후
노동집약형 산업의 육성으로 농촌을 떠난 사람들이 대거 부산으로
몰려들었다. 급작스런 인구 유입으로 산비탈, 하천변, 심지어 묘지
위에까지 집을 지었다.

생각해보면 주거는 인간의 가장 기본적인 삶의 행위를 시작하는
곳이다. 집은 평화롭게 쉴 수 있는 공간이고, 개인과 가족, 이웃, 지
역사회와 관계를 맺어가며 나의 정체성을 만들어가는 곳이기도 하
다. 그렇기에 누구도 부당하게 사생활을 침해받아서는 안 되고, 갑
작스러운 퇴거나 철거의 위협을 받아서도 안 된다. 집은 사회적 관
계를 맺는 곳이자, 개인의 사생활과 휴식이 보장되는 곳이며, 모든
사회활동의 기반이 되는 곳이다. 하지만 이렇게 당연해 보이는 이
야기가 한국 사회에서는 잘 통하지 않는 것 같다. 여전히 많은 사
람들이 다양한 형태로 주거권을 침해당하고, 주거 빈곤 속에서 고
통받고 있다. 우리 사회는 이제 주거문제로 힘들어하는 사람들에게
눈을 돌려야 한다. 그리고 이를 해결하기 위한 적극적인 대책을 마
련해야 한다.

부산의 주거권운동 역사를 제대로 알아보려 해도 가장 큰 어려
움은 자료가 거의 없다는 점이다. 있는 자료도 불완전하다. 서울과
경기지역에서는 1960년대부터 철거 반대운동이 활발했다. 부산은
그보다 한참 뒤에 간헐적으로 지역개발이 이루어졌고, 서울처럼 큰
규모의 철거반대 운동이 일어나지 못했다. 1980년대 후반 철거 관
련 활동은 부산일보 기사를 통해 알 수 있었고, 1990년대는 '부산

철거민연합'을 중심으로 반대 운동이 있었지만, 자료가 부족하다. 그래서 더 많은 자료를 모으고 정리하는 일이 앞으로 우리가 해야 할 중요한 과제로 남아 있다.

이 글은 부산대연우암주거대책위원회를 조직하고 투쟁하기 시작한 대연우암공동체의 활동이야기를 중심으로 부산주거권운동의 전개과정을 살핀 것이다.

집이 부족했던 시절, 부산이야기

부산의 주택난은 다른 도시들과는 비교가 안 될 정도로 심각했다. 폭발적인 인구 유입 때문이었다. 일제강점기를 거쳐 해방을 맞으면서 귀환 동포들이 부산항을 통해 돌아왔는데, 그 수가 100만 명을 넘었다. 이들 중 부산에 정착한 인구만 8만 명이 넘는 것으로 파악된다. 실제로 1945년 부산의 인구는 281,160명이었는데, 1946년에는 362,920명으로 81,760명이나 늘어났다. 무려 29.1%의 인구 증가율을 기록한 것이다. 그리고 1950년 6·25전쟁이 터지면서, 피난민들이 대거 부산으로 몰려들었다. 1951년 부산의 인구는 해방 당시보다 333%를 넘는 844,134명에 달했다. 인구는 폭발적으로 늘어나는데 집은 한정되어 있으니, 최악의 주택난에 직면할 수밖에 없었다. 이렇게 갑자기 늘어난 사람들은 시내 곳곳의 하천변과 산비탈, 심지어 묘지 위에까지 움막이나 판자촌을 이루었다.

부산 공공주택사업

부산시의 공공주택사업은 6 · 25전쟁 피난민과 1953년 12월에 발생한 부산역전 대화재의 이재민을 수용하기 위해 시작되었다. 1954년 1월 부산시는 주택국을 신설하고, 후생주택 건설사업을 시작했다. 그 후 국민주택사업, 도시형 난민주택정착사업, 공영주택사업 등의 이름으로 주택사업을 펼쳤다. 6 · 25전쟁 이후 1954년부터 1961년까지 대한주택영단(대한주택공사의 전신)이 공급한 주택은 종류도 다양했다. 아파트, 국민주택, 부흥주택, 시험주택, 재건주택, 희망주택, 시범주택, 개량주택, 외인주택, 상가주택, 자조주택 등 수많은 이름의 주택이 등장했다. 이렇게 주택 앞에 다양한 명칭을 붙인 것은 사회적인 주거문제를 해결하고, 구체적인 기대를 밝히기 위함이었다(월간 시민시대 2021년 10월호에서 발췌).

부산 주거정책의 변천

1950년대는 한국전쟁 피난민들이 정착하면서, 판자촌과 달동네가 확산된 시기였다. 아미동과 우암동을 중심으로 이런 주거지들이 형성되었다. 1960년대는 본격적인 달동네 형성기라고 할 수 있다. 산업화가 진행되고 피난민들이 정착하면서 인구가 급격히 증가했다. 자연스럽게 무허가 주택이 빠르게 확산되었다. 이에 부산시는 무허가 주택을 철거한 뒤 이주시키고, 공공주택을 공급하는 방식으로 대응했다.

1960년대의 부산시 주거정책을 보면 그 성격이 독특하다. 무허가 주택을 엄격히 규제하지 않고 사실상 방치했다. 대신 도시미관을 해치거나 도로확충 등이 필요한 경우에만 국지적으로 철거했다.

또한 다양한 유형의 주택을 공급하며 주거문제를 해결하려는 시도
를 했던 것으로 보인다. 그렇지만 주택공급은 여전히 부족했고, 무
허가 주택을 방치한 결과 불량주택촌이 구조화되는 문제가 생겼다.

1970년대는 불량주택정비의 일환으로 도심지의 무허가건물을
강제로 철거하고 정비하는 시기였다. 이 시기 서민들의 주거불인은
더욱 심화되었는데, 주택문제를 토지정책보다는 철거와 이주 중심
으로 개발과 정비 중심의 정책을 시행했다. 1972년 '주택건설촉진
법'이 제정되면서 민간아파트를 장려했다. 하지만 '도시개발과 미
화'를 위한 강제철거가 빈번하게 이루어지면서, 주거권에 대한 고려
가 부족했다. 주택공급을 확대하여 주거안정을 시도하기는 했으나,
재정착 대책은 부족했다. 결국 저소득층은 여전히 외곽지역으로,
산동네로 밀려나면서 주거불평등이 심화되었다.

1980년대가 되면서 정부의 200만 호 건설계획과 연계하여, 공영
개발과 토지구획정리사업이 활발하게 전개되었다. 이 시기에 대단
위 아파트단지가 조성되면서 주택공급을 확대하는 정책을 펼쳤다.
1990년대는 '도시재개발법' 등에 따라 구도심 정비사업이 본격적으
로 시작되는 시기였다. 신도시 개념이 도입되면서 한 지역을 완전히
갈아엎어 새로운 도시를 만드는 방식이 등장했다. 이 과정에서 원
주민들이 떠나게 되고, 주거권을 둘러싼 갈등이 시작되었다.

2000년대에는 도시재생과 주거복지라는 개념이 등장했다. 국민
임대주택, 행복주택 등이 생겨나면서 주거복지에 대한 논의가 본격
적으로 시작되었다. 또한 민간재개발과 공공주택이 혼합 개발되는
합동재개발이 이루어지는 시기였다. 2010년대는 주거복지를 강화
하고 도시재생이 확산되는 시기였다. 기존의 철거위주 정책에서 벗

어나 '주민참여형 도시재생'을 시도하면서, 주민들과의 갈등을 완화하는 데 노력했던 시기다.

부산 주거권운동단체

부산철거민대책협의회
주거권 실현을 위한 부산시민연합(부산주거연합)

한국전쟁 전까지 30만 명가량을 수용했던 부산의 인구는 1960년대를 거치면서 100만을 넘어섰으나, 그에 따른 주거대책은 전혀 없었다. 피난민들, 그리고 먹고살기 어려운 농촌 사람들은 저마다 짐을 이고 지고 부산으로 향했다. 공장지대와 부둣가 근방에는 천막으로 지은 집들과 움막이 즐비했다. 막노동꾼, 지게꾼, 공장노동자들은 고향으로 돌아갈 엄두조차 내지 못하고 눌러앉아 버렸다. 열심히 일해서 모은 돈으로 집을 장만하려 했지만, 천정부지로 뛰는 집값은 도저히 따라잡을 수가 없었다.

1960년대 후반부터는 당리, 신평, 장림, 연산동, 서동, 반송 등에 택지를 조성하여 판자촌 주민들을 이주시켰다. 직접 집을 지어 살도록 한 것이다. 1970년대 초중반부터는 반여, 용호, 개금, 만덕지구에 연립주택을 지어 철거민들을 이주시켰다. 1970년대에 들어서면서 개발 광풍이 불기 시작했다. 판자촌 사람들을 몰아내기 위해 부산시는 외곽지역에 택지를 마련하거나, 공공주택의 골조만 세워놓고, 문틀이나 시멘트 미장 등 생활에 필요한 장치와 꾸밈은 철거민의 노동력으로 스스로 해결하라고 떠밀면서 이들을 강제 이주시키기에 이르렀다. 철거민 중 그나마 직장이 있고 약간의 능력이 있는 세대는 골조만 있는 건물을 자신의 노동력이나 재력을 통해 완성하고 살 수 있었다.

하지만 그렇지 못한 세대는 그것마저 포기하고 더 열악한 곳으로 흘러들어 갔다. 그리고 다시 무허가 움막을 짓고 사는 악순환이 반복되었다. 1980년대에 들어서면서 개발의 속도는 더욱 가열되었다. 가난한 달동네 사람들은 갈 곳을 잃고, 철거라는 두려움을 안고 살 수밖에 없었다. 그러나 1987년 6월 항쟁의 결과 민중들의 권리의식이 크게 신장되면서 가난한 주민들의 주거권운동이 시작되었다. 1988년 12월 1일 자 부산일보 기사에 의하면 1988년 11월 30일 부산대학교 효원회관에서 200여 명의 철거민들이 모여 부곡3동 등 10개 지역 350여 세대로 조직된 '부산철거민대책협의회' 발족식을 가졌다. 빈민운동가 제정구 씨와 부산의 재야인사 임정남 씨 등이 참여하여 격려했다. 철거민들은 행사 후 부산대학을 출발하여 부곡3동 철거지역까지 가두행진을 벌였다고 한다.

이 시기부터 빈민운동과 학생운동의 연대가 진전되어 1990년에는 대학축제 기간에 철거민과 대학생들이 함께 비디오 상영도 하고 대학생들이 형사 모의재판을 열어 빈민에 대한 강제철거를 풍자하기도 했다(부산일보 1990. 6. 5., 1990. 11. 7.). 또한 서울지역 빈민운동과의 연대가 이루어져서 문현1동 세입자 문제를 협의하기 위해 전국빈민연합 의장이 부산을 방문했다가 경찰에 검거되기도 했다(부산일보 1991. 4. 1.).

그럼에도 불구하고 달동네 주민들에 대한 대책 없는 강제철거는 계속되었다. 주거권을 확보하고 함께 투쟁하기 위해 당사자인 주민들과 종교인, 학계 인사들이 모였다. 그렇게 1992년 4월 17일 '주거권 실현을 위한 부산시민연합(이하 부산주거연합)'이 창설되었다. 그 당시 부산주거연합의 조직표를 보면 상임고문 권철현, 이홍록, 고문 권재환, 정정숙, 공동대표 이세구, 이종황, 감사 이대은, 황재순, 운영위원장 이철규, 운영위원 김홍술, 송영웅, 진신덕, 김영수(1994~1995 공동대표), 윤광열, 김옥순, 김영식, 김동호, 심재광, 손영호, 이동택, 이원식, 민영란, 정광윤 등 27명이 기록으로 남아 있다.

부산철거민연합

1995년 1월부터 '부산주거연합'(1992. 4. 17.), '부산지역철거민협의회'(1991. 11. 24.), '부산철거지역연대회의'(1994. 11. 20.)가 모여 통합논의가 이루어졌다. 그리고 1995년 4월 23일 '부산철거민연합'이 부산역 광장에서 창립대회를 열고 정식 출범했다. 이는 1990년대에 본격화된 강제철거반대 투쟁의 급격한 진전과 맞닿아 있다. 부산철거민연합은 2000년 4월 23일 전국철거민연합의 남경남, 고천만 의장의 구속에 대한 성명서에서 다음과 같이 일갈하였다.

'민중이 있어야 국가도 있다. 민중은 이 땅의 생산 대중이며, 이 땅의 기둥이다. 그러나 정권과 자본가들은 다르게 생각한다. 민중은 착취와 수탈의 대상이며, 이 땅의 주인은 권력자와 가진 자라고 말한다. 이리하여 정권은 자본과 유착하고 깡패들을 동원하여 이 민중들을 거리로 내몰고 있는 것이다. 이 사회에서 민중에게는 정부도 국가도 없는 것이며, 단지 국민이라는 허울 좋은 소리로 의무만 강요하고 있을 뿐이다.'

부산주거권운동 대표사례

해운대 승당마을 재개발지역-골리앗 투쟁

해운로에서 동백섬으로 향하는 도로를 기점으로 위는 내승당, 아래는 외승당으로 구분된 이 마을은 스님이 집을 짓고 살았다 하여 승당마을이라고 불렸다. 지금은 마천루가 즐비한 해운대의 '운촌 승당마을'은 1990년대 초까지만 해도 한적한 어촌마을이었다. 부산시는 1987년 지주 423가구와 세입자 343가구가 살던 승당마을 68,400m²를 부산지역에서 첫 주택재개발지구로 지정했다. 20층 높이에 1,680가구, 19개 동으로 건축되는 재개발 광풍이 불어온 것이다.

하지만 가구당 평균 400만 원의 보상금으로는 이주가 불가능하다며 재개발사업에 반발하던 주민들은 1993년 9월 '승당 철거민 세입자대책위원회'를 결성하였다.[1] 수차례 해운대구청과 부산시청을 방문하여 세입자 대책 마련을 호소하였으나 1994년 4월 가수용 시설과 영구임대주택은 불가하다는 통보를 받았다. 1995년 3차에 걸쳐 강제철거를 하였고, 다수의 부상자가 발생했다. 1996년 4월 13일 계속되는 철거용역의 폭력을 피하기 위해 마을 입구에 18m의 골리앗(철탑)을 세우고, 농성에 들어갔다. 수차례 부산시장의 면담

---

1 '승당 철거민 세입자대책위원회' 활동과 '승당마을 구상권 문제 해결을 위한 대책위' 관련 자료는 그 당시 학생구속자였던 최영으로부터 전달받은 자료들 속에 있는 내용을 정리한 것이다.

을 요청하였으나 거절당했다.

1996년 10월 23일과 24일 4차 싹쓸이 강제철거가 이루어졌다. 마지막까지 남아 있던 23명의 주민들은 무자비하게 폭력을 휘두르던 철거 깡패들에 맞서, 철탑에서 200일 가까이를 버텼다. 이른바 골리앗 투쟁 190여 일째인 1996년 10월 23일, 부산시는 철거용역 1,000명과 전경 백골단 800여 명, 물대포, 최루탄을 동원하여 농성 중이던 주민들을 강제로 해산시켰다.

골리앗 철탑을 철거하기 위해 투입된 용역들은 주민들에게 송곳을 박은 각목을 휘둘렀다. 그들은 주민들의 대응을 획책하고 유도했다. 이 과정에서 철거용역 10명을 포함해 20여 명이 부상을 당했고, 주민, 부산철거민연합 회원, 학생 포함하여 23명이 연행되었다. 그중 16명이 구속되고, 7명이 불구속 입건되었으며, 이 가운데 2명은 징역 2년과 1년 6개월 실형을 살았다. 관련 당사자 현황을 보면 구속자 김문근 주민대표, 류재화, 최진학, 박숙희, 신갑늠, 김선희, 황옥순, 김단임, 이희순, 김옥래, 이효순, 이영자, 구속 학생 박정상(동명대 89학번), 최영(부산외대 90학번), 홍승현(부산외대 91학번), 김민철(부산외대 95학번) 이상 16명이다. 불구속 입건자는 인순월, 김도화, 최명이, 황선희, 이복필, 변정순, 김하조 이상 7명이다.

하지만 이것이 끝이 아니었다. 사건이 잊힐 즈음인 1999년 노동부 산하 근로복지공단에서 승당마을 당사자 23명에게 구상금 59,847,780원을 갚으라는 통지를 해 왔다. 당시 철거용역이었던 9명에 대한 치료비 명목이었다. 그러나 승당마을 주민들은 대부분 몸이 아프거나 연로하여 돈을 갚을 능력이 안 되면서 구상금 변제 의무가 당시 학생이었던 4명에게 떨어졌다.

이를 보다 못한 시민사회단체들은 2005년 '승당마을 구상권 문제 해결을 위한 대책위(공동대표 김석준, 안하원, 최용국)'를 구성하고, 모금 운동을 전개하여 38,578,200원을 모금하였다. 그때까지 월급에서 강제 압류(홍승현, 김민철, 류재화, 이복필)된 금액 21,269,580원을 합하여 구상금 59,847,780원 전액을 다 갚았다. 하지만 그동안 눈덩이처럼 불어난 이자 67,826,280원에 대한 부담을 해결하기 위해 청와대 고충민원 신청, 노동부장관 탄원서 등 다양한 활동과 함께 다시 모금 운동도 벌여나갔다. 조정과정에 승당대책위 모금액 1천만 원을 우선 납부하기도 하였지만 제3자 연대보증과 함께 매월 납입 변제 계획서를 내는 등 학생 당사자들의 고충은 오랫동안 이어졌다. 시민사회활동가들도 매월 CMS 후원을 통해 그 고충에 함께했다.

결국 1억 2,000여만 원을 갚았지만, 주민들의 상처는 깊게 남았다. 삶터를 잃고 망가진 이들의 삶은 그 누구도 배상하지 않았던 것이다. 그럼에도 불구하고 승당마을 재개발 반대 투쟁은 주거권 문제에 대해 부산철거민연합과 학생운동과의 연대를 비롯하여 부산지역 차원의 광범위한 대책위원회가 만들어져 함께 투쟁했던 연대투쟁으로서 의미가 깊다.

만덕 5지구 주거환경개선사업-만덕공동체

만덕 5지구는 부산시가 1972년 주택재개발사업으로 무허가 판자촌을 정리하며 영도구, 수정동, 초량동, 보수동 등 고지대 주민들을 당시 변두리 지역이었던 만덕동으로 강제 이주시킨 곳이다. 그곳은 바둑판처럼 반듯하게 정비된 국민주택 정책의 일환으로 건설

된 마을이었다. 부산시는 2001년경 이 지역 일대를 주거환경개선지구로 지정했고, 북구청장은 2002년 11월 이곳에 대해서 주거환경개선계획을 고시했다.

부산시는 2006년 이 지역의 3개 주거환경개선지구를 통합했고, 지역 내 일부 토지를 추가하여 도시정비개발법에 근거해서 만덕5 주거환경개선지구로 지정했다. 그리고 2011년 부산시는 만덕1동 일대를 주거환경개선사업 만덕 5지구로 지정 고시했다. 정책 이주를 시켰던 마을을 다시 정책적으로 개발하는 것이었다. 긴 세월 동안 집도 낡아가고 주민들도 늙어갔다. 정책 이주지로 이주되어, 20년 상환기간 동안 정부에 집값과 땅값을 갚으며 고난의 평생을 보낸 노인들은 이제 겨우 낡은 집 하나 건져 살고 있었는데, 다시 개발한다는 것이었다.

LH는 2011년 이 지역에 대한 보상가격을 발표했는데, 3.3m^2(1평)당 260만~320만 원에 지나지 않았다. 이것은 당시 주변 시세인 3.3m^{2}당 800~900만 원에 턱없이 부족한 금액이었다. 이런 결정에 대한 주민들의 대응은 단결된 공동행동으로 나타났다. 주민들이 원하는 것은 현실적인 보상이나, 이곳을 떠나지 않고 계속 살 수 있는 것이다. 만덕 주민들은 비상대책위원회(이하 비대위)를 만들어 투쟁했다. 하지만 2013년 10월부터 비대위 활동에 동의하지 않는 사람들이 생겨났다. 비대위 주민 다수가 바라는 것은 현실적인 보상이었으나, 일부 주민들은 보상에만 매달릴 것이 아니라 이곳에서 계속 살 수 있도록 추진하자고 주장했다. 그래서 만든 것이 '만덕공동체'였다.

만덕공동체가 생기고 비대위 측과 괴리감이 생기기 시작했다. 법원은 2013년 11월 재개발사업을 무효로 해달라는 주민들의 청구를 기각했는데, 이 판결문에 의하면 주민들의 67%가 이미 보상금을 받아 갔다는 것이다. 이 말은 이곳 주민 3분의 2가 이미 다른 곳으로 이사를 갔다는 것이었다. 1심 판결에 항소했지만, 비대위 측이 협조하지 않아서 소송비용을 마련할 수가 없었다. 그 후 만덕공동체 주민들은 재판기금 마련을 위한 일일주점을 열었다. 만덕공동체 활동 중 특이한 것은 작은 밥상공동체였다. 텃밭을 가꾸고 마을잔치를 하고, 어린이들을 위한 많은 프로그램도 진행했다. 그러나 보상과 개발을 바라는 주민들의 냉대와 반대로 결국 공동체는 해체되고 말았다.

만덕공동체의 최수영 대표는 2013년부터 만덕 5지구 현황과 만덕공동체의 생성과정, 진행과정을 알리며 시민사회단체와 연대했다. 지역의 많은 활동가들로부터 지지와 도움을 받으며 철탑 망루까지 세우고 처절한 몸짓의 주거권 투쟁을 전개했다. 하지만 거대한 개발을 막지 못하고, 마음과 몸이 만신창이가 되었다. 지금은 뒤편에서 시민사회활동에 적극적으로 동참하고 있다. 개발업체는 2016년 만덕마을을 모조리 쓸어버린 후 원주민 1,677세대에게 저렴한 가격으로 아파트를 특별 분양한다고 선전했다. 원주민 특별 분양가는 가장 작은 평수가 1억 8천만 원이 넘고, 큰 평수는 3억 3천만 원이 넘었다. 원주민에게 특혜란 일반분양보다 우선 공급한다는 것, 발코니 확장비 감면, 중도금 감면, 그리고 전매제한을 두지 않는다는 것이었다. 살지도 못 할 집에 고민할 일도 없을 터이고, 전매제한도 없으니 분양권을 투기꾼에게 넘기라는 것이나 다름없었다. 고급스럽게 지어진 공공아파트는 곧 투기 바람에 휩싸였다.

수십 년 전 살던 곳에서 강제로 쫓겨나와 정책이주지 주민이라는 모진 설움을 딛고, 열심히 집 한 칸과 마을을 일군 주민들은 또다시 30년 전의 철거 난민으로 돌아갔다. 만덕 5지구 주민들 중 약 430세대가 재개발을 반대했지만, 마을 대표들의 의견 차이로 불과 10여 세대만 맹렬히 반대투쟁에 참여했다. 시민사회가 함께했고, 만덕고개 삼거리에서 매주 수요 집회를 하고, LH부산본부 앞에서 칼바람 맞으며 노숙투쟁까지 했다. 철탑을 세우고 마을을 지켰지만, 돌아온 것은 반대파 주민의 냉대였다. 결국은 도시의 마천루가 올라가고, 주민들은 거대한 개발의 횡포와 술수에 주먹을 꽉 쥘 수밖에 없었다. 마을의 정은 사라지고 공동체도 해체되었다. 공동체 유지를 외치며 활동했던 주민들은 뿔뿔이 흩어지고, 마천루만 남았다.

허가받지 않은 사람들의 집

그들은 왜 달동네로 갈 수밖에 없었나

1970~1980년대 정부 정책의 그늘에서 발생한 이농민들이 고향을 등지고 하루벌이를 위해 타향에 정착했다. 그들이 새벽별 보고 공장으로, 공사판으로 흘러가며 버틸 수 있었던 것은 가족공동체가 있어서였다. 그러나 가장으로서 가족들을 편안하고 안락하게 해주지 못한 미안함과 세상에 대한 서운함이 분명 있었을 것이다.

1961년 박정희가 5·16군사쿠데타로 정권을 잡은 뒤, 경제개발 5개년 계획을 세우고 노동집약형 산업에 역점을 두었다. 전통적인 농업 국가였던 우리나라에 이농 현상이 일어나기 시작했다. 노동집약형 산업에 역점을 둔 정부 정책으로 농촌의 생활은 참혹했다. 보릿고개에 먹고살 것이 없었던 농민들은 입에 풀칠이라도 하자는 생각으로 도시로, 도시로 흘러들었다. 희망이 없는 시골보다 그래도 큰 도시에서는 밥은 먹겠지 싶었다.

대연우암공동체 주민들의 약 60% 이상은 전남지역에서 이농한 사람들이다. 농촌생활은 참혹했기에 산 위의 자갈밭 몇 마지기 팔아서 부산으로 갔다. 부산에 가면 이웃집 아저씨가 우여곡절 끝에 고무신공장 반장으로 들어갔다는데, 그 아재의 소개로 또 연줄 연줄로 언니도 도시로 흘러갔다. 초등학교도 마치지 못한 동생도 도시로, 도시로 줄을 설 수밖에 없었다.

도시에 온 사람들은 고향마을 사람이나 친구와 함께 연탄가스 올라오는 단칸방을 월세로 빌렸다. 연탄불 냄비에 밥해 먹으면서 잘살아보겠다고 새벽별 보고 일터로 갔다. 그래도 보릿고개에 배곯던 고향에 있을 때보다는 등 따시고 배불렀다. 많은 농민들이 농촌에서 도시로 이주하면서 도시에는 머무를 곳이 부족했다. 특히 공장이 있는 지역의 집들은 방 한 칸, 부엌 한 칸뿐이었다. 형제끼리, 고향사람끼리 서로 모여서 함께 생활했다. 인연을 만나 평생을 약속하고, 고향 집에 자랑도 하고 싶었다. 가족을 도시로 데리고 오기도 했다. 결혼하고 자녀를 낳고 가정을 이루었지만, 당시의 노동환경은 열악했다. 별 보고 출근하여 별 보고 퇴근하는 생활이었지만, 물가를 따라가지 못하는 임금을 받았다.

1987년 당시 부산지역의 산업은 합판, 섬유, 신발 등 경공업 중심이었다. 타 산업에 비해 이윤이 낮았고, 그로 인해 작업환경은 열악했으며, 노동자들의 평균 임금도 전체적으로 낮은 수준이었다. 종업원에 대한 사용주의 인권침해와 인간적인 모욕도 비일비재했다. 그러나 그것이 당연한 것인 줄 알았고, 그저 돌아서서 눈물만 흘리던 시절이었다. 열심히 일해봐야 원래 낮은 임금인데도 누구는 착하디 착해서, 누구는 순진하게도 몰라서, 누구는 줄을 잘 못서서 이리 떼이고 저리 떼였다. 당당하게 일해주고도 돈 받을 때는 죄인인 양 머리 조아리고 있다가, 주면 받아 오고 안 주면 다음을 기약하며 무거운 발걸음을 돌렸다. 그때는 꼭 맹세했다. '더욱 열심히 일해서 내 집 하나 장만해야지'라고 되뇌고 또 되뇌었다. 그놈의 집이 뭐라고!

한 달 열심히 일해서 월급을 받으면 제일 먼저 방세를 내야 했다. 집주인이 올린 보증금을 갚아야 했다. 방세 내고 나면 남는 것이 별로 없었다. 자녀들이 자라서 학교를 가면 '우리 자식만은 잘 가르쳐서 사람들의 선망의 대상이었던 넥타이 매고 출근하는 화이트칼라로 키워야지'라고 나짐했다. 그러나 돈 많은 사람들만 보내는 유치원은 엄두도 못 내고 국공립어린이집을 보냈다. 피아노학원, 미술학원이라도 보내야 조금이라도 마음이 놓이는 가열찬 교육열이 있었다.

아이들은 커갔다. 사춘기가 찾아온 아이들에게 바라고 바라던 방 한 칸은 꼭 해주고 싶었다. 더 많은 방이 필요했지만 돈은 없었다. 야산 한 귀퉁이에 무허가집이라도 지어서 가족들을 건사하는 것이 무엇보다 중요하고 소중한 일이었다. 대부분의 가난한 가장들은 월세집 주인의 잔소리에 자존심도 구겨졌을 것이다. 내 집을 갖는 것이 소원이었고, 월세 들어가지 않는 집에서 사는 것이 소원이

었을 것이다. 그러던 중 1980년대 말 민주화운동이 촉발된 이후 주
거비용은 급격히 치솟았다. 경제호황으로 돈의 행보는 빨라지는데,
수입은 늘 제자리걸음이었다. 아이들은 쑥쑥 잘도 크는데, 방은 비
좁고 교육은 시켜야 했다. 부부가 맞벌이를 해도 먹고살기 벅찬 시
절이었다.

1987년부터 1989년까지 3년에 걸쳐 '대연우암마을'이 형성되었
다. 당시 급격히 오른 월세와 전세, 제자리걸음인 수입 속에서 이
웃집 누군가가 야산에 무허가 집을 짓는다는 소문이 돌았다. 우리
도 이 기회에 우리 집 한번 가져보자는 생각으로 한 집, 두 집 생겨
나기 시작했다. 2~3년 사이에 마을이 생겼다. 저쪽 동네 야산에 돈
조금만 들이고 몇 날 고생만 하면 딸 방, 아들 방 줄 수 있는 무허
가 집이라도 지을 수 있다는 소문에, 야밤에 식구들을 데리고 야산
으로 몰려들었다. 그러나 막상 합판으로라도 얼기설기 지으려 해도
30도 이상의 경사지에 집터를 만드는 것은 그리 녹록지 않았다.

그러나 잘하면 내 집이 생긴다는 희망에 퇴근하고 몇 날 며칠, 어
두운 산길을 가족과 함께 올라갔다. 삽과 곡괭이로 집터를 다듬어
작은 집터를 만들었다. 부부는 산허리를 깎아내리고 아이들은 돌을
골라냈다. 먼저 들어온 사람들의 간섭과 갑질 아닌 갑질로 다툼도
생겼다. 막걸리 한잔에 서로 사과하고 위로했다. 그나마 집터를 내
손으로 만들 수 있는 것은 행운이었다. 먼저 합판집을 짓고 이주해
온 사람들의 횡포가 점점 심해졌다. 손바닥만 한 밭을 일구어 상추
몇 포기 심어놓고는 그 땅을 사라고 했다. 그래도 오르는 월세보다
합판 집 짓는 것이 낫겠다는 생각에 1988년 당시 기준으로 10평 정
도 되는 텃밭을 100만 원씩이나 주고 산 사람도 많았다.

겨우겨우 방 한 칸, 부엌 한 칸에 합판으로 막은 재래식 화장실을 만들었다. 합판 몇 장 세우고 슬레이트 잇고, 몇 날 며칠 밤을 새우면서도 피곤한 줄 모르고 즐겁게 일구었다. 그래도 우리 집이고, 집주인 눈치 보지 않아서 좋고, 같은 처지의 사람들이라 간섭하는 이가 없어서 참 좋았다. 공무원들이 쉬는 일요일에 가재도구 몇 개 없이 살며시 이사를 왔다. 예부터 내려오는 풍습에 따라 요강단지와 밥솥은 이사 전날 옮겨놓고, 밤새 들떠서 잠을 못 이루었다. 이렇게 대연우암공동체 주민들은 이런저런 사정으로 부산시 남구의 한 야산을 차지했다.

내 집이 생기고 형편이 비슷한 이웃이 생겼으니, 그렇게 좋을 수가 없었다. 무허가라도 좋았다. 잔소리하는 집주인이 없고 다리 펴고 잘 수 있는데, 이 얼마나 좋은 일인가. 그 대가로 평생을 주거 고통 속에 살아야 했지만, 주민들과 함께하는 공동체가 있어서 위안을 삼았다. 그런데 불빛이 새어나가는 합판 몇 장에 비만 가리고, 축축한 땅바닥에 얼기설기 엮어놓은 난방파이프에 온기가 있으면 얼마나 있다고, 허가받지 못했다고, 불법이라고, 그것도 집이라고 철거하러 왔다. 예고도, 계고도 없이, 행정 대집행 영장도 없이 말이다.

'불법으로 집을 지은 가난하고 못 배운 사람들이니 끽소리 못할 거야'라며 주민들을 만만하게 보고 가볍게 철거하러 온 것이다. "이거 내가 어떻게 지은 집인데." 울고불고 해봐야 누구도 관심을 갖지 않았다. 오히려 남의 땅을 점거했으니 철거해야지, 비아냥거리며 불구경이라도 난 듯 구경만 했다. 그래도 지키고 싶고 빼앗기기 싫은 것이 가난한 사람들의 삶이고, 가족이고, 소박한 꿈이었다.

'우리도 인간이다. 인간답게 살아보자.' 철거당한 주민들이 일어섰다. 이웃이 뭉쳤다. 백년대계 상아탑을 꿈꾸던 지주인 부산외국어대학교를 일주일 연속 점거했다. 그곳에서 '흩어지면 죽는다'를 목 놓아 불렀다. 가난하다는 이유로, 허가받지 못했다는 이유로 내몰릴 수는 없었다. 우리에게도 가족이 있고, 꿈이 있고, 지켜야 할 삶이 있었다. 아이들에게 방 한 칸 마련해주려고 산허리를 깎아내고, 밤을 새워 만든 보금자리 집이었다. 그렇게 대연우암 사람들은 함께 맞섰다. 흩어지지 않았다. 혼자였다면 무너졌을지 모른다. 같은 고향을 떠나온 이들, 같은 고통을 나눈 이웃들, 같은 꿈을 꾸는 사람들이 함께했다. 이것이 우리들의 이야기다. 가난하지만 꿋꿋했던, 힘들었지만 포기하지 않았던, 이웃과 함께 살기 위해 싸웠던 대연우암공동체 사람들의 이야기다.

호사다마인가, 강제철거 웬 말이냐

천신만고 끝에 허가받지 않은 집을 지었으나 고발로 이어졌다. 과태료에 벌금에 온갖 법을 들이대도 억지로 버티고 살았는데, 강제철거의 아픔마저 겪게 되었다. 1990년 10월 26일의 사건이다. 부산남구청 공무원, 대연4동 직원, 우암1동 직원, 감만2동 직원, 그리고 방패로 무장한 전경 1개 중대와 포클레인(굴삭기) 1대, 부산외국어대학교 직원을 포함한 130여 명의 철거용역들이 몰려왔다. 주민들이 출근하고 아이들은 등교하고 난 후인 오전 11시경부터 3시간 동안 예고도, 계고도 없이 무지막지한 강제철거를 시작했다. 하루만에 13세대가 철거되었다. 당시엔 동네에 주민들도 별로 남아 있지 않았고, 몇 명 안 되는 주민들은 철거되는 집의 주인에게 연락할 방법도 없었다. 철거용역들에게 울며불며 매달려서 철거중단을 사정했지만, 포클레인의 굉음은 멈추지 않았다.

그때 주민 박종길 씨가 신문사와 방송사에 전화를 걸어 강제철거를 제보했다. 기자들의 취재가 시작되었다. 기사를 송고할 때, 마땅한 마을이름이 없었다. 마침 마을상단에 송전철탑이 있는 것을 보고 기자들은 '철탑마을'이란 명칭으로 기사를 썼다. 자극적인 기사를 쓰기 위해 주민들에게 아기를 업고 울라, 땅을 치며 통곡하라, 이것저것 주문하며 주민을 위로하는 웃지 못할 일들도 일어났다.

다음 날 신문 1면에 큼지막하게 기사가 났다.

"철탑마을 철거되다."

"우리는 거리로 쫓겨나도 괜찮습니다. 하지만 어린것들은 어디서 지내며, 시험을 앞둔 수험생들은 어떻게 합니까?"

환자가 이불에 싸여 들려 나오는 것을 보고 누군가 외쳤다.

"가진 게 있다면 무엇 때문에 이 산골짜기로 들어왔겠습니까? 없는 사람 죽이는 것이 법질서 확립이고, 죽어가는 사람을 끌어내는 게 보통사람을 위하는 것입니까?"

"저 윗집에는 내일모레 결혼할 색시도 있습니다. 그런데 이제 결혼이고 뭐고 다 틀려버렸습니다."

"곧 추위가 닥칠 텐데 어떻게 해야 합니까? 공무원들은 피도 눈물도 없습니까? 간첩도 자수하면 돈 주고 집 주고 하는데, 같은 땅에 사는 국민을 이렇게 짓밟아도 되는 것입니까?"

집이 철거되고 있다는 연락을 받지 못한 사람들은 어둑할 무렵에야 집에 왔다. 아이들은 이웃집에서 부모를 애타게 기다리며 울고 있었다. 천신만고 끝에 자기 집이라고 지었는데 갑자기 철거되어 집이 사라지고 없으니, 참 하늘도 무심했다. 우선 철거되지 않은 이웃집에서 아이들과 저녁을 얻어먹었다. 철거되지 않은 화장실에 합판 한 장 깔고 그 위에 장판을 깔고 누웠다. 화장실 지붕 틈새로 별빛이 빛났다. 다음 날부터는 부서진 집을 다시 세우고 복구해서 악착같이 버텨야지 하며 이를 꽉 물었다.

주민들의 저항과 어처구니없는 결과

취재하던 기자 중 누군가가 "외국어대학교로 쳐들어가이소."라고 했다는 말이 주민들의 입과 입으로 전달되었다. 다음 날 우리 집도 철거될 것이라는 우려에 철거되지 않은 집 주민들도 생업을 포기하고, 먼저 대연4동사무소로 갔다. 그러나 직원들은 모두 피하고 없었다. 남구청으로 달려갔다. 그때 따라다니던 기자가 지나가면서 "구청장실 점거하이소."라고 해서 몇몇 사람이 들어갔다. 철거되지 않은 집 사람들은 쭈뼛거리며 있는데, 먼저 들어간 주민들이 그냥 나왔다. "그냥 나가라 카더라" 하면서 나오는 것을 보고, 주민 누군가가 고함을 치면서 돌진했다.

입구에는 이미 많은 구청직원들이 대기하고 있었다. 2인 1조로 구청장실 점거를 위해 들어가는 주민들을 한 사람 한 사람 들어냈다. 네 명이 한 조가 되어 당시 앞장섰던 김연순 씨의 사지를 들어 밖으로 끌어냈다. 그렇게 작전도 없이 시작한 구청장실 점거는 싱겁게 끝났다. 운동장에서 땅을 치고 있으니, 구청에서 빵과 우유를 가지고 왔다. "우리도 어제 철거현장에서 보니 너무 비참하더라. 버스를 내줄 테니 대연4동사무소로 가서 항의하는 것이 좋을 것이다"라며 회유했다. 주민들은 다시 구청에서 제공한 버스를 타고 대연4

동사무소로 왔으나, 이미 모두 피하고 없는 상황이었다.

처음 겪는 철거에 조직도 없고, 주민리더도 없고, 아무런 계획 없이 무작정 쳐들어간 동사무소와 구청장실 점거가 실패로 끝났다. 다시 마을에 모인 주민들이 어제 기자가 지나가면서 말한 '외대 점거하라' 소리를 기억하고 쌀과 라면, 그리고 담요 한 장씩을 챙겨서 부산외국어대학교로 갔다. MBC 기자가 연락을 해두어서 외국어대 학생회에서 강의실 차가운 바닥에 자리를 깔고 온수 통을 준비하고 있었다. 당시 외국어대 학생회장이 단식농성 중이었는데, 학생회에서 적극적으로 밀어줄 테니 끝까지 싸우라고 힘을 실어주었다. 생활이 안 되면 학교 내에 오뎅 집이라도 차려서 도와주겠다고 했다.

학교 서무실과 직원들은 난리가 났다. 주민들이 점거했으니 해결방안을 찾아야 된다며 서무과장이 찾아왔다. 여성들의 멱살잡이로 윗옷이 떨어져 나갔다. 구청의 도시계장도 그 난리를 피하지 못했다. 그때는 남자주민늘은 뒤에서 방패만 되어주고, 여성주민들이 움직이자는 약속이 되어 있었다. 주동자를 잡아내려고 사복경찰이 대기 중이어서 주동자급인 김연순, 조시환 씨 등은 밖으로 나오지 못하고 주민들에게 둘러싸여 있었다. 책상과 책상 사이를 뛰어넘고 다니며 악다구니밖에 쓸 수 없는 가난한 철거민들의 처절한 저항이었다. 이곳저곳에서 모금한 돈을 들고 오고, 용호동의 주민은 사람들 숫자대로 비빔밥을 시켜주는 온정의 손길을 내밀었다.

그렇게 약 일주일간의 점거 농성이 이어졌다. 1990년 11월 5일, 철거민들의 필사적인 주거권투쟁과 부산외국어대 총학생회, 타 지역주민들, 그리고 신문과 방송의 기사들로 지역이 이슈화되었다.

주민대표들과 동장, 구청계장이 모였다. "철거된 집은 다시 짓고 살아도 좋다. 전기, 수도도 넣어주겠다."라는 감언이설이 나왔다. 이제 마음놓고 살아도 된다며 조금 넓은 집 마당에 모여 닭 잡고 막걸리에 소주에 밤새는 줄 모르고, 잠깐의 승리감에 취해 있었다.

그렇게 철거당한 집에 대해서는 아무런 보상도 받지 못하고 생채기와 비참함만 남게 되었다. 그런데 협의를 했으면 협의서 한 장이라도 있어야 할 텐데, 협의서도 없이 구두로만 약속하고 왔다. 결국 전기, 수도를 넣어주겠다고 했던 것은 모두 헛소리가 되었다. 꼭 10년 후, 지주인 부산외국어대학교가 주민을 상대로 제기한 명도소송 때 증거가 없어서 완전히 패소하게 되었다. 이 판결로 차후 주민들의 어려움은 더 크게 되었다. 하지만 이 일을 계기로 마을사람들은 변화하기 시작했다. 자신들이 살고 있는 지역에 대한 관심과 애정을 가지기 시작했다. 흩어지지 않고 함께 싸웠던 그 경험이, 대연우암공동체의 씨앗이 되었다.

주민연합회

산협우회 계조직

철거반대 투쟁에서 서로의 얼굴을 익히고, 그전부터 인사하며 알고 지내던 사람들 중심으로 24세대가 모여서 '산협우회'라는 친목계를 만들게 되었다. 여성들은 따로 부녀회를 만들어 한 달에 한 번씩 모임을 가졌다. 이 산협우회의 회장 이종황 씨가 마을의 대표 역할을 했고, 1991년도에 이주한, 손이헌이 총무를 맡아 마을 일을 해나갔다.

모임이 필요할 때면 작은 포스터를 붙여 알리고, 전화로 연락하여 마을의 제일 넓은 공터에서 주민 모두가 모여 마을 일을 논의하고 실행했다. 산협우회에 들어오지 않은 주민들도 마을 일에는 적극 동참했다. 그러나 몇몇 주민은 오히려 마을 일에 걸림돌이 되는 일도 있었다. 마을 일에 필요한 경비는 그때그때 갹출하여 사용했으나, 모두가 내지는 않았다. 산협우회는 주민 간의 친목을 도모하는 모임이었지만, 마을의 대소사를 논의하고 명절이면 십시일반 약간의 모금으로 어른들을 찾아뵙는 인사회도 개최했다. 마을회의도 주재하여 마을의 대의기구 역할을 했다.

주민연합회 창립

1996년 11월경 주민 기세웅 씨에게 부산외국어대학교에서 내용증명을 한 통 보냈다. 부산외대 9호관 공사를 위해서 기세웅 씨 집을 철거하라는 것이었다. 전 주민들은 또다시 철거의 악몽이 시작되는가 해서 긴장하기 시작했다. 산협우회를 중심으로 전체 주민모임을 시작했다. 1990년 철거 후 간헐적으로 주민모임을 했으나, 위기가 닥친 만큼 정기적이고 힘을 발휘할 수 있는 조직을 만들자고 제안했다. 첫 번째로 약 30세대가 모여서 '주민연합회'를 결성했다. 1996년 12월 15일, 주민 조기호 씨 집에서 회장은 이종황, 총무는 손이헌을 선출하는 주민연합회 창립총회를 했다.

이전에 산협우회가 수행하던 마을 일을 주민연합회가 맡아서 하게 되었다. 실질적인 주민조직이 만들어진 것이다. 그 후 1998년 9월 6일 주민연합회 회장 이종황 씨가 병환으로 회장직을 수행할 수가 없게 되어 주민투표를 실시했다. 새로운 회장으로 김광남 씨를 선출하고 동시에 임원진을 새로이 선출했다. 임원진은 많을수록 좋겠다 하여 위원장, 부위원장, 총무, 조직부장, 행정부장, 여성부장, 청년부장 등을 두게 되었다. 그러나 직책만 있을 뿐 직책에 맞는 활동은 별로 하지 않고, 완장맨 노릇만 하는 사람도 있었다.

학습효과

1997년 1월 10일부터 11일까지 주민 비상연락의 일환으로 동네 전체에 스피커를 설치했다. 회의가 있을 때나 갑작스러운 일이 발생하면 사용할 목적이었다. 1997년 1월 12일 주민 43명이 외대를 방문했다. 기세웅 씨 집을 철거하고 9호관 공사를 하는 것은 주민을 무시하고 주민의 주거권을 침해하는 것이니, 공사중단을 요구했다. 다음 날 1월 13일, 외대는 기세웅 씨 집을 철거하지 않고 설계를 변경하여 공사를 하겠다고 약속했다. 1990년 강제철거 때 협의문서를 받아 오지 않아서 한동안 논란이 있었기에 그 학습효과로 철거 없는 공사를 약속하는 각서를 받아 오게 되었다.

주민들은 하나하나 배워가고 있었다. 1997년 4월 5일 식목일을 기하여 남구청에서 묘목 나눔을 했다. 벚꽃나무 100주를 받아 와서 약 50여 명의 주민이 참여하여 식목 행사를 했다. 그날 마을을 방문한 민선 1기 이영근 남구청장이 10만 원의 금일봉을 주었고, 일부 주민들의 갹출로 주민단합대회가 열렸다. 그 후 4월 16일, 50주의 벚꽃나무를 또 식목했다. 당시에 심은 벚나무는 현재 아름드리나무가 되어 매년 4월 초면 벚꽃이 만발한다. 때맞추어 마을에서는 벚꽃축제를 하고, 주변 사람들을 초대하여 꽃전을 부치며, 먹는 즐거움과 꽃의 아름다움을 함께 나누곤 했다.

마을길 포장

1987년경 주민들이 마을을 만들 때, 산 정상에는 육군에서 사용하던 대공포 진지 자리가 있었다. 마을에 길이라고는 차 한 대가 겨우 지나갈 수 있는 위험스러운 임도뿐이었다. 그 길 옆에는 봄이면 도심에서는 보기 어려운 산딸기가 빨갛게 열렸다. 지나다니는 주민들과 아이들에게는 작은 즐거움이었다. 하지만 그 길로는 쓰레기차가 올라오지 못했다. 산 아래까지 쓰레기를 이고 지고 내려가야 했다. 무거운 짐을 운반할 때도 어려움이 많아서 길을 넓히는 작업을 하게 되었다. 행여나 길을 넓힌다고 이웃 마을에서 고발할까 봐 일요일을 택해서 포클레인을 불렀다. 전체 주민이 동원되어 포클레인이 지나간 자리를 삽으로 고르고 펴면서 하루 만에 길을 넓혔다.

그런데 그게 끝이 아니었다. 길을 넓히기 전에는 옛길이라 풀들이 뿌리박고 있어서 비가 와도 흙탕물이 생기지 않았다. 그런데 벌건 흙이 드러나 있으니, 비만 오면 도로를 타고 흙탕물이 아랫마을로 흘러내렸다. 민원이 쏟아졌다. 그것으로 인해 철탑마을 사람들을 온갖 수식어로 비하하는 일들이 빈번했다. 비 오는 날 아이들이 학교 갈 때는 비닐봉지로 신발을 감싸고 미끄러운 길을 조심조심 내려갔다. 어쩌다 실수라도 하면 미끄러져 흙 범벅이 되어 오는 경우도 많았다. '엄마, 우리 요 밑에 동네로 이사 가면 안 되나?' 참 서글픈 생활이었다.

마을 길은 주민들이 넓혔으니, 구청에서 포장을 해달라고 1997년 2월부터 요구했다. 남구청은 무관심했고, 부산외대는 거부했다. 협의만 해오다가 결국 부산외대의 토지이므로 힘들다는 결론이 나서 벽에 부딪혔다. 부산외대는 적극적으로 반대를 했고, 주민들은 끊임없이 부산외대의 동의를 구했다. 그 과정에 구의원, 시의원 등이 수차례 개입했으나 자기네들의 치적거리를 원할 뿐 더 이상 도움이 되지 못했다. 그렇게 2년여를 주민들은 끊임없이 구청장을 찾아가서 포장을 해줄 것을 요구했다. 드디어 민선 1기 구청장이 긍정적으로 검토하기 시작했다. 1999년에 예산 8,600만 원을 들여서 공공근로사업으로 마을길 포장을 하게 되었다. 마을길 포장이 완성되고, 콘크리트 양생이 끝난 밤이었다. 전체 주민이 방범등 아래에 모였다. 기쁨에 들뜬 것도 잠시였고, 포장이 되었으니 다음에 할 일을 의논했다. 이렇게 숨 가쁜 모습이 마을을 살아 숨 쉬게 하는 원동력이 되었다. 주민공동체는 끊임없이 움직여야 유지된다는 것을 일찍이 알아차린 듯했다.

마을 전기와 수도 인입

현재는 도로명 주소를 사용하고 있지만, 주민들이 점유를 시작했을 때는 아무런 주소가 없었다. 야산의 임야 지번뿐이었다. 현재는 불가능하지만 당시에는 가능했는지, 다행히 지번으로 전입신고는 되었다. 사람이 살아가는 데 가장 중요한 것이 물이고 불(전기)이다. 그런데 무단점유하고 있는 주민들에게는 그림의 떡이었다. 한전에 가서 사정했다. 무허가라서 안 된다는 말뿐이었다. 야산에 무허가 판잣집을 지어서 사는 것을 아는 이웃마을 주민들이 있었다. 그들도 토지지역은 다르지만 무허가 집을 소유하고 거주하고 있었다.

그런데 전기를 같이 나누어 쓰자고 하면, 자기네들이 쓰는 전기

료까지 모두 부담해야 한다는 조건을 내걸었다. 그래도 150미터에서 200미터가량의 전선을 설치하여 사용했다. 그런데 그 집주인 아저씨가 술이라도 한잔 하는 날이면 기분 나쁘다고 전기스위치를 내려버렸다. 가내수공업을 하는 집의 전기사용료까지 모두 뒤집어써야 하는 참담한 생활이었다. 다시 한전의 문을 두드렸다. 한전은 앵무새처럼 "무허가라서 안 됩니다."라는 말만 반복했다. 이래서는 안 되겠다 싶었다. 다수의 힘으로 밀어붙이자고 결의했다. 주민들 열댓 명이 한국전력에 몰려갔다.

'전기 좀 넣어주세요.' '무허가건물이라서 안 됩니다.' '아니, 무허가건물에 사는 사람이면 국민이 아닙니까? 대한민국 제2도시 부산시내에 전기 없이 산다는 게 말이나 됩니까?' '전봇대가 없어서 안 됩니다.' '전봇대를 세워서 해주세요.' '예산이 없어서 안 됩니다.' '예산을 편성하세요.' '지금은 안 됩니다.'

실랑이 끝에 주민들 사이에서 자연스레 구호가 생겨났다.
'집이 무허가지, 사람이 무허가냐?'
비공식적으로 전기를 넣으려고 해도 정말 전봇대가 없었다. 주민들은 전봇대의 필요성을 절감했다. 택시 운전을 하는 주민이 전포동을 지날 때, 폐 전봇대를 파쇄하는 것을 목격했다. 재활용하면 되겠다는 생각이 들었다. 주민 몇 명이 가서 섭외했다. 전봇대 한 개당 40만 원을 주면, 세워주는 것까지 해준다고 했다. 마을에 와서 해당 주민들과 논의하여 전봇대 네 개를 세웠다. 이틀 후 비공식적으로 가로등부터 설치했다. 푸른빛의 가로등이 켜지는 첫날, 주민들은 환호했다. 도시의 불빛조차 나무 그늘에 가려 칠흑같이 깜깜했던 산길을 환하게 비추었다. 이게 사람 사는 것 아니냐고 모두들 말했다. 아주 사소한 가로등 하나에 주민들은 세상을 모두 가진 것처럼 마냥 즐거워했다. 자신들이 직접 전봇대를 세웠으니, 그 감동과 희열은 더욱 컸다.

전봇대가 세워지자 비공식적으로 각 세대에 계량기를 설치했다. 자가 전기를 사용할 수 있게 되었다. 전봇대를 세울 당시 형편이 되지 않아 분담금을 내지 않았던 사람들도 나중에 그 전봇대를 이용하여 자가 전기를 사용할 수 있었다.

전기 없이는 살아도, 물 없이는 살 수 없다. 인간의 가장 기본적인 필수품이다. XL 파이프로 100m에서 200m가량 땅을 파고 돌을 들어내며, 아랫마을에서 수도를 연결해 사용했다. 그런데 설날, 추석 명절에 식용유라도 한 병 갖다 주지 않으면 밸브를 잠가버렸다. 다음 날 찾아가면 주인은 '어? 이게 왜 잠겼지?' 하면서 멋쩍어했다. 그 뻔뻔한 얼굴을 주민들은 아직까지 기억한다고 한다. 수도 인입도 주민들의 끊임없는 부산시 수도국 방문으로 이루어졌다. 그러나 아직까지 수도계량기 하나로 6세대가 나누어 쓰는 곳도 있다.

대연우암주거대책위원회

마른하늘에 날벼락

2000년 1월 12일, 부산외국어대학교가 철탑마을 주민들을 상대로 명도소송을 제기했다. 1월 19일에는 현상변경 가처분 신청이 들어왔다. 집달리가 집집마다 안방에 공고문을 부착했다. 주민들이 출근한 후 집에 아무도 없을 때였다. 법원의 명령을 받은 집달리가 주인이 출근하고 없는 집의 잠금장치를 열고 들어가서 가처분 신청 공고를 안방 벽에 붙이고 갔다. 법원에 전화하여 항의했다. 법집행관으로서 집달리는 그렇게 할 권리가 있다는 답변이 돌아왔다. 그 말이 정말인지 거짓인지 알 수 없었다. 힘없고 배운 것 없고, 파출소도 한 번 가본 적 없는 사람들이 법이란 것을 알 수도 없었다.

물어볼 데도 없었다. 그렇구나 하고 그냥 넘어갈 수밖에 없었지만, 그것은 마른하늘에 날벼락이었다. 강제철거의 악몽이 어제 같은데, 이제 이웃과 재미나게 열심히 살면서 마을을 가꾸고, 열심히만 일하면 되는 줄 알았다. 갑작스러운 소송과 무지막지하게 붙은 가처분공고가 주민들을 두려움과 분노로 피 끓게 만들었다. '부산외대 쳐들어가자'는 주민, '내 하나 죽으면 해결될까' 하는 주민, 온갖 상념들이 떠나지 않았다. 분기탱천해 있었다.

이 명도소송은 세 군데로 나누어 진행되었다. 주민들은 1차, 2차, 3차라고 불렀다. 1차는 부산외국어대학교의 재단인 성창합판이 1948년 매입하여 1982년 성지재단으로 기증한 토지였다. 2차는 1988년 부산시 도시계획에 의해서 학교예정부지로 지정 고시된 토지였다. 주민들이 살고 있음에도 주민들 모르게 부산시와 외대가 관학 밀실야합으로 사들인 토지였다. 3차는 1990년경까지 조선총독부의 토지로 되어 있다가 1994년 소유자가 국가관리 산림청으로 귀속된 토지였다. 부산외대가 대한민국 법무부를 대리하여 소송을 진행했다. 소장에는 세입자는 퇴거하고 거주자는 철거하고, 1994년 1월부터 철거할 때까지 월 50,000원의 임대료를 내라는 것이었다.

2000년 1월 13일, 1차적으로 손이헌 총무의 집에서 긴급회의를 했다. 무엇을 어떻게 할 것인가를 논의하는 자리였다. 소송 피고 당사자들이었지만 차분하게 진행했다. 먼저 주민들이 할 수 있는 모든 수단과 방법을 동원하자는 데 뜻을 모았다. 먼저 한만영 씨가 법원을 방문하여 정확한 것을 알아 오기로 했다. 주민 중에 동생이 법률사무소에 있으니, 상담해보기로 했다. 각 정당, 부산시장, 구청장, 재판장에게 탄원서를 보내자는 의견이 있었다. 소송 원고 측과 만나서 대화해 보자는 의견이 나왔다. 그대로 실행하기로 결정했다.

일부 주민들은 남구청장을 만나서 도움을 요청했다. '공인이므로 나서서 도와줄 수 없다' '시위로 여론을 환기시켜라' 하는 조언 아닌 조언만 듣고 왔다. 2차 39세대와 3차 13세대는 변호사를 선임하여 대응했다. 변호사비용 각 200만 원씩은 해당 주민들이 갹출하여 납입했다. 원고의 변호사 비용을 피고인 주민들이 내라고 판결했으나, 그 후 변호사비용과 월 임대료 50,000원에 대해서는 서로 확인조차 하지 않고 그대로 넘어가게 되었다. 단 1차인 21세대는 변호사 선임을 하지 않고, 직접 답변서를 제출하고 출두하며 대응했다.

3차 13세대는 부산외대가 대한민국 법무부를 대신하여 소송을 했는데, 산림청에서 변상금을 부과하게 되고 현재까지 연 평균 약 35만 원의 변상금을 지불하고 있다. 혹자들은 말한다. '다른 사람의 땅에 살고 있으면서 무슨 말이 많냐'고. '남의 땅이니 나가는 게 맞지 않느냐'고. 그런 질문 앞에 공동체 주민들은 한동안 아무 말도 하지 못했다. 주민들은 다른 사람 소유의 땅에 살고 있기 때문에, 아무런 말도 해서는 안 된다고 생각했다.

하지만 다시 생각해 보니 집이 무너가지, 사람이 무너가는 아니었다. 자신들이 왜 이곳에 살게 되었으며, 앞으로 어떻게 살아갈 것인지를 말할 기회 정도는 주어져야 한다고 판단했다. 하지만 거대한 권력들은 귀 기울이지 않았다. 오히려 주민들을 하대하고 압박하면서 큰소리를 낼 뿐이었다. 주민들은 한 사람 한 사람의 목소리가 작아서 들리지 않는다면, 그 목소리들을 합쳐 다 함께 외치기로 결정했다. 개인이 공동체로 나아가는 순간이었다. 그러나 소송의 패소로 주민들은 자괴감에 빠졌다. 우리가 몰라서? 가난해서? 힘이 없어서? 배운 게 없어서? 라는 생각을 하였으나 그것도 잠시, 주민들은 주저앉지 않았다. '어차피 소송에서는 졌다. 그렇다면 이제라도 최대한 삶을 꾸려나가자. 주거권을 찾자. 여러 단체에게 배우고 요청하자. 단결만이 살길이다.'라는 생각을 하게 되었다. 이 소송을 계기로 주민들은 오히려 더욱 똘똘 뭉치게 되고, 마을 일에 적극적으로 나서게 되었다.

새로운 조직의 시작

주민들은 '조직'이란 단어조차도 들어본 적이 없었다. 조직이라면 조폭만 한다고 생각하는 그런 시기였다. 집회는 언감생심 꿈도 못 꾸었고, 생각조차 하지 않았다. 부산외국어대학교가 명도소송을 걸어도 변호사를 선임하는 일밖에 하지 못했다. 방법도 모르고 의지도 빈약했다. 심지어 '요즘 세상이 어떤 세상인데? 쫓아낼까? 부산시가 모두 알아서 해줄 거다'라고 스스로를 위로하며 정당성을 찾는 사람이 많았다.

2000년 8월 25일, 부산민주공원에서 주거권과 관련한 심포지엄이 있다는 것을 부산일보 광고란에서 보았다. 주민 20여 명이 참석했다. 주제는 '주거기본법 제정을 위한 심포지엄'이었다. 철거민, 도시빈민의 주거권, 최소 주거기준 등을 주장할 수 있는 법적인 근거를 만드는 것이었다. 폭력적인 철거로 인권이 침해되고 주거의 권리가 침해되고 있다. 철거와 개발의 이유는 있겠으나, 정당하게 주거권을 보장하지 않고 강압과 폭력에 노출되어 인권이 심각하게 침해되고 있다는 것을 알리는 자리였다. 천부적인 권리인 주거의 권리를 주장하고, 인간이 인간답게 살아갈 수 있는 최저 주거기준을 만들자는 것이었다. 심포지엄이 끝나고 질의 때, 철탑마을 이야기를 했다. 마치고 가는 길에 '주거권 실현을 위한 국민연합'의 유영우 사무총장, 강경규 조직국장에게 우리 마을을 도와주십사 부탁했다. 서울 가서 내부논의를 통해 결정하고, 연락해 주겠다 하고 헤어졌다.

2000년 10월 4일, 주거권 실현을 위한 국민연합(이하 주거연합)에서 유영우 사무총장, 강경규 조직국장, 그리고 부산에서 활동하는 부산철거민연합의 윤웅태, 최영 씨가 함께 마을을 방문했다. 마을 사람들을 모아놓고 유영우 총장이 말했다.

"서울, 경기, 인천지역의 강제철거, 도시빈민투쟁 등 서울지역 30개, 수도권 지역 30개 지역이 주거권투쟁을 하고 있다. 주거연합이 함께하겠다. 외대 쪽에서는 사사건건 모든 것을 알고 있다. 싸워서 이겨야 한다. 명도소송은 이긴 예가 없다. 법은 뒤집을 수 없다. 목표가 분명해야 한다. 힘을 한 군데로 집중하자. 주민총회를 열어 의견을 한 군데로 모을 것. 임원진에 전권을 줘라. 행정관청과 싸워라. 우리 스스로 적을 만들지 말라. 한목소리를 내면 주거연합이 돕겠

주거권 실현을 위한 국민연합 대연우암주거대책위원회 현판식

다.” 즉석연설이었다. 주민들은 구세주를 만난 듯 호응했다. 주거연합과 함께 주거권투쟁을 펼쳐나가기로 했다. 이날 철탑마을은 주거연합에 회원으로 가입했다. 주거연합에서 실시하는 주민교육을 받기로 했다. 이것이 우물 안의 개구리였던 대연우암공동체가 세상과 연대하는 첫걸음이었다.

2000년 12월 17일, 주거연합의 주민교육 후 새로운 조직의 출발을 알리는 ‘대연우암 주거대책위원회’ 현판식을 하기로 했다. 며칠 전 집회 신고를 하고, 부산남구청 앞에서 집회를 했다. 일요일이었지만 서울의 주거연합 회원들과 부산지역의 부암동 철거 예정지역 주민들이 버스를 대절하여 참석해 주었다. 대연우암 주민들은 흥분해서 들뜨기 시작했다. 주거연합에서 배운 민중의 노래와 구호로 목이 터지고 쉰 소리가 날 때까지 끝나지 않았다. 교육의 힘인가?

아주 소극적인 사람들이 먼저
나서는 것을 보고, 조직의 힘
은 강하다고 느꼈다.

대연우암주거대책위원회
현판식은 대단한 볼거리를 제
공했다. 주민들의 아픔을 알리
는 계기가 되었다. 일요일이라
서 별 관심이 없겠다고 생각했
다. 언론에서는 일요일이라 오
지는 않았지만, 이곳저곳에서
많은 사람들이 관심을 가지고
참여했다. 처음 하는 집회라
순조롭지 못할 것 같았는데

주민단결 한마당

그게 아니었다. 일사분란하게 움직이는 주민들과 경험 있는 서울지
역의 철거민들은 정말 대단했다. 집회현장에서 점심을 제공했는데,
집회가 끝난 후 쓰레기 하나 없이 깨끗한 모습에 주민들도 뿌듯해
했다.

700명의 인원이 한자리에 모여 한목소리를 낸다는 것은 쉬운 일
이 아니었다. 당시에는 크든 작든 철거현장이 있었고, 서로 연대하
는 의미가 컸다. 임근정 주거연합 공동대표의 우렁찬 발언을 시작
으로, 주민대표들의 피 맺힌 절규가 있었다. 워낙 많은 사람들이 와
서 뒷줄에 앉은 사람들은 소리가 들리지 않는다고 자꾸만 앞으로,
앞으로 이동했다. 시흥길라잡이 풍물패가 앞장서서 행진할 때, 대
연사거리 한복판에서 차량을 막고 신명나게 한판 쳤다. 정체된 차

에서는 경적 한 번 안 울리고 오히려 차에서 내려 구경했다. 경찰들이 비키라고 해도 막무가내였다. 경찰지휘관이 무전으로 백골단 지원을 요청하는 것을 보고서야 길을 비켜주었다.

마을에 도착하여 현판을 걸기 전에 고사를 지내는데, 경찰병력이 더 많아 보였다. 서울주거연합 소속 각 마을대표 모두가 대연우암주거대책위원회의 주거권 쟁취를 빌면서, 돼지머리에 봉투를 놓고 머리를 조아렸다. 막걸리에 파전으로 목을 축이고 다들 헤어지는데, 발길이 떨어지지 않는다고 한다. 그것이 연대의 정이라는 것이다. 주거연합과 만난 대연우암 주민들은 처음으로 집회를 해보았다. 연대의 힘을 느낀 후 서울, 경기, 인천지역의 철거민 현장과 현판식은 빠지지 않고 먼 길을 다녔다.

주민교육의 힘

주거연합과 함께한 이후, 주민들이 언제라도 모여서 논의하고 쉴 수 있는 공간으로 마을회관을 지었다. 십시일반 주민들이 조금씩 모은 돈으로, 중고패널을 구입하여 지었다. 1990년부터 10년간 사안이 생길 때마다, 달력 뒷면에 직접 쓴 글씨로 공고를 붙여서 간헐적으로 하던 회의를 매월 15일, 30일 두 번씩 하기로 했다. 마을회관 당번도 정하고, 이후에 지은 초소 당번까지 정하여 전 주민이 마을 일에 책임을 나누어 지고 각자의 역할을 다하도록 노력했다.

2003년 5월, 마을의 젊은 사람 중 하나인 손이헌과 최동식은 주거연합의 소개로 '한국주민운동정보교육원'에서 실시하는 주민지도력교육을 받기로 했다. 2주에 한 번씩 6개월 동안 결석 한 번 없이 참여하여, 한국주민운동정보교육원 5기 주민지도자교육을 12

월에 수료를 하게 되었다. '스스로 변화할 때 지도력은 생긴다.'는 생각으로 부산에서 서울까지 다녔다. 그 당시 특급열차인 새마을호 열차가 평균 4시간 30분이 걸렸다. 그런데 고속열차 도입을 앞두고 한창 고속선로를 설치하여 프랑스에서 수입한 떼제베 고속열차를 시운전 중이던 때여서, 새마을호는 보통 30분에서 1시간씩 연착되어 5시간에서 5시간 30분의 긴 시간을 이동해야 했다. 하지만 늦깎이 교육생이라 설렘 반 불안감 반으로 지각한 번 없이 열심히 다녔다.

대연우암공동체 투쟁 총 100회 기념 집회

지도자교육을 이수하고 주민모임을 할 때, 배운 것을 그대로 마을운영에 접목했다. 민주주의 방식의 회의 진행, 투표, 누구라도 말할 수 있는 기회 제공, 높고 낮음이 없는 마을, 그리고 서로 존중하고 존경하는 풍토를 만들어갔다. 우리 스스로 해답을 찾아가자는 명제를 끊임없이 이야기하고 심어주었다. 마을에 필요한 것이 무엇인지 대화를 통해 알아내고, 스스로 찾아가서 느껴보고 건의하는 풍토를 만들어갔다. 그렇게 우리는 마을 일에 묻혀 살았다.

새로운 출발, 대연우암공동체

주민지도자교육 수료 후, 두 사람의 주민지도자는 자신을 낮추고 지도력을 키우는 관건이 무엇인지 고민했다. 우선 우리 스스로가 학습능력을 갖추어서 다른 사람에게 영향력을 행사할 수 있을까? 그 해답을 찾으려고 노력했고, 그 노력의 결과가 신뢰로 다가오게 되었다. 어떤 사람들에게는 태도나 생각의 변화가 일어나지 않을 수도 있지만, 그 신뢰 하나로 지극히 의기소침한 사람들에게도 받아들일 수 있는 기회를 제공하게 되었다.

대연우암주거대책위원회를 결성했을 때는 주거의 권리를 획득하고, 주거걱정 없는 세상을 만들고 싶었다. 이제 중요한 것은 집보다 사람이었다. 무엇보다 주민과 주민이 하나 되고, 경쟁 없는 마을, 서로 단절 없는 마을이 되고, '내가 아닌 우리'로 가는 것을 꿈꿨다. 그리고 서로 화합하고 함께 웃고, 함께 아파하는, 사람이 사람답게 사는 마을을 만들고자 했다.

2005년 8월, 제125번째 주민회의에서 '대연우암공동체'로 명칭을 변경했다. 주민들에게 새로운 출발의 명칭을 공모했다. '새길', '희망', '새나라' 등 다양한 명칭이 나왔다. 투표결과 '대연우암공동체'가 가장 많은 표를 얻어 결정되었다. 대연동과 우암동이 혼재되어 있어서, 대연동의 '대연'과 우암동의 '우암'을 따서 대연우암공동체가 되었다.

저돌적인 주민들에게는 마침표가 없다

주민들의 힘으로 마을회관, 규찰초소 건립

2000년 10월, 50밀리 중고패널을 이용하여 넓이 $56m^2$, 높이 2.2m가량의 주민회관을 마을상단에 가설했다. 예산은 80만 원이었다. 10월 20일부터 공사를 시작하여 22일에 완성했다. 주민들이 술을 사 오고 밥을 지어 오고 안주를 내왔다. 그야말로 잔치 분위기였다. 가설 후 집기들도 주민들이 십시일반 구입하거나 가지고 왔다. 주민들의 힘으로 완성시킬 수 있었다. 다음 날 임원회의를 통해 실내에 부착할 주민연락망, 회관 운영방법, 회관당번, 규찰조직을 논의하고 실행하기로 했다. 대연우암공동체가 계속 존속하고 유지될 수 있는 이유는 마을사람들을 한곳으로 응집시키는 장소와 늘 움직이는 활동이 있기 때문이다. 마을회관은 사람들을 결집시키는 구심점 역할을 하고, 마을 활동은 공동체가 굴러가게 하는 원동력으로 작용했다.

2001년 8월에는 박종윤 씨가 텃밭으로 사용하던 마을 초입에 방범초소를 설치했다. 가로 6m, 세로 3m의 경량 패널을 이용했다. 책상과 텔레비전, 근무표, 그리고 경광봉, 난로까지 설치했다. 이때까지 명도소송은 끝나지 않았다. 언제라도 주거의 권리를 박탈당할 수 있는 강제철거에 대비하기 위함이었다. 밤이면 불량청소년들의 차량 절도와 인근마을 주민들의 쓰레기 투기가 있어 가끔씩 순찰을 돌았는데, 방범초소 설치 후에는 저녁 8시부터 다음 날 새벽 4시까지 당번을 정해 근무했다. 마을회관을 건립하고 주민회의를 통해 365일 회관당번을 정해 운용했다. 방범초소 역시 토요일, 일요일은 쉬고 근무를 섰다.

주민들의 불만이 있을 법도 한데 군소리, 잔소리 하나 없이 자기 당번이면 꼭 근무를 하고 피곤함에 젖어 다음 날 출근했다. 혹 볼일이 있을 때는 다른 사람과 바꾸어 자기가 해야 할 것은 반드시 책임졌다. 이후 차량절도나 쓰레기투기는 눈에 띄게 줄었고, 주민들도 마을 일에 일조할 수 있어서 모두 만족했다. 이렇게 1년 정도 초소를 운용하다 보니 주민들의 원성이 곳곳에서 나오기 시작했다. '새벽 4시까지는 너무 심하다', '다음 날 출근하기가 곤란하다', '새벽에는 무섭다' 등 시간을 조절하자는 의견이 나와서 주민회의를 통해 밤 11시까지만 하는 것으로 결정했다.

마을회관을 가설하고 나서 부산외대는 바짝 긴장하는 모습이었다. 매일 무전기를 들고 매의 눈으로 순찰을 하는 경비원들만 감시를 제대로 못했다고 질책을 받을 것 같아 미안한 마음이 들었다. 하지만 경비원들이 마을사람에게 막무가내 식으로 행동하는 것을 봤을 때는 차라리 잘되었다는 생각이 들기도 했다. 금요일에 시작하였으니 경비원들이 순찰을 하지 않은 이상 발견하지 못했을 리가 없다는 것이다. 더구나 부산외대는 주거연합과 시민사회단체들의 연대를 두려워하고 꺼렸다. 마을회관 건립을 결사적으로 막고 철거하여 외부세력과의 접촉을 차단하려 했는데 계획이 틀어졌으니, 불똥이 경비원들에게 튈 수밖에 없었다.

김광남 위원장이 혼자 부산외대를 방문하여 마을회관 건립에 대해 설명했다. 회관 건립에 대해 시설관리처장은 흥분하여 '왜 전투식이냐?'라고 했다고 한다. 이에 김광남 위원장은 외대에서 명도소송을 제기했기 때문에 주민들이 모일 곳이 필요하고, 날씨가 추워

지니 주민들의 뜻에 따를 수밖에 없다고 설명했다. 부산외대 측에서는 회관 철거에 대한 보상까지 생각하고 있다고 했다. 회관 건립을 용인하면 주민들이 다음에도 다른 뭔가를 계획하고 실행할 때, 추후 학교 내 개발이나 토지사용에 지장을 줄 수 있다고 판단한 것 같았다.

10월 25일에는 남구청에서 나와 사진을 찍고, 위원장 인적사항까지 적어 갔다. 10월 25일 저녁, 임원들이 모여 대비책을 논의했다. 혹시 외대나 남구청에서 회관 철거를 시도할 수 있다. 일단 공공시설로 인정하라고 요구하고, 경로당이라면 함부로 건드리기 부담스러울 테니 대연우암주거대책위원회 간판과 '연우경로당' 간판을 나란히 걸기로 했다. 그리고 혹시 철거를 시도한다면 주민전체가 대응하고, 외대가 소송으로 외대 땅이라는 것을 인정받으려 한다고 했으니, 아직 외대소유 토지가 아니라고 대응하기로 했다.

공동체역량강화—수련회

대연우암주거대책위원회 결성 후 첫 임원수련회를 했다. 2000년 10월 24일 주거연합에 가입하고, 2000년 11월 13일부터 12월 24일까지 5회차 주민교육을 전 주민이 수료했다. 주민연합회의 명칭을 '대연우암주거대책위원회'로 변경했다. 2000년 12월 17일 현판식까지 마친 후 수회에 걸쳐 서울지역철거민 마을현장을 방문하여 내실 있는 견학과 배움을 했다. 이제 우리도 더욱 결속하고 번듯한 마을을 만들기 위해 임원 15인이 수련회를 했다. 처음 하는 수련회였지만, 주민들은 잘 따라왔고 이해력도 좋았다.

첫 번째 수련회 때의 일이다. 1박 2일로 경남 양산에 장소를 정

대연우암공동체 수련회

대연우암공동체 비전워크숍

우리의 사명

하고, 음식도 준비하고 자료도 준비해서 갔다. 주민들은 수련회니까 먹고 놀고 오면 되겠다고 생각했다. 막상 도착하여 마을의 현안에 대해 논의하고 토론하다 보니, 전체 수련회 시간 중 3분의 2 이상을 토론으로 사용했다. 그 뒤로 참석을 거부하는 주민들이 생겨나서 토론과 논의시간을 줄이게 되었다.

임원수련회에서 결의된 활동계획 중에 반 편성이 있었다. 주민회의에는 많은 사람들이 모이기 때문에 자기 뜻을 밝히고 싶어도 용기가 부족하거나 부끄러워서, 혹시 반감을 가질까 봐 말을 못 하는 주민들이 있었다. 작은 모임에서는 본인의 뜻을 쉽게 이야기할 수 있을 것이고, 반장이 주민의 의견을 취합해서 주민회의 때 의견을 내기 위함이었다.

스스로 발견한 문제 풀기

주민들은 고민했다. 어떻게 하면 함께 그리고 멀리 갈 수 있을까? 2명의 주민지도자를 중심으로 건강한 마을, 쓸모 있는 마을, 사람 냄새 나는 마을 만들기를 시도했다. 어떤 일이든 정성을 다하면 보람이 있게 되고, 그 보람은 스스로를 믿는 마음을 양분으로 열매를 맺는 것이다. 포기하지 않고 함께하는 마을 만들기는 그동안 경원시했던 주민들의 화해의 공간이 되었다. 서로 사연을 이야기하고, 두려워하는 사람에게는 용기를 주고, 최선을 다하는 사람에게는 격려를 해주었다. 나만의 이야기가 아니라 함께 성장하는 우리들의 이야기를 만들어나갔다.

2005.11.30. 주거복지 실현을 위한 집회에서 발언하는 손이헌

대연우암공동체 400회 주민회의 및 벚꽃 잔치

반 편성

매달 15일, 30일 두 번 하는 주민회의는 민주적인 방식으로 진행되었다. 누구나 발언할 수 있고 투표할 수 있었다. 그런데 많은 사람들 앞에서는 자기주장을 이야기하지 못하고 머뭇거리는 주민들이 있었다. 고민 끝에 작은 밥상공동체를 만들어 서로 이야기를 나누고, 그곳에서 나온 의견들과 기발한 발상들을 반장인 리더가 주민회의 때 건의하고 발표하는 방식을 생각했다. 전 주민의 이야기를 담을 수 있을 것 같았다. 그렇게 반상회를 조직했다. 제43회 주민회의에서 각 반 11명씩 6개 반을 편성했다. 1번부터 6번까지 번호표를 각각 11장씩 만들어 한 사람씩 뽑았다. 1번이 나오면 1반, 6번이 나오면 6반 이런 식으로 반을 편성했다.

반장 선출은 각 반에서 반원들이 했고, 각 반이 회비, 모임 등을 자율적으로 운영했다. 공동체에서는 일체 관여하지 않았다. 반상회 월례회는 한 달에 한 번씩 했다. 회비 금액은 반마다 달랐다. 어떤 반은 회비를 많이 내어 횟집으로 가서 반상회를 하고, 회비를 조금씩 내는 반은 마을회관에 모여 순대로 반상회를 했다. 공동체에는 대소사가 많았다. 특히 일 년에 한 번 하는 '주민한마당' 잔치는 거금이 들어가는 일이라 주민들이 십시일반 모금을 하고 나머지는 마을재정으로 집행했다. 이때 개인이 찬조금을 내지 않고, 반상회에서 모아둔 재정으로 찬조하는 일도 많았다. 반상회 활성화와 참여를 위해 연대단체 행사 시 반별로 차례로 순번을 정해 참여했다.

대연우암주거대책위원회 풍물패 '새날' 창단

2001년 12월 15일, 주거대책위원회(주대위) 풍물패를 창단했다.

대연우암주거대책위원회 현판식 및
대동한마당에서 풍물패 새날 공연

풍물패는 주대위 행사는 물론이고, 부산지역의 집회현장에서도 활동했다. 2005년 주거복지부산연대가 올바른 재개발을 위한 반대운동을 벌일 때는 부산지역의 많은 재개발현장을 찾아다녔다. 서울, 경기, 인천지역의 지원 요청에도 달려갔다. 풍물패 '새날'의 대원들은 각자 직장이 있었다. 그런데 행사가 있는 날이면 결근을 감수하면서까지 적극적으로 참여했다. 북, 장구, 꽹과리, 징, 복장 등은 마을기금으로 구입했다. 동사무소에서 실시한 풍물패 교육에서도 배웠고, 특히 부산동의대학 풍물패의 도움을 많이 받았다. 그 후 많은 전문단체와 협연을 하기도 했다.

주민들이 스스로 노력하여 만든 풍물패라서 가는 곳마다 큰 환영을 받았다. 재개발 집회 현장에서는 초대가 너무 많았다. 피로가 쌓였고, 참여를 위해 결근까지 해야 했다. 약간의 보상이 필요하다는 생각에 회당 약 50만 원의 사례비를 받고 활동했다. 그 금액은 차량비, 악기 구입, 복장 구입, 간식 등에 사용하고 나머지는 따로 적립했다. 그렇게 모은 적립금으로 2012년 2월 3일, 마을에 필요한 빔 프로젝터를 구입했다. 훗날 개인별로 정산하기는 어렵다는 이유로 마을기금으로 귀속시켰다. 지금은 대원들 중 일부는 세상을 떠

낳고, 일부는 탈퇴했다. 남은 대원들도 모두 70세가 넘었다. 개인사
정 등으로 활동을 쉬고 있다.

울타리 만들기

대연우암공동체 꼭대기에는 예전 육군이 사용하던 내공포 진지
가 있었다. 그 진지를 운용하려면 임도가 필요했고, 약간 넓은 마당
도 있었을 것이다. 군인들이 떠난 뒤 그 자리는 산업쓰레기와 생활
쓰레기 더미로 가득했다. 주민들은 그곳을 깨끗하게 치우기로 했
다. 지역주민들의 산책로이자 공동체행사 때 쓸 너른 마당으로 만
들기로 했다. 6개월에 걸쳐 조금씩 작업했다. 대공포 진지는 그대로
살려서 꽃을 심고 나무를 가꾸었다. 움푹 들어간 중간 자리에는 큰
탁자와 의자를 만들어 야외카페를 만들 계획을 했다. 건설 현장에
서 얻어 온 합판조각을 예쁘게 자르고 페인트를 칠했다. 울타리 소
재로 만들었다. 사각 파이프를 구입해 뼈대를 만들고, 2미터마다 구
덩이를 파서 울타리를 세웠다. 그림까지 그려 넣으니 제법 예뻤다.
구덩이를 팔 때는 전체 주민이 참여해서 한 구덩이씩 맡아서 팠다.
허리 아픈 사람도 엎드려서 자기 몫을 해내며, 공동체를 움직이는
힘을 보여주었다.

지역의 학생, 청년단체들도 도왔다. 하얗게 칠한 울타리에 색깔
있는 꽃을 그려 넣었다. 마을회관 벽면에는 주거권의 상징인 '집 없
는 달팽이'를 그려 넣었다. 울타리의 꽃 그림은 세월이 지나 지워졌
지만, 회관 벽면의 달팽이 그림은 아직도 남아 있다. 이런 작업을 할
때면 마을회관에서 국수를 삶아 봉사자들과 함께 나누어 먹었다.
주민들은 영웅담을 이야기하고 경험을 나누었다. 그런데 세상은 냉

혹했다. 전체 주민이 6개월 동안 틈틈이 작업해서 만든 너른 마당을 외국어대학교가 문제 삼았다. 사진을 첨부해 지장물(支障物)을 철거하라는 공문을 보내왔다. 주민들은 떼를 지어 외국어대학교로 찾아가서 공문에 대해 거세게 항의했다. 그러자 공문은 흐지부지되었다. 그해 10월, 너른 마당에서 주민잔치를 성대하게 열었다.

소주병 하나로 공동체를 이롭게

공동체를 유지하려면 여러 가지가 필요하다. 마을이 있어야 하고, 주민이 있어야 하고, 규약이 있어야 한다. 말보다 행동하자, 앞장서자, 스스로 하자는 다짐도 필요하다. 그중에서도 중요한 것이 재정이다. 대연우암공동체는 다른 곳에서 지원이 전혀 없었다. 지원제도가 있는 줄 몰랐고, 알았을 때는 방법을 몰랐다. 방법을 알고 나니 순서에 밀렸다. 지원을 받으려면 지출계획을 세우고, 쓰임새를 보고하고, 자료를 제출해야 했다. 공동체주민 중에는 그런 사무를 처리할 만한 사람이 없었다. 자연스레 지원신청을 하지 않고 주민들 스스로 재무를 두고 재정을 집행하게 되었다.

지원금으로 운영하면 공동체의 정체성이 흔들린다. 지원금을 쓰기에만 급급한 나머지 주민들의 순수한 활동이 오염된다. 주민들은 한 달에 1만 원의 회비를 냈다. 그것으로는 절대적으로 부족했다. 그래서 재활용품에 눈을 돌렸다. 헌옷, 빈병, 고물 등을 모으고 작은 공판장을 운영했다. 회관 내 커피자판기, 노래방기기 대여 등으로 재정을 모았다. 웃지 못 할 일도 있었다. 언젠가 전체 주민이 1박 2일 수련회를 갔다. 모든 일정을 마치고 출발해야 하는 시간이 되었는데, 주민들이 보이지 않았다. 그 넓은 수련회장을 돌아다니며 한쪽에서는 버려진 빈병을 주워서 차에 싣고, 한쪽에서는 폐지를 주워 오는 것이다. 그렇게 공동체주민들은 공동체를 살리고자 열성적으로 참여하고 움직였다.

우리는 생각을 현실로 만들었다

주거복지부산연대

1990년부터 2000년 시기의 대연우암공동체는 주민들이 함께하면 안 될 것이 없다는 인식을 갖게 된 시기였다. 조직이 무엇인지, 마을활동을 어떻게 하면 효율적인지 전혀 모르던 주민들이 스스로 모여 집과 마을의 문제들을 의논했다. 현대 인간생활에 필수적인 길, 물, 전기, 환경을 위해 함께 몰려가서 항의하고 떼 아닌 떼를 썼다. 늦었지만 결국은 관철시켰다.

2001년부터는 '주거권 실현을 위한 국민연합'의 안내와 교육을 받았다. 조직의 중요성을 깨달았고 연대의 길을 열었다. 그 과정에서 주민과 주민이 서로를 이해하고 잘 살아내는 방법, 그리고 마을 가꾸기를 배웠다. 한국주민운동정보교육원의 주민지도자 교육과정을 통해서 배운 것들을 마을에 접목시키는 작업을 했다. 2001년부터 2005년까지 주거연합이 주도하는 세미나, 회의, 수련회, 서울지역 연대단체의 결성식, 현판식 등에 많이 참여했다.

부산지역에서는 당시 부산철거민연합에서 활동한 경험이 있고, 해운대 승당마을 철거반대투쟁에 참여한 적이 있는 윤웅태, 최영 등이 주도했다. 그들이 소개한 민중대회, 전국노점상대회, 전국어민총연합대회 등에 많이 참여하여 배우고 실행했다. 부산지역 대학생 빈민 활동을 통해 마을을 알렸다. 자연스럽게 지역방송과 신문에 대연우암공동체의 사례가 소개되었다. 많은 사람이 관심을 가지게 되었고, 주민들은 더욱 마을 일에 적극적으로 나서게 되었다. 이때 주민들이 뼈저리게 느낀 것은 연대의 중요성이었다.

우리도 부산지역에서 연대단체를 만들어보자. 연대해서 우리의 열악한 주거현실을 알리자는 생각은 현실로 이루어졌다. 김홍술 목사의 주도로 2004년 6월 15일, '부산지역 빈민 활동 활성화를 위한 간담회'를 환경운동연합 사무실을 빌려 열었다. 그 후 마을회관, 물만골, 도시빈민사회선교회, 실업극복지원센터가 모여 어느 식당에서 만남을 가졌다. 2004년 8월 27일 3번째 모임에서는 '주거복지실현 부산지역간담회'로 명칭을 변경했다. 2005년 7월 14일 13번째 만남에서는 '주거복지부산연대 창립준비위원회'로 다시 명칭을 변경했다. 2005년 11월 30일 19번째 만남에서는 부산일보 대강당에서 49명의 발기인으로 '주거복지부산연대' 창립발기인대회를 개최했다.

발기인대회의 여는 시(詩)는 김효사 시인의 「집 없는 사람들의 조국」이었다. 가슴 절절한 시였고, 많은 사람들의 공감을 불러일으켰다. 그 후 2006년 5월 19일, 노동복지회관에서 '주거복지부산연대' 창립총회와 출범식을 개최했다. 대연우암공동체 주민들의 생각이 현실이 되었다. 그 주민들을 중심으로 적극적이고 재미있는 활동이 이루어졌다. 주거복지부산연대의 주거복지학교가 열렸다. 주로 재개발지역의 주민들을 대상으로 2006년 2월 10일에 첫 강의를 시작으로 3월 16일 4강을 마치고 마무리했다. 재개발 지역의 소형주택소유자 그리고 세입자, 일반주민들의 관심은 저조했다. 주거복지부산연대의 주도로 부산지역의 올바른 재개발을 위해 '재개발반대대책위원회'가 꾸려졌다.

재개발의 공식은 세 가지다. '재개발=돈 번다.', '재개발=쫓겨난다.', '재개발=서민 빚더미.' 재개발추진세력과 건설회사 등은 무지한 주민들을 대상으로 재개발은 돈 번다며, 엉터리 약속과 주민의 기내심리를 부추겼다. 주민들은 아파트에 입주할 능력도 되지 못할뿐더러 월 몇십만 원의 관리비를 지속적으로 지불할 능력도 되지 못했다. 결국 건설회사만 이익을 챙기고 주민들은 쫓겨났다. 입주한다 하더라도 서민들은 대출금상환 능력이 없어 집을 잃거나 거리로 내몰리게 된다. 이런 불합리하고 비이성적인 재개발사업을 막고자 '재개발반대대책위'를 꾸렸다. 대연우암공동체 풍물패 '새날'은 올바른 재개발사업을 위해 재개발지역 주민들이 부탁하면 어디라도 달려갔다. 마을마다 거리마다 연대의 소리를 내고 다녔다.

이런 꿈도 꾸었어, '자조주택의 꿈'

자조주택이란 무엇인가? 주민이 스스로 계획하고 설계하여 자신의 노동력으로 벽돌 한 장 한 장을 쌓아 올리고 완성하여, 공동체를 꾸려나가는 것이다. 2011년부터 대연우암공동체는 오랫동안 꿈꾸어왔던 마을만들기를 구체적으로 논의하기 시작했다. 막연히 꿈만 꾸어왔던 단계에서 한 발 더 나아갔다. 구체적인 대책과 계획, 필요한 예산 등을 고민했다. 시민사회단체 활동가들과 함께 워크숍을 하고 교육도 받았다. 주민들끼리 모여 토론도 했다.

2011년 1월 26일부터 1월 31일까지 손이헌은 태국 ACCA(아시아 도시빈민층의 주거환경개선을 위한 공동체적 행동장려 프로그램)에 참석하여 자조주택 건설에 대해 발언했다. 2011년 7월 25일 아시안 브릿지 오민정, 김보람 두 활동가가 대연우암공동체의 현황을 조사했다. 그 후 나효우 위원장이 방문하여 부산지역 인사들도 만나고, 주민들도 만났다. 그러면서 자조주택 건설을 위한 기초를 다지기로 했다.

먼저 대연우암공동체 야외카페 조성사업을 했다. 기금은 아시안 브릿지가 ACCA에서 받은 200만 원이었다. 마을 꼭대기에 있었던 육군대공포부대 자리를 카페로 조성하고, 너른 마당을 만들고, 울타리 설치작업을 했다. 그러나 주민들은 생계 때문에 지속적으로 작업에 참여할 수 없었다. 일요일마다 했기 때문에 시간이 많이 걸렸다. 지주인 부산외국어대학교도 주민들의 꿈인 자조 주택 건설을 긍정적으로 받아들였다. 주민들이 살고 있는 곳에 약 1,000평의 토지를 무상으로 공여하는 논의가 있었다. 그러나 부산외대가 계획했던 남산동으로 학교 이전 후, 뉴-스테이 건설계획이 무산되면서 자조 주택의 꿈도 수포로 돌아갔다.

대연우암씨알주택협동조합

2012년 12월 협동조합기본법이 제정되면서 5인 이상이면 누구라도 협동조합을 설립할 수 있게 되었다. 주거연합의 소속 단체들이 씨알주택협동조합을 만들면서 대연우암공동체에도 제안했다. 여력이나 능력은 없었지만, 뭔가는 해야겠다는 생각이 들었다. 주민들의 뜻을 살피고 동의를 얻고, 지속적인 교육을 한 후에 협동조합을 만들게 되었다. 애초에는 사회적주택협동조합을 만들기로 했으나, 주민들의 역량이 부족하여 일반협동조합을 만들기로 했다.

첫 작업은 정관 만들기였다. 2013년 7월 3일부터 8월 15일까지 필요한 항목별로 정관 만들기 작업을 했다. 먼저 다른 곳의 정관을 가져와 정관의 필요성과 대략적인 흐름을 이해했다. 8월 15일 대연우암공동체의 정관 초안을 만들었다. 그것을 바탕으로 전체 주민이 모였다. 대연우암공동체만의 특화된 내용이 무엇인지 논의하고 토론했다. 4개의 모둠을 만들고 항목별로 나누어 검토했다. 삽입하고 빼는 작업을 반복했다. 1년의 시간을 두고 정관 66조까지 만들었다. 주민들이 직접 협동조합정관을 만드니 관심이 높았고, 자부심으로 가득했다.

2013년 12월 3일 창립총회를 했다. 조합원 32명, 출자금은 각 조합원당 30만 원으로 정했다. 한 번에 내기가 어려우니, 2012년부터 한 달에 2만 원씩 적립했던 적립금으로 30만 원씩을 출자하게 했다. 2012년 12월 23일 부산시청에 조합설립신고를 했고, 등기소에 등기를 했다. 세무서에 사업자등록을 하려 했으나, 무허가건물이라 서류를 만들 수가 없어서 신고하지 않고, 주민들끼리 경제사업과 나눔을 하고 있다.

조합원당 월 2만 원씩 적립하면서 장아찌, 된장, 고추장을 담아 판매하고, 와송을 재배하여 와송 생채를 판매하고, 와송으로 술을 담아 와송주를 판매했다. 버섯재배, 곰국 판매, 일괄구매 등을 하여 자금을 모았다. 적립금 중 일부를 어려운 조합원을 위해 배분하기도 했다. 처음에는 조합원들끼리 나누어 먹으려고 두 개의 가마솥을 걸고 곰국을 끓였으나 그 맛을 본 사람들이 조금씩 구매를 해 갔다. 맛있다는 소문이 나면서 주문이 밀려들어 왔다. 팔 수 없다고 해도 막무가내였다. 연대단체에서 주문을 많이 해줘서 협동조합에 큰 수입원이 되었다. 그러나 곰국을 끓이는 것은 24시간 해야 하는 작업이라 주민들의 건강과 안전문제로 중단했다.

주민공동체를 움직이는 힘

우리가 살아온 이유

대연우암공동체가 특별한 것은 무허가건물을 짓고 거주한다는 것보다 주민들이 자발적으로 모여서 공동체를 만들었다는 것이다. 활동가나 조직가, 행정기관의 지원이 전혀 없어도 주민들의 자발적인 의지로 운영되고 유지되고 있다. 대연우암공동체가 유지될 수 있는 이유는 무엇일까? 서로의 처지를 잘 알고, 같은 처지라는 공감대가 있다. 주민들이 모일 수 있는 구심점인 마을회관이 있다. 매주, 매월, 분기별, 매년 정해놓은 활동프로그램이 공동체를 움직이

대연우암공동체 주민한마당 단체 사진

250

는 원동력으로 작용하고 있다.

　실제로 일 년 중 혹한기와 혹서기를 빼고 10개월은 매주 일요일 7시에 전체 주민이 모인다. 재활용품 출하, 페인트칠, 공동텃밭 가꾸기, 큰길을 비롯한 마을 청소를 한다. 평소에 잘 먹지 못하는 메뉴로 아침을 먹는 작은 밥상공동체를 실현한다. 매달 두 번 15일과 30일, 주민회의를 한다. 분기별로 주민수련회, 워크숍, 주민자체 교육을 실시해서 주민들의 역량을 높인다. 전체 주민의 주민지도자화를 추구한다. 봄, 가을에는 소풍을 다녀오고, 4월에는 큰길에서 벚꽃잔치도 하고 있다.

　10월에는 지역주민들과 함께하는 '대연우암공동체 주민한마당' 잔치를 연다. 모든 음식과 주류, 음료는 공동체에서 부담하여 무료로 제공한다. 지역의 식당, 슈퍼, 고기집, 떡방앗간, 일반 주민들이 십시일반 조금씩 도움을 준다. 가수들이 재능기부를 하고, 지역단체들이 장비를 지원한다. 같이 전을 부치며 음식을 준비하고 천막

지역공동체와 지역공동체를 만들려고 하는 사회복지관 주민조직들의 현장방문

을 친다. 마을잔치가 아니라 지역사회잔치가 되어 누구라도 함께할 수 있는 만남의 장이 되었다.

많은 다른 지역공동체와 공동체를 만들려고 하는 전국의 사회복지관 주민조직들이 해마다 공동체를 방문한다. 그들이 벤치마킹까지 하는 프로그램은 6개 반으로 구성된 '작은 밥상공동체'다. 앞에서도 서술했듯이 뽑기를 통해 10명 정도의 주민을 한 반으로 묶어 소모임을 운영한다. 각 반들은 자체적으로 회비를 내고 정기적으로 모임을 갖는다. 주변에서 일어나는 일들을 논의하고 전체 주민회의에 안건으로 올리는 역할도 한다. 이것은 공동체 주민들의 친밀한 관계 형성과 효과적인 의사소통을 기반으로 한 성공적인 조직의 형태이다. 이러한 주민들의 자발적인 밥상공동체는 다른 마을이나 공동체의 주요 모범사례로 소개되고 있다.

이처럼 대연우암공동체는 사람들이 계속해서 만나고 의견을 교환하며, 서로를 알아갈 수 있는 활동을 벌이고 있다. 주민들은 이러한 활동과 프로그램을 통해 공동체에 대한 애착과 연대의식을 더 가지게 된다. 나와 주변을 한 번 더 둘러보게 된다. 주민들이 얼굴을 마주하고, 자신의 이야기를 진솔하게 나누며, 타인의 이야기를 잘 들어줄 때, 비로소 공동체는 유지하고 발전할 수 있다.

'함께'라는 힘은 그 무엇보다 강하다

누군가가 그랬다. '이 사회에서 집 때문에 누군가 고통을 받고 있다면, 그 사회는 이미 실패했다.'라고. 배운 것 없고, 부모로부터 받은 것이라고는 몸뚱이 하나뿐인 사람들이 할 수 있는 것은 무엇일까? 열심히 몸뚱이를 굴려서 가족들을 건사하고, 자식들을 공부시키면서 내 집이라도 장만하는 것이다. 그러나 현실은 그리 녹록하지 않았다. 전세나 월세라도 지켜야 하는데, 쥐꼬리만 한 월급에 오르는 월세 비용도 감당하지 못했다. 길거리로 내몰려서 더 열악한 곳으로, 더 낮은 곳으로 내려앉을 수밖에 없었다.

그러다 무지무지 좋은 정보로 허가받지 못한 땅에 집을 지어 다리라도 펴고 살았는데, 소송으로 주거의 압박이 거세졌다. 주민과 마을을 비하하고, 철거하고 개발한다는 소문에 다른 사람들은 말한다. '남의 땅에 집 짓고 살면서 왜 말이 많냐? 그냥 비키라면 비키는 게 맞지 않냐?' 하는 질문 앞에 대연우암공동체 주민들은 한동안 말문이 막혔다. 무단으로 살고 있으니, 허락받지 못했으니, 비켜 줘야 한다고 생각했다. 그러나 주민들은 알아차렸다. 주민들의 삶은 사회가 만들어낸 결과에 지나지 않는다는 것을.

그래서 외쳤다. '집이 무허가지, 사람이 무허가냐?' 아니다. 사람이 무허가는 아니다. 자신들이 왜 이곳에 살게 되었으며, 앞으로 어떻게 살아갈 것인지를 말할 기회는 주어져야 한다고 판단했다. 그러나 누구도 주민들의 절규를 듣지 않았고, 모른 척하고 무관심으로 일관했다. 그럴 때 주민들의 우렁찬 목소리와 다른 사람들의 힘찬 동조의 함성이 주민들을 힘나게 했다. 한 사람 한 사람의 목소리는 작아서 들리지 않지만, 그 목소리들을 다 함께 합쳐서 외치기로 했다. 그리고 행동하기로 했다. 그래서 공동체는 움직이고 있다.

살아내는 것도 잘하는 일

그렇게 또 그렇게 모인 주민들은 말한다. 우리도 살 수 있고, 사회도 건강해지는 방법을 찾아보자고. 그리하여 주민들은 장기적인 계획을 세운다. 협동조합을 만들고 종잣돈을 마련했다. 협동조합 이름으로 땅을 사고 집을 짓고, 마을을 꾸려갈 계획을 세운다. 이름하여 자조주택건설을 위한 큰 프로젝트였다.

대연우암공동체의 출발은 그리 좋은 상황에서 비롯된 것은 아니었다. 하지만 주민들은 어려운 상황을 극복하기 위해 좋은 일들을 만들어내고, 사람들이 모여서 할 수 있는 일들을 함께하면서, 주민들의 상황을 긍정적으로 풀어나가고 있다. 물론 여러 번의 고비와 어려운 일들이 있었지만, 주민들 특유의 근성과 연대의식으로 하나하나 해결해나가고 있다. 이것은 외부에서 누가 와서 가르치고 만든 것이 아니다. 처음부터 끝까지 주민들에 의해, 주민들을 위한 주체적인 활동의 결과라고 세상에 말한다.

'대연우암공동체는 영원하리!'

6장

자활

생산하고 나누고 협동하는
주민공동체

자활

생산하고 나누고 협동하는 주민공동체

정영수

자활을 꿈꾸는 공동체이야기를 열며

자활(自活)이란 무엇일까? 스스로 자기 힘으로 살아가는 것이다. 스스로 일하며 먹고 입고 사는 것이다. 자립이 아니라 자활이다. 사회 속에서 혼자가 아니라 함께 살아가는 것이다. 그리고 자활사업은 기초생활보장 제도로써 생활이 어려운 사람의 최저생활을 보장하고 자활을 돕는 것을 목적으로 한다. 대한민국 국민이라면 누구나 기본적인 생활을 보장받을 권리가 있다. 우리는 세금을 납부함으로써 어려울 때 기본생활을 보호받고, 일자리를 제공받을 수 있는 권리가 있다. 이것이 국민기초생활보장법의 기본원리이다. 자활사업의 핵심가치는 생산·나눔·협동으로 지역사회와 개인이 함께 성장하고 서로 도와서 지속가능한 공동체를 지향한다.

부산지역에는 자활사업의 핵심가치를 지향하는 지역자활센터

가 16개 구·군에 18개[1]가 운영되고 있다. 이 중에서 1997년 전국자
활지원센터 10개소 시범사업 시절, 부산에서 가장 먼저 시작한 곳
은 사회복지법인 한국청십자사회복지회를 모(母)법인으로 두고 있
는 '사상자활지원센터(이하 사상자활)'이다. 그곳에서 필자는 1997
년부터 일을 시작했고, 지금도 부산광역자활센터에서 일하고 있다.
그러한 이유로 부산지역에서 자활사업 태동을 전후로 한 시기인
1997년부터 2001년까지 사상자활의 초기배경을 중심으로 정리하
게 되었다.

부산지역 자활사업 정리를 위해, 먼저 우리나라에서 실험된 생산
공동체운동의 역사와 배경을 한국도시연구소 신명호 소장의 이야
기를 빌려 정리하려 한다. 그리고 사상자활 초창기 배경을 중심으
로 정리하고, 간담회를 통해 이야기를 나누었던 부산진지역자활센
터(2000), 해운대지역자활센터(2000), 연제지역자활센터(2001), 북구
지역자활센터(2001) 이야기는 당시 자활사업을 회고하는 기고 글을
통해 초창기 설립배경과 활동을 나누고자 한다.

---

1 강서구지역자활센터, 금정구지역자활센터, 기장지역자활센터, 남구지역자활
 센터, 부산동구지역자활센터, 부산동래지역자활센터, 부산진지역자활센터, 부
 산북구지역자활센터, 북구희망터지역자활센터, 사상지역자활센터, 부산사하
 지역자활센터, 부산사하두송지역자활센터, 부산서구지역자활센터, 부산수영
 지역자활센터, 연제지역자활센터, 부산영도지역자활센터, 부산중구지역자활
 센터, 해운대지역자활센터(18개).

생산공동체운동의 역사와 고민들[2]

한국도시연구소 전 소장 신명호에 의하면 자활제도가 처음 구상될 때부터 연구자들이 염두에 두고 있던 모형은 주로 그동안 제도권 밖에서 전개된 민간운동, 특히 빈민지역운동 진영의 실험이라고 한다. 제도화 과정에서 자활지원사업이 빈민운동의 경험을 많이 수용하였기 때문에, '자활'의 의미를 이해하기 위해서는 우선 빈민지역운동(저소득층 밀집지역 주민운동)의 역사를 살펴보는 것이 필요하다. 빈민지역운동은 통상 '저소득주민들이 밀집해 사는 생활근거지에서 그들이 공통으로 겪고 있는 삶의 문제들—주거, 교육, 실업, 복지 등—을 주민이 주체가 되어 해결해나가고자 하는 사회운동'이라고 풀이된다.

'주민이 주체가 된다.'는 원칙은 일찍이 1970년대 빈민운동의 태동단계부터 강조되어온 철칙으로, 빈민지역운동의 성격을 규정하는 매우 중요한 잣대라고 할 수 있다. 제도가 해결해주지 못하는 빈민들의 문제를 빈민지역운동은 스스로 해결책을 찾으려 노력했다. 재개발대책위원회 활동, 의료협동조합 결성, 탁아소와 공부방 운영, 공부방 자조모임에서 학부모모임, 건축노동자들의 일감 네트워크와 공동부업 등 이 모든 활동은 주민의 공동체적 삶의 형성을 지향하고 있었다. 이러한 다양한 활동 중 하나가 생산공동체였다. 안정적인 직장을 갖지 못했던 빈민지역의 주민들 사이에서 생산을 공동

2　이 글은 신명호(한국도시연구소 부소장)·김홍일(전국실업극복단체연대회의 정책위원장)의 논문「생산공동체 운동의 역사와 자활지원사업」을 참고하여 필자가 재구성하였다.

으로 하는 자생적인 조직이 실험되기 시작했다. 협동조합방식의 운영원리를 채택했기 때문에 생산협동조합으로 불리기도 했지만, 그 목적이 공동체를 지향했기 때문에 넓은 의미에서는 모두가 생산공동체로 분류된다.

도시빈민지역에서 생산공동체운동의 뿌리는 1970년대 초반 '수도권특수선교위원회'가 진행한 빈민선교와 1970년대 중반 시작된 도시산업선교 활동에서 찾을 수 있다. 당시 운동주체들은 민주화 운동의 일환으로 신용협동조합과 노동자협동조합의 설립을 시도했으나, 노동자협동조합의 설립 시도는 성과를 내지 못하고 막을 내린다. 그러다가 생산공동체 운동은 1990년 인천사랑방교회가 중심이 된 '두레협업사'를 시작으로 1992년 서울 하월곡동의 '건축일꾼두레', 1993년 상계동의 봉제협동조합 '실과 바늘', 인천 송림동의 전자제품조립공동체 '협성', 1994년 봉천동의 '나섬건설' 인천의 봉제협동조합 '옷누리', 1995년 구로의 봉제협동조합 '한백', 마포의 '마포건설', 성동구 행당동의 '논골의류생산협동조합' 등이 만들어졌다.

당시 생산공동체운동에 매달렸던 사람들의 고민은 크게 두 가지였다. 첫째는 참여자의 노동능력에 부합하면서도 시장에서 경쟁력을 갖는 업종을 찾아내는 일이었고, 둘째는 어떻게 하면 한국사회로부터 이러한 실험을 후원하고 독려하는 지원체계를 이끌어낼 것인가 하는 것이었다. 이 같은 고민과 노력은 다양한 검토 끝에 당시 김영삼 정부가 설치한 '국민복지기획단'에서 검토되었고, 마침내 정부시범사업으로 1996년 전국에 5개의 '자활지원센터'를 설치하고 운영하게 되었다. 1997년에 추가로 5개소가 지정될 때 부산에서도 '사상자활지원센터'가 지정되어, 부산지역 최초로 자활사업이 시작되었다. 그 후 자활지원센터가 1999년 20개소, 2000년 70개소, 2001년 총 157개소로 확대되면서 전국적으로 본격적인 자활사업이 시작되었다.

실업극복사업으로 시작한 자활지원사업

1993년 문민정부인 김영삼 정부가 출범하면서 국제정세는 미국 중심의 세계화, 자유무역, 시장개방이 가속화되는 시기였다. 한국의 경우 1997년 IMF 외환위기로 인해 대량실업이 발생하고, 공공근로 민간위탁사업이 시작되었다. 1998년 들어 사회안전망이 부실한 탓에 많은 실업자들이 노숙자로 전락하거나, 생계가 막연해지는 위기상황이 발생했다. 이에 정부는 저소득실업자를 위한 생계보조와 한시적 일자리 제공을 위해 공공근로사업을 대대적으로 실시했다.

그동안 생산공동체운동을 해오던 주체들과 전국의 여러 실업단체들은 경기가 회복되어도 노동시장 복귀가 어려운 40~50대 공공근로 참여자와 장기실업자들에게는 경쟁으로부터 보호받는 '사회적 일자리'가 필요하다는 데 인식을 같이하고, 이 같은 성격의 실업극복사업을 시도하였다. 이 시기에 부산에서도 '부산지역실업대책협의회'를 발족하고, 실업자지원을 위한 '실업극복지원센터'를 운영하였다. 이 지원센터가 실업자지원의 계속성을 담보하기 위해서 2000년 8월, 실업극복지원센터가 소재한 부산진구에서 '부산진자활후견기관'을 위탁운영하게 되었다.

외환위기와 구조조정으로 실업이 증가하고 빈곤층이 급증하게 되면서, 정부는 복지체계를 재정비할 필요성이 제기되었다. 과거에는 단순히 생활보호대상자로 저소득층을 보호하려는 측면이 전부였다. 그러나 사회적인 변화로 실업이 증가하고 갑자기 가정경제가 무너지면서, 저소득층으로 전락하는 실업자들에게 복지적인 접근이 필요한 시기였다. 즉 새로운 사회안전망의 필요성이 국제적으로 재조명되기 시작했다. IMF도 한국과 협상 시 '사회적 약자 보호프로그램' 필요성을 인정하며, 일정 부분 재정지출을 허용하였다. 이런 과정에서 1999년에 기존 '생활보호법'을 '국민기초생활보장법'으로 대체 입법하면서 정부의 자활정책은 큰 변화를 가져오게 되었다. 국가에 의한 최저생활보장은 복지국가의 가장 기본적인 책임이다. 바로 생존권적 기본권이 보장됨으로써 복지국가로의 발전에 가장 기초적인 토대가 확립된 것이다.

한국의 민간운동은 본격적이고 체계적인 '사회복지'가 시작되기 전부터 대규모 빈민 밀집지역이나 공단지역에서 '빈민지역운동'이라는 이름으로 탁아소, 공부방, 의료사협, 한글교실, 직업알선, 각종 상담, 주민교실, 문화, 교육사업 등을 실천하고 있었다. 이런 지역활동은 우리사회에 광범위하게 존재하는 가난한 주민을 위한 '민간 차원의 사회복지 제공'이라는 측면에서도 의미가 있었다. 빈민지역 활동가들의 활동과 열정에 정부의 제도적 지원이 더해지면 보다 효과적인 복지실천과 생산적 복지가 가능할 것이라는 의미에서 자활사업을 시범적으로 추진하게 되었다.

1996년부터 보건복지부가 시범사업으로 지원하는 자활사업은 전국에 5개의 자활지원센터로 서울관악/노원/마포, 인천동구, 대전동구에서 시작했다. 대한성공회 나눔의 집은 서울관악, 서울노원, 인천동구, 대전동구 4개 센터를, 서울마포는 이화여대 법인 소속 성산종합사회복지관이 지정받았다. 당시에 보건복지부는 대한성공회 송경용, 김홍일, 조홍식, 유낙준 신부의 빈민지역 활동을 긍정적으로 인식했다. 그래서 자활사업 시작 초기에는 대한싱공회가 전국적으로 다수의 자활지원센터를 위탁받았다.

부산에서는 사상자활지원센터가 사회복지법인 한국청십자사회복지회 소속 모라종합사회복지관을 통해 자활사업시범센터 위탁을 신청하고, 부산에서 가장 먼저 자활지원센터로 지정받아 1997년 7월 1일부터 자활사업을 시작한 기관이 되었다. 이때 같이 지정받은 곳은 대한성공회가 서울성북을 사회복지법인에서 대구북구, 광주남구, 경기광명 자활지원센터를 포함해 5개소이다. 1997년까지 모두 전국 10개의 자활지원센터가 설립되었는데 대한성공회 소속 5개소, 사회복지법인 소속 5개소가 지정되었다.

초기 자활지원사업의 배움과 열정

필자는 1997년 6월 27~28일에 대한적십자사 교육원에서 있었던 보건복지부가 주도한 신규 자활지원센터 실무자 워크숍과 1997년 11월 20~21일에 숭실대학교 사회봉사관에서 있었던 전국자활지원센터 종사자 워크숍 등에 참석했다. 그때는 사회복지사업에 대한 개념과 이해가 없었다. 빈민운동에 대해서도 몰랐고, 자활사업에 대해서는 더욱 몰랐다. 단지 저소득층 주민들에게 일할 기회와 소득창출 기회를 제공함으로써 자활과 자립을 지원하는 역할을 한다는 것으로 인식했었다. 자활지원센터에서 일을 시작하면서 '자활' 지원이란 용어에 대해서 고민이 시작되었다. 다행히 한국자활지원센터협회가 결성되어 매월 전국 실장단 회의를 하면서 센터 간의 운영과 자활사업정보 등을 활발하게 공유할 수 있었다. 이 과정에서 자활사업과 주민운동의 역사에 대해 배울 수 있었다. 당시는 매번 1박 2일 마라톤 회의로 밤을 새우고 서로의 생각과 고민을 나누면서 작은 것 하나라도 더 느끼고 배우고자 하는 열정 속에서 조금씩 자활사업을 이해하게 되었다.

자활지원센터는 생산·나눔·협동을 핵심가치로 세우며 생산적 복지를 실천하려고 노력했다. 당시 각 지역에서 가난한 사람들을 위해서 삶으로 헌신하면서 그들과 같이 살아가는 활동가들이 있다는 것이 경이로웠고, 대부분 1970~1980년대 민주화 운동에 참여하면서 민주주의와 사회변화를 위해 노력했던 투쟁경험을 가진 활동가와 실무자들이 많았다. 이들은 경제적으로 어려운 사람들-소외되고 힘없는 사람들이 사회구성원으로서 주체적인 삶을 살아가도록 돕는 자활사업에 대해 관심과 열정이 높았다. 이들로부터의 배움이 자활사업에 본격적으로 참여하게 되는 계기가 되었다.

먼저 시범사업을 진행했던 자활지원센터의 사업운영 사례를 듣고, 우리 지역에서 벤치마킹이 가능한 아이템을 접목하고 시도해보는 과정이 계속되었다. 지금처럼 보건복지부에서 매년 내려오는 자활사업 안내지침이 없었기에 당시는 좀 더 자율적인 사업추진과 과감한 시도가 가능했다. 또한 사업진행 과정에서 업종에 따른 영업허가와 자격요건, 부가세 세금신고, 4대보험가입과 회계절차 등을 배우고 보완했다. 그러면서 전문교육의 필요성을 서로 공감하고 공유하면서 실전을 통해 업무역량을 키웠다.

초기 사상지역자활센터

1997년도

사상자활이 자활사업을 위탁받을 수 있었던 것은 모라동 주공아파트단지가 영구임대아파트단지로 저소득층 주민들이 밀집한 곳이기 때문이었다. 당시는 모라복지관에서

1997년 7월 사상자활지원센터 개소식

자활센터를 지정받았고, 단순히 복지관의 위탁사업프로그램 정도로 인식했던 것 같다. 그래서 자활센터가 독립된 공간이 없이 모라복지관 2층 사무실에서 총무과와 같은 공간을 사용하면서 일을 시작했다. 자활실무자는 사회복지사가 아니어도 일반기업 근무경력이나 사회경제활동 경력자가 일할 수 있었다. 복지와 관련된 분야지만 사회복지사 자격이 없어도 근무가 가능한 것은 다소 획기적인 일이었다. 자활사업이 주민들의 일자리 창출과 기업경영 경험, 자활사업추진 능력이 더 필요했기에 사회복지사 자격증 보유가 필수는 아니었다.

사상자활 초기에는 경리와 재정 관련한 경험을 가진 실무자가 없었기에 센터의 예산과 회계 관련 업무를 복지관 총무과 직원이

지원해주는 형식으로 진행되었다. 결재라인을 업무지원 형식으로
하여 복지관 과장, 부장을 거쳐 내부결재가 진행되었다. 당시 법인
대표이사면서 일신기독병원장이었던 박경화 초대 센터장은 매주
화요일마다 복지관에 출근하는 비상근 센터장이었다. 실무자들은
자활사업이 국고보조금을 받는 것과 시범적 사업이라는 것 때문에,
일을 제대로 수행하기 위한 심적인 부담감이 컸다. 초기에는 '자활'
이라는 개념의 근본적인 고민보다는 당장 실적을 만들어내기 위해
지역주민들의 수익창출 일감과 일거리 찾기에 급급했다.

당시 10개 자활지원센터는 전국실장단 모임을 통해 활발한 정보
교류와 소통을 했고, 모두가 열정과 열의가 대단하여 서로 간 연대
협력도 매우 긴밀하였다. 서로가 모이면 기관 내부적인 조직시스템
상황, 법인과의 갈등, 관련 지자체와의 협력문제, 자활사업 아이템
등이 주된 대화 내용이었다. 그 속에서 자활사업의 활발한 논의로
유대감이 돈독해졌고 모두가 열정과 의지로 거의 밤샘 토론과 대화
가 이어졌다. 이런 회의 과정은 함께 성장하는 기회였다. 자활사업
은 자본주의 체제에서 경제적 투입 산출로 보면 실패할 수밖에 없
는 사업인 것 같았다. '투입-생산-산출' 개념으로 자활사업이 성공
할 것인지 의문이었지만, 사회복지 측면과 사람의 가치를 생각하면
서 조금씩 생각이 바뀌었다. 자활사업의 과정과 사람의 가치를 깨
달아가면서 복지적 마인드가 성장하기 시작했다.

국고보조금 집행과 관련해서 약간 혼선이 있기도 했다. 당시는
센터의 보조금이 복지관처럼 해당년도에 전액 지출하지 않더라도
이월되는 것으로 알고 있다가 10월 말경, 해당년도에 지급된 국고
보조금의 불용액은 반환 조치된다는 것을 뒤늦게 알게 되었다. 그

후 다방면으로 예산지출을 하기 위해 노력했고, 심지어 보건복지부에 문의하고 협조를 구했으나, 사상구청 사회복지과의 비협조적인 태도와 자활사업에 대한 몰이해로 결국 센터보조금을 반환할 수밖에 없었다. 물론 실무자가 국고보조금의 성격과 행정적 처리절차 등에 대해 정확히 알고 집행해야 했으나, 초기에는 보조금 집행과 행정절차 등에 대해 지금같이 보건복지부 자활사업 안내지침이 없었기에 혼선과 어려움이 있었다. 이후 매년 구청과 복지부, 지자체로부터 지도점검과 행정지도를 받으면서 지역자활센터의 보조금 집행의 공정성과 투명성은 정착되었다.

자활사업은 일선 지자체의 협조가 매우 중요한 상황에서 구청의 비협조와 자활사업에 대한 이해 부족 등은 자활사업 추진에 있어 큰 어려움으로 작용했다. 당시는 전반적인 자활사업 관련 사항에 대해서 외부적으로 문의할 만한 곳이 없었기 때문에 더욱 그러했다. 자활사업 초기에 지자체 공무원의 자활사업에 대한 이해 부족은 심각했다. 자활사업 자체에 대해 매우 부정적이었고, 국고낭비이기 때문에 없애야 하는 것으로 생각하고 있었다. 공개적인 자리에서 의견을 피력하는 공무원도 있었다. 생계비를 지원받아야 살아갈 수 있는 주민들이 무슨 능력으로 일을 해서 자활을 하겠느냐는 부정적인 생각과 함께 '차라리 주민들에게 돈을, 생계비로 더 주는 것이 좋다.'라는 생각을 공공연하게 말로 표현하기도 했다. 이러한 초기 어려움 속에서 부산지역의 첫 자활사업은 시작되었다.

초기사업에 간병사업과 취업상담이 있었다. 병원파견 간병사업은 지역주민 중 12시간이나 24시간 간병활동이 가능한 사람들을 모아서, 간병인 교육을 한 후 병원에 파견했다. 간병사업은 하루 24

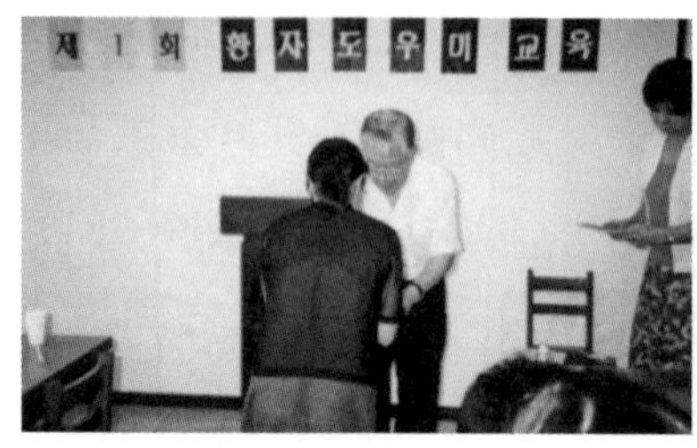
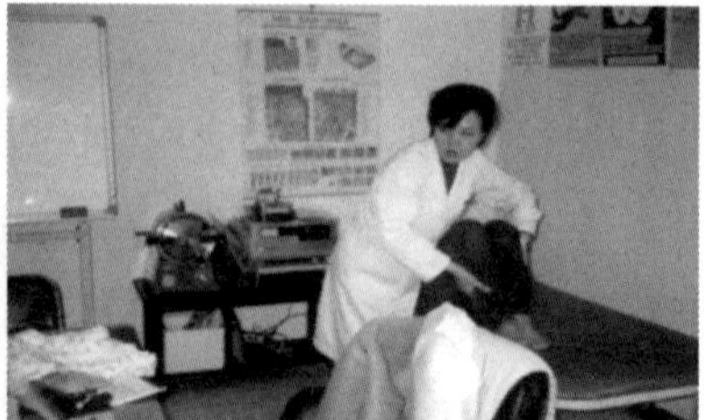

제1회 환자도우미 교육　　　　　　　　　　　간병 실습

시간 중 어느 때라도 수시로 파견 요청이 와서 담당실무자는 늘 대기상태였고, 경험 많은 간병인 반장과 간병활동 유경험자가 있어서 활발하게 진행될 수 있었다. 이후 유료 간병사업으로 바뀌었고, 초기 참여자들은 '청십자간병' 자활공동체로 전환되었다.

IMF로 인해 실직한 많은 사람들이 취업상담을 왔다. 일은 하고 싶은데 마땅한 일자리는 없고, 사상자활이 있는 주공아파트 단지 내에는 노동능력이 다소 낮은 지역주민들이 많아서, 노동 강도가 높은 일을 할 사람은 없었나. 그래서 사상공단과 다대포, 금사공단 등 부산 전역을 다니면서 부업 일감을 찾기 위해 홍보 전단을 배부하고, 기업체 경영관리자들에게 설명도 하면서 마치 외판사원처럼 일감을 찾아다녔다.

초등학교 앞 문방구에서 아이들에게 인기있는 모형 구슬로봇을 판매하기 위해 장난감 완구조립 부업을 했고 일신기독병원으로부터 수술용 장갑을 세척해서 납품하는 일을 받았다. 이 작업은 수술용 고무장갑을 재활용할 수 있도록 하는 것으로, 소독가루를 묻히고 짝을 맞춘 뒤, 크기별로 분류하는 부업이었다. 부업에 참여했던 주민들 중 기억나는 분은 일본 교포인 '권가쯔자' 씨이다. 수술용 고무장갑 납품 작업은 모라복지관 목욕탕 공간에서 했는데, 너무 열심히 하서서 온통 하얀 가루가 머리카락과 얼굴, 몸 전체 옷에 묻어 있곤 했다. 눈썹에도 흰 가루가 묻어 있어서 얼굴을 보면 작업을 얼마나 열심히 하고 있었는지 알 수 있었다. 납품이 밀리면 집으로 가져가서 작업해서 가져오기도 했다. 이 작업은 6개월 정도 하다가 중단되었는데 공간이용과 작업량에 비해 일자리 수도 작고, 단가도 낮아서 자연스럽게 끝이 났다.

당시 실무자들은 자활사업 경력과 대외 영업경험 부족, 내부 회계 및 문서관리 업무미숙, 자활사업장 공간부족, 지자체의 비협조적 태도 등 여러 가지로 어려움을 겪었다. 그럼에도 불구하고 대부분의 실무자들은 참여주민들의 자활을 위해 노력했고, 자활사업 아이템 발굴에 열정이 높았으며, 새로운 일감을 찾기 위해 모두가 한마음이었다.

1997년은 청소년 대상의 자활사업을 하는 청소년자활지원관이 전국 10개소에서 처음으로 시작되었다. 저소득층 지역의 청소년들이 가난을 대물림하여 빈곤의 악순환이 반복되는 것을 예방하고, 장차 미래의 주역으로서 빈곤을 탈피할 수 있도록 자립과 자활을 지원하기 위한 청소년자활사업이 시작된 것이다. 학교를 중퇴한 지역청소년들을 대상으로 검정고시반도 운영했고, 진로프로그램도 운영했다. 영구임대아파트 단지에 거주하는 청소년들은 가정에 문제가 많아서, 자신의 진로를 고민하고 정하는 것이 어려웠다.

사상자활은 지역주민들이 자활근로사업 참여를 위해 찾아오는 공간이 되었다. 복지관은 재가복지사업으로 서비스를 제공하기 위해 가정으로 찾아가기도 했지만, 서비스대상자를 직접 만나거나 대면하는 기회는 많지 않았다. 반대로 자활사업 참여 주민들은 매일 사업장별 공간으로 이동하기 위해 아침에는 우선 자활센터로 모이는 경우가 많았다. 물론 이동세차 사업처럼 현장으로 바로 출동하기 위해 기관 차량으로 고객을 찾아 떠나는 경우도 있었지만, 아침에 출석상황을 각 사업장 반장을 통해 확인하고 그날의 일과가 시작되었다. 자활근로사업이 참여주민들에게 일할 기회와 사회적 통합기능에 좋은 영향을 준 것은 참여주민들의 변화를 통해서도 느낄 수 있었다.

처음 자활사업에 참여할 때는 출근 복장이나 표정이 어색하기도 하고, 낯설기도 했지만 어느 정도 시간이 지나면 모두가 자연스러운 표정과 동료 간의 화목한 분위기에서 서로 힘이 되고, 동료의식을 갖게 되는 것이었다. 나중에는 자활센터 실무자보다 주민들 간에 더욱 서로의 정보를 공유하고, 월별 또는 사업장별로 참여자 간의 화합과 일과 후의 모임으로 이어지는 자연스러운 현상이 나타났다. 참여주민들 중에는 직장 경험이 부족해 잦은 음주나 불규칙적인 근무태도 등으로 주민들과 약간의 마찰과 갈등이 있기도 했다.

사상자활은 참여주민들이 자발적으로 결정하고 책임을 갖고 사업에 참여할 수 있도록 유도했다. 그래서 반장회의, 사업장별 회의로 참여주민의 의견을 적극적으로 수렴하고 반영하기 위해 노력했다. 사업과정의 투명성과 공개성도 높이기 위해 매월 반장회의를 통해 각 사업별 현황을 최대한 투명하게 공유했다. 그리고 반장들이 리더십을 높이고 발휘할 수 있도록 독려하고, 책임을 부여하며 우선적으로 의견을 청취하고 수렴했다. 자활사업 참여주민들이 스스로 사업운영에서 주체성을 세우도록 민주적인 경영과 사업수익

매출 공개 등 재정투명성을 높이기 위해 노력했다.

1998년도

1998년은 사상자활에서 처음으로 저소득층 특별취로사업이 시작되면서 바쁘게 움직였다. 지역주민들 중 특별취로사업에 참여하려는 많은 주민들이 자활센터에 방문하기도 하고, 실질적으로 사업에 참여하는 과정 속에서 아주 분주했다. 주민들 연령대는 대부분 50대 이상, 특별취로사업이라서 60대 이상 노인도 많았다. 이 사업은 거의 노임 살포 형태로 진행되어, 주공임대아파트 단지 내 어린이놀이터 모래 뒤집기, 쓰레기 줍기도 하였다. 그나마 장애인 이동 개선을 위한 계단 턱 없애기 작업은 휠체어 이동 개선으로 괜찮은 사업이었다.

시설관리공단과 연계하여 부산 시내 터널 세척작업도 실시하였는데, 당시 참여했던 아저씨들은 일거리가 있으면 어떻게든 적극적으로 하려는 의지가 높은 주민들이었다. 부두에서 해운대를 잇는 도시고속도로 터널 세척작업은 밤 10시부터 현장에 투입되어 준비 과정과 교통통제 과정을 거쳐 거의 12시가 되어서야 작업을 시작할 수 있었다. 우의를 입고 터널 벽을 솔질하다 보면 온통 땀으로 젖어버리는데, 쾌쾌한 매연 냄새를 막기 위해 마스크를 써도 코 부분에 금방 시커멓게 가루가 묻었다.

휴식시간에 빵이라도 먹고 잠시 쉬면서 서로 얼굴을 보며 격려하고 웃을 땐 밤샘 작업이라도 서로가 힘이 났다. 야간작업은 수당이 있기 때문에 작업이 있으면 거의 빠지지 않고 참여하기를 희망했다. 그러나 터널 세척작업은 1년을 채 넘기지 못했다. 자활센터가

용역업 등록이 된 업체도 아니었을뿐더러, 문제는 만약 사고가 날 경우 근로자의 산재처리 등 책임소재가 불분명하고, 하청계약 문제가 우려되어 결국은 일감이 중단되었다. 이후 시설관리공단은 터널 세척장비가 부착된 대형청소차를 구입해서 시설공단 소속 직원들이 직접 투입되어 터널 청소를 하였다.

일감을 구하다가 모래 싣는 바지선의 배 밑바닥에 있는 모래를 퍼내는 작업도 한 적이 있었다. 쇠로 칸칸이 칸막이 되어 있는 배의 밑바닥 부분에 쌓인 모래를 제거하는 작업이었는데, 땅굴 파듯이 배의 바닥 부분을 기면서 모래를 파 선체 밖으로 퍼내는 작업이 거의 한주간 계속되었다. 비가 오는 날도 있었는데, 비가 오면 작업이 더 힘들어지기 때문에 모두가 마음속으로 제발 비가 멈추기를 기도했더니 다행히 오후에 비가 그쳐 작업을 재개하여 기간 내에 작업을 마칠 수 있었다. 지금 생각해 보면 작업에 참여한 모든 주민들이 똘똘 뭉쳐서 한마음으로 열심히 작업을 했기에 가능했던 일이었다.

공동부업은 담당 실무자의 열성과 노력으로 안정된 상태까지 갔다. 그러나 부업 일감 연결과 납기준수 문제뿐 아니라 담당 실무자가 휴일과 명절에도 작업을 해야 해서 너무 힘들고, 투입한 노력 대비 창출되는 수익은 너무 적어서 중단하게 되었다. 일을 할수록 기업체만 좋은 일인 것 같아서, 나중에는 자활사업으로 부업은 적합하지 않다는 결론을 내리게 되었다. 당시 두리부업공동체 하청 일감은 등산화 끈 쇠 조립, 장난감 조립, 스티커 부착, 자동차 엔진룸 스폰지 보호비닐, 전기전자 전선 조립, 자동차 배선작업, 통발 어망 제작, 수술용 장갑 세척작업 등 다양했다.

1998년 초에는 실무자들의 교육을 위해 대구북구, 경기광명, 서울노원 센터를 방문하고, 위생관리용역 청소업체를 만들기 위한 과정과 절차를 조사했다. 위생관리용역업은 사업등록신고 때 인·허가를 받아야 하는 사업이었고, 그것에 따른 세무 행정 사항 등을 준비해야 했다. 그렇기에 자활센터 실무자의 능력과 자질은 초기자활사업을 진행함에 있어서 무엇보다 중요하고 필요한 요소였다. 그러나 자활사업에 대한 이해와 지식은 부족하더라도 실무자로서 자활사업에서 요구되는 기초적인 자질마저 부족한 실무자들이 드러나기 시작했다. 실무자 스스로도 자활사업에서 실무자의 역할과 의미를 인식하지 못해 결국 퇴사하는 일도 발생했다.

내부적으로 실무자의 교체와 더불어 1998년 중반에는 2단계 특별취로사업이 시작되었고, 조금씩 센터 업무체계를 점검하고 정비하면서 기초를 세워간 시기였다. 이 과정에서 점차적으로 사상자활 자체적인 독립회계와 전반적인 자치행정의 기틀을 만들었고, 복지관과의 관계에서도 이런 흐름으로 분위기가 변화되었다. 이전까지는 회계와 행정업무에서 복지관에 기대었던 심리도 있었고, 복지관에서 같이 생활하고 있었기에 복지관의 영향을 많이 받았다. 그러나 이성록 관장이 취임하고 복지관 내 지원인력이 부족해지면서 차츰 자활센터는 독립적으로 행정업무를 하게 되었다. 결정적으로는 1998년 후반에 모라복지관 박영규 관장이 자활센터장을 겸임해 취임하면서 사상자활은 완전한 독립기관으로 실질적인 행정, 사업진행, 시스템을 갖추게 되었다.

실무자들도 열심히 노력하여 두리부업공동체, 터널청소, 위생관리용역사업 등이 활발하게 진행되었다. 1998년 후반에는 드디어 위생관리 용역업체를 설립하여 담당 실무자 명의로 '다솔용역'이라는 사업체를 등록하였다. 청소는 청소 약품과 기계를 판매하는 연합상사의 도움을 받기도 하였으나, 정윤식 씨의 도움이 컸다. 정윤식 씨는 청소작업을 하면서 외벽이나 유리창 청소에 대한 고객 요구가 있어서 외벽 창문 닦는 전문가를 찾다 알게 된 분이다. 청소현장에서는 담당실무자가 함께 작업하면서 청소를 하는 경우가 많았는데, 작업을 하면서 주민들의 성격과 작업방식 등을 이해하고 작업 일정을 조정하고 관리하였다. 물론 반장이신 정○교 씨가 꼼꼼하게 열심히 작업하여 청소를 맡긴 업체의 만족도는 높았다. 청소 담당실무자는 작업현장을 정확하게 이해하고 알아야 주민들을 리드해 나갈 수 있었다. 그 외 청소장비, 약품, 청소기술을 공부하면서, 함께 성장하도록 지원하는 일에 최선을 다했다.

생산자협동조합 건설을 제안–정윤식 다솔용역 부장님의 제안서

절망의 땅에서 피는 희망의 꽃, 자활지원센터

사상자활지원센터가 자리 잡은 부산시 사상구 모라3동 주공아파트 1단지를 방문한 첫 느낌은 우선 분위기의 우중충함이 아닐까? 이곳에서 만나는 사람들 가운데는 젊은이가 별로 없다. 늙고, 초라하고, 병색이 비치는 행색을 한 이곳 주민들은 삶 자체가 피곤한 것 같다. 생활보호대상자의 통계만 보아도, 이곳 주민들이 얼마나 어려운 삶을 살고 있는지 알 수 있다. 1999년 2월 현재, 전체 2,551세대에 이르는 이곳 세대 가운데 73%에 해당하는 1,875세대가 각종 생활보호대상자이다.

12평에서 13평의 좁은 임대아파트에서 거주하는 주민들은 정부가 정책적으로 이주시킨, 부산에서 가장 빈곤한 거주지에서 살고 있다. 늙고, 병들고, 힘들고, 생계능력마저도 없는 그들에게 누가 희망을 불어넣을 것인가?

주공1단지 한가운데 자리 잡은 모라사회복지관에 사무실을 둔 사상자활지원센터는 바로 이런 주민들에게 희망을 불어넣어야 할 기관이다. 정부가 시행하는 자활프로그램의 각종 지원을 받는 이 센터는 주민들의 자활을 위해 존재하는 것이며, 운영만 잘 한다면 성공적인 사업을 성취할 수도 있다. 주민들을 위한 자활프로그램을 운영해야 할 유일한 기관인 사상자활센터가 성공한다는 것은 이 지역에 희망의 꽃을 피우는 것과 같지 않은가? 그렇다면 이 지역에서 활동하는 센터의 목표는 무엇이 되어야 하는가?

자활지원센터는 지역공동체건설을 목표로 해야 한다.

자활지원이라는 것은 말 그대로 자활이 쉽지 않은 사람들에게 스스로 일어날 수 있도록 하는 것이다. 그리고 궁극적으로 주민들이 자활할 수 있도록 하기 위해서는 자생, 자활 능력이 있는 주민들이 스스로 운영할 수 있는 조직을 갖추게 해야 한다. 그러기 위해서 이러한 조직체, 즉 자활할 수 있는 주민들의 공동체를 건설하고, 제대로 운영할 수 있도록 자활지원센터는 끊임없이 관심을 기울이고, 노력해야 한다. 주민들의 공동체건설은 결코 단기간에 이루어질 수 있는 것이 아니다.

많은 주민들이 생계에 대한 능력과 의지가 부족하며, 주변의 도움

없이 일어서기란 쉬운 일도 아니다. 센터는 이런 주민을 위해 다음과 같은 사항에 중점을 두고 접근해야 한다.

1) 다급한 생계문제의 해결

지역 주민들을 위한 고용을 창출하고, 정부를 비롯한 각종 기관에서 시행하는 자활프로그램을 최대한 가동하여, 주민들에게 당면한 생계의 문제를 해결한다.

2) 실용 가능한 직업훈련

주민들의 생활에 필요한 직업훈련을 실시한다.

3) 공동체건설을 위한 프로그램 운영

지역공동체가 건설될 때까지 각종 지원업무를 수행한다.

4) 주민들에 대한 의식교육

주민들은 지쳐 있고, 의타적이고, 무기력증에 시달리고 있다. 생활이 힘들어서 지쳐 있기도 하지만, 역설적이게도 각종 공공부조 사업으로 인해 의존적인 생활태도 또한 심각한 것이 사실이다. 일거리가 없으면 동사무소와 같은 공공기관에서 시행하는 공공근로사업이나 취로사업을 통하여, 또는 정부의 보조금을 받는 등으로 쉽게 받아먹는 방식의 의존적인 생활방식에 익숙해 있다. 이들에게 적극적이고 개척적인 생활태도를 불어넣을 수 있는 의식교육이 필요하다.

1998년 말 처음으로 '제1회 자활가족의 밤' 행사를 가졌다. 참여 주민들과 한 해 동안의 자활사업 참여결과와 내용에 대해서, 서로 공유하면서 평가하는 시간을 가졌다. 이 행사는 이후 매년 지속되어 자활센터의 1년 사업내용을 정리하고 점검하면서 성찰하는 기회로 삼았고, 참여주민들에게는 그간의 노고를 서로 격려하면서 의욕을 북돋우고 위로하는 자리이기도 했다. 1998년 보건복지부가 추가로 지정한 자활지원센터 설치기관은 부산동구, 대구남구, 울산북구와 남구, 전남해남, 충남천안, 전북전주이다.

1999년도

1999년은 복지부의 '노숙자자활지원사업' 프로그램 일환으로 지하철 의자 세탁작업과 건물상주청소 등을 진행하여 청소용역사업이 대단히 활발했다. 당시 IMF의 영향으로 실업문제에 대한 관심이 사회적으로 고조되어 점차적으로 자활사업이 활성화되기 시작하는 시기였다. 특별취로사업은 3단계로 나누어 진행되었다. 건축 개보수, 위생관리청소, 간병인 파견사업, 도배공동체 사업이 전개되어 지역의 다양한 주민들과 만나게 되는 계기가 되었다. 공공근로사업의 일환으로, 청소용역인 '깨끗한 집 가꾸기' 사업도 실시하였다. 부산지역 터널 청소, 상주 청소, 지하철 의자세탁, 부업, 건축사업, 용역사업 등을 통해 자활사업이 많은 활기를 찾은 해였다. 그러면서 점차적으로 참여주민들의 교육지원과 지역사회 활동에 대한 고민도 시작되었다.

각 자활근로사업단의 리더인 반장을 중심으로 매월 반장회의를 진행했다. 이때 각 사업단별 현황 공유나 건의사항 등에 대해 서로 의견을 듣는 자리를 가지고, 한편으로는 사업장별로 조금씩 다른 작업환경에 대해 이해하고 공감하기도 하였다. 자활센터 입장에서도 반장을 중심으로 자체적인 작업규칙과 질서가 만들어지면서 사업추진에 도움이 되었다. 간혹 참여주민들 중에 근로과정에 불만과

부산지하철 의자세탁 작업   특별취로사업 평가회

음주로 인하여 문제를 일으키는 경우가 있었지만, 열심히 참여하는 주민들과 실무자의 권고 등으로 결국 본인이 일을 그만두는 경우가 대부분이었다.

기억나는 한 사람이 있는데, 김○도 씨는 초기에 늘 주민들과 마찰을 일으키고, 폭언과 술도 자주 마셔 문제가 되었다. 센터로서 감당이 안 되어 결국 자활근로사업 참여를 중단시켰다. 그렇게 쉬다가 어느 정도 회복이 되어 다시 자활근로사업에 참여를 하셨는데, 다시 술을 마시면서 반복되는 실수로 결국은 자활근로를 중단하게 되었다. 그나마 규칙적으로 출근하면서 일을 하는 경우에는 건강의 문제라도 조금 나아지는데, 결국 몇 달 지나지 않아서 간암으로 사망하였다. 그 외에도 주민들 중에는 술 문제로 그만두면, 나중에 몸이 더 망가져서 건강을 잃는 경우가 있었다.

당시 자활참여자들은 현재의 수급권자보다 훨씬 일에 대한 성실성, 욕구, 의지 등이 강했던 주민들이 많았던 것 같다. 대부분 차상위 계층 참여자들이 많았다. 2003년에 당시 참여주민들을 가끔 만나면 모두들 나름대로 자신의 일을 찾아 노력하고 있었다. 그들은 IMF 상황 속에서 그나마 자활센터가 있어서 좌절하지 않고 일했으

278

며, 센터사업에 참여하는 과정에서 많은 도움을 받았다는 말들을
했다. 그런 과정에 실무자와 주민은 서로의 마음속에 따뜻한 교감
이 흐른다는 것을 느낄 수 있었다. 안타까운 것은 간혹 일이 없느냐
고 물어보는 과거 참여주민을 만날 때였다. 그때는 자활사업 참여
대상자를 수급권자나 차상위로만 국한할 때여서 일감 연결에 대한
어려움을 설명하는 정도밖에는 달리 해드릴 수 있는 일이 없어서
안타까웠다.

이때는 사상자활이 정착과정에 있었기에 중요한 시기였다. 사업
을 진행하면서 실무자 명의로 된 사업체는 폐지하고 7월에 자체적
으로 사업자등록을 했다. 부산교통공단으로부터 지하철 전동차 시
트 세척을 용역수의계약을 통해 수주 받아 진행하기도 했다. 청소
사업단 담당자였던 조의종과 실장인 정영수는 일거리를 찾아볼 거
라고 무작정 교통공단을 방문해서 인사를 했다. 때마침 부산지하
철 내부적으로 의자세탁 문제가 제기되었고, TV에서도 지하철 의
자 세탁 후 마르지 않은 의자를 이용한 시민의 불만이 방송되기도
했다.

사상자활은 세탁 전문기계를 보유하고 있었기에 의자세탁 작업
일감을 수주받을 수 있었다. 매일 운영되는 지하철에서 시민들이
앉는 의자는 세탁 후 건조까지 마무리되어야 다시 이용이 가능했
다. 사상자활은 이 세탁작업을 무리 없이 원활하게 잘 수행했다. 당
시 참여 작업자들이 노숙자시설에 거주하는 노숙인들로 구성된 사
업단이었음에도 이들의 열성과 성실한 작업으로 부산교통공단의
만족도는 높았다. 의자세탁의 효과는 지하철 노인 좌석의 노란색
시트를 보면, 세탁 후 효과를 눈으로 확인할 수 있었다. 세탁 전과

후에 노란색의 확실한 차이로 인해 세탁효과가 확인되면서 만족도가 높았다.

이는 당시 현장에서 작업을 총괄 관리하고, 노숙자들과 함께 작업을 했던 김용규 씨의 노력으로 가능했다. 그는 외벽줄타기 등 청소 분야 전문가였던 정윤식 씨의 소개로 청소사업단에 참여하게 되었다. 그러나 이 작업 또한 2년간 진행된 후에는 부산교통공단 내부의 계약방식에 대한 문제 지적으로 결국은 기존에 상주하는 청소업체로 계약이 넘어갔다. 지하철청소는 청소용역 업체에서 모든 지하철 내부 관련 작업을 한 번에 계약하는 조건이었는데, 교통공사 내부감사에서 별도 계약으로 지하철 의자세탁을 집행했다는 지적을 받았기 때문이었다.

2000년도

2000년에 자활후견기관(지활지원센터에서 명칭 변경)사업을 용역사업, 고용안정 지원사업인 취업알선, 간병사업, 단기적응훈련, 주민교육, 생업자금융자 알선, 청소년 자립지원사업으로 나누어 진행하였다. 당시에도 특별취로사업은 지속되었고, 후견기관에서 추진하던 청소용역사업 중 지하철 전동차 시트 세척사업은 1999년에 이어 부산교통공단으로부터 용역계약을 수주 받아 진행하였다.

특징적인 것은 이 시기부터 자활후견기관의 수가 대폭 증가하기 시작하여 50여 개 후견기관이 추가 지정됨으로써 전국에 70개의 자활후견기관이 생기게 되었다. 따라서 각 지역별로 지부모임이 진행되기 시작하였다. 이때 부산지역에서도 경남지역, 울산지역과 연합하여 실무자 워크숍을 진행하였으며, 점차적으로 지부 형식의 모

임을 진행하기 시작하였다. 사
상자활은 당시에 자활사업을
먼저 시작한 초기센터로서 지
부모임을 주도하고, 지부사업
을 진행하는 역할도 담당하였
다. 실제 1999년 10월 한국자
활후견기관협회 부산, 울산,
경남, 제주지부장으로 사상자
활의 박영규 관장이 선출되었
고, 2000년부터 실질적인 지
부모임이 시작되었다.

부산 · 경남지역 자활후견기관 워크숍

　이 시기에 자활후견기관의
관장과 실장은 내부적인 업무역할보다는 전국적인 협회의 발전과
지역자활사업의 발전을 위한 역할에 더욱 힘을 쓰고 기여했다. 이
것은 후견기관 내의 모든 실무자들의 적극적인 지원과 협력으로 가
능했으며, 기관에서 진행되는 사업에는 관장과 실장이 적극적으로
지원하지 못하는 상황이었음에도 실무자들 스스로가 역할을 나누
어 감당했던 결과였다.

　1999년 9월 7일 국민기초생활보장법이 제정되어 2000년 10월 1
일부터 시행되면서, 자활후견기관은 전환기를 맞이하게 된다. 당시
입법되기 전부터 전국 '지역대표 실장단회의' 등을 통해 생활보호
법에서 국민기초생활보장법으로의 제도와 자활정책 변화과정에 참
여했다. 자활후견기관으로서 중추적인 역할과 자활사업 발전에 대
한 기대감으로 국민기초생활보장법 제정에 적극 참여했었다. 그러

나 국민기초생활보장제도의 법적인 틀과 체계의 테두리 안으로 들어오면서 오히려 자활지원사업에 대한 후견기관으로서의 역할과 정체성에 대한 고민, 그리고 어려움이 더욱 가중되었다.

사상자활 내부적으로 하반기에는 실무자의 이직으로 인한 변화도 생겼으나, 몇 년 동안 조직시스템이 정비된 후라 큰 영향은 받지 않았다. 신규로 생겨난 후견기관들에게 그동안의 자활사업에 대한 경험과 정보 그리고 자활사업에 대한 상세한 자료 등을 적극적으로 제공하면서 지역연대와 자활사업의 연대감을 형성하는 데 기여했다. 이것은 당시 사상자활에서 지속적으로 노력한 연대사업의 과정이며, 타 기관에 심어준 '사상자활'의 이미지에 좋은 영향을 주었다. 그러나 더욱 내실 있는 자활사업 진행과 발전을 위해 자활활동가, 자활전문가로서 더 많은 노력과 열정이 요구되었다.

2001년도

2001년은 전국적으로 자활후견기관의 수가 157개로 급증하였으며, 부산에서도 16개 구군에 1개씩 지정되어 16개로 늘어났다. 2000년에 이어 국민기초생활보장법이 본격적으로 시행되면서 자활후견기관의 역할에 대해 생각하기 시작한 해였다. 국민기초생활보장법과 자활사업에 있어서 자활후견기관의 역할이 무엇인가? 단순히 일반적인 사업적 성격 즉 수익창출과 자활사업단 추진만이 아니라, 자활을 후견하는 기관으로서의 역할을 모색하게 되었다. 예를 들면 그동안 특별취로사업을 추진하면서 실무자의 역할이 사업단을 운영하는 것으로만 한정될 수 있는 점에 주의하여 자활후견기관 실무자로서 업무 역할을 검토하게 된 것이다. 대개 실무자들은 자기를 소개할 때 '○○사업단을 맡은 누구입니다'로 인사했고, 자활근로사업단만 관리하는 업무를 수행하는 사람으로 여겨지는 듯했다. 자활사업을 시행하면서 참여주민들에 대한 폭넓은 교육의 필요성과 지역에서 후견기관의 역할이 무엇인지 등 포괄적으로 자활후견기관의 역할과 실천에 대해 모색하게 되었다.

국민기초생활보장법에 명시된 자활후견기관의 운영목적을 보면 "근로능력 있는 저소득층에게 집중적, 체계적인 자활후견서비스를 제공함으로써 자활의욕고취 및 자립능력 향상을 지원하고 저소득층 자활 및 생산적 복지구현을 위한 핵심 인프라로서의 역할을 수행토록 함"이다. 그러나 자활 현장은 자활근로사업 진행과 자활공동체 만들기에만 집중되어 있었다.

하반기는 보건복지부의 자활후견기관 평가 때문에 서류정리와 점검의 시간도 가질 수 있었다. 그러나 평가 이후 자활사업의 발전보다는 자활후견기관 간의 연대감이 저하되는 현상이 나타나서 문제가 되었다. 2001년부터는 특별취로사업이 아닌 'UP-Grade 자활근로사업'을 시행하게 되었다. 또 자활근로사업보다 한 단계 나아가서 자활공동체를 만들어야 한다는 심리적 부담도 많이 작용했던 시기였다. '국기법(국민기초생활보장법)'이 시행된 직후라 '국기법'에 대한 설명회 등 홍보와 전파에도 노력하였다. '국기법' 시행으로 전국적으로 자활후견기관의 수가 대폭 증가하였으나, 자활후견기관의 증가에 대해 충분한 검토와 점검 없이 급작스럽게 진행되는 듯했다.

사상자활은 지역적인 특성으로 특별취로사업을 진행하던 때의 참여자보다 더욱 제한된 참여주민들과 함께 자활사업을 진행하게 되었다. 당시 특별취로사업을 진행할 땐 기관에서 참여자 선정

한국자활후견기관협회 부산지부 주관 제1회 부산자활한마당 행사

이 가능하여 보다 성실하고 적극성을 가진 주민이 사업에 참여할 수 있었다. 그러나 이후 자활참여 주민은 주로 수급권자로 국한되었으며, 사업 참여에 적합한 참여주민 선택이 불가능해지면서 점점 자활사업 진행이 더 어려워지게 되었다. 국기법 시행 전 자활센터 초기는 수급권자는 아니지만 차상위 주민들이 자활사업에 참여해서 더욱 열심히 일했고 적극적이어서 성공의 가능성이 높았던 것 같다. 그중에 각 사업단의 리더 역할이 가능한 주민도 있었고, 또 내부적으로도 그들을 통해 자연스럽게 사업단의 체계가 서는 현상도 있었다. 그러나 당시에 능력 있었던 참여주민을 인건비 지원이나 추가적인 지원이 없어서 계속 기관에 붙잡아두지 못했기에 이후 사업을 진행하면서 더욱 아쉬움과 미련이 남았다. 지금은 사업비에서 전문가 인건비 책정 등이 있으나, 당시는 일반자활근로 참여자들과 동일한 급여가 지급되었기에 우수한 참여자 리더들을 붙잡을 수 없었다.

'국기법'이 시작되자마자 요구되는 자활사업 실적과 결과물에 쫓기기도 했지만, 당시 자활근로 참여주민들은 열심히 노력했고 집

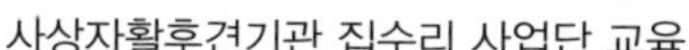
사상자활후견기관 집수리 사업단 교육

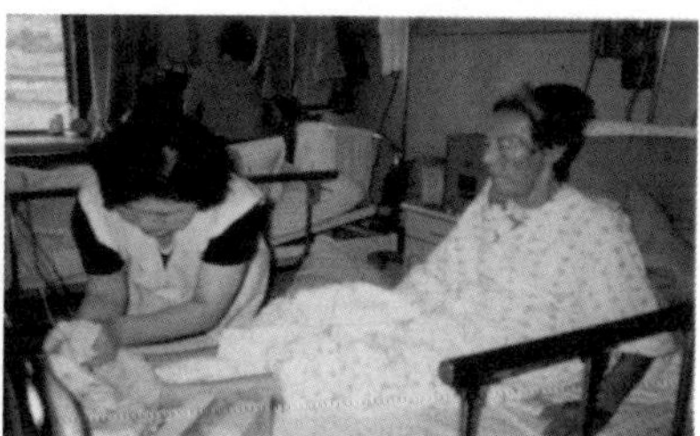
간병사업단 활동

수리공동체 '그린리모델링' 팀이 자활공동체로 출발하기도 했다. 자활사업이 점차 활성화되면서 복지관 박영규 관장의 적극적인 지원으로 복지관 3층 도서관 자리를 사무실로 전환 활용하게 되었고, 사상자활은 더욱 활기를 띠게 되었다.

청소년자활지원관은 2001년부터 예산에서 독립적인 체계를 갖도록 하는 지침이 복지부로부터 시달되었고, 청소년자활의 실무자도 정식으로 2명을 갖추도록 지침이 내려왔다.

부산지역에서는 처음으로 부산지역 기관들이 연합하여 '제1회 부산자활한마당' 행사를 가졌다. 당시 사상자활은 실질적으로 한국자활후견기관협회 부산지부를 맡아 진행함으로써 지역연대에 기여한 점은 좋은 결과였다. 지역사무국 실무자가 없는 상황에서 사상자활 실무자들의 도움으로 관장과 실장이 지역사무국의 역할까지 수행하였고, 그런 과정이 있었기에 지부가 설립되어 연대할 수 있었다.

전국적으로 후견기관의 수가 2001년 157개로 급증하면서 중앙협회 소속 각 지역지부의 역할이 중요하게 자리 잡기 시작하였다.

전국 대부분의 기관에서 업그레이드 자활근로사업을 진행하였는데, 대개는 비슷비슷한 사업들이었다. 집수리, 청소, 간병인, 재활용 등 복지부의 표준화사업을 한두 개씩 진행하는 형태였다.

초기에 자활공동체로 출범했던 '그린리모델링' 팀이 해체되는 안타까움을 겪기도 했고, 점점 자활후견기관의 역할이 자활근로를 실시하는 기관으로 되어가는 느낌이었다. 대부분의 실무자들이 소개를 할 때면 '○○사업단을 맡고 있는 아무개입니다.'가 마치 공식적인 인사가 되듯이 받아들여졌고, 실무자들이나 자활관련자들이 만나면 서로의 인사가 '사업 잘되십니까?'였다. 이러한 상황 속에서 사상자활은 가능한 자활후견기관의 정체성과 역할을 찾기 위해 애썼다. 자체 모임과 평가를 통해 자활후견기관의 역할이 자활근로사업만을 하는 기관이 되지 않도록 노력했다. 그러나 시간이 지나면 다시 자활근로에만 몰두하고 있는 모습을 보게 되었다.

사상자활은 후견기관으로서 지역에서 연대사업을 위한 노력, 주민을 향한 기관, 지역주민을 위한 교육과 모임의 장으로서 역할을 할 수 있는 기관, 그리고 자활사업을 위해 전문적 역할을 할 수 있는 기관이 되는 것을 목표로 잡았다. 목표는 거창했지만 제대로 된 실천은 부족했다. 하지만 지속적으로 노력 중이었다. 이러한 현상을 극복하기 위해 자활사업의 제도적인 개선과 정책적인 변화가 요구되었다. 기관의 실무자들도 더욱 노력하고 공부하여, 스스로 능력을 개발하고 향상시킬 수 있는 다양한 교육과 훈련이 요구되었다. 그리고 기관에서 진행 중인 자활사업의 주된 참여자인 조건부 수급권자에 대한 다양한 서비스와 그에 따른 다양한 프로그램의 개발이 필요했다.

그러나 여전히 특별한 다른 교육이나, 훈련, 서비스 등은 부족했다. 오히려 수급권자들은 '국기법' 초기에는 열심히 노력하기도 하였으나, 점점 법의 체계와 적용 내용에 대해 너무나 잘 파악하게 되면서 자활을 위한 적극적인 노력과 실천보다는 현 상황을 유지하면서 안주하려는 경향이 강하게 나타나고 있었다. 이런 현상은 마치 자활후견기관은 어떻게든 일을 시켜야 하는 위치로 인식되어졌고, 주민은 주민대로 현 상태에 만족하니 좀 더 편안하게 참여하면서 대충 지냈으면 좋겠다는 분위기가 사업을 진행해갈수록 드러났다. 실무자는 실무자대로 지쳐가는 모습을 보며, 자활사업의 올바른 방향과 방법은 무엇인지 고민이 깊어졌다.

복지부도 잦은 인사교체로 인하여 정책이 부재하고, 한국자활후견기관협회는 전국의 다양한 성향의 기관들이 모인 조직이다 보니 강력하게 하나로 뭉치는 힘이 약하고, 더구나 사무국의 기능이 체계적이고 조직적이지 못한 분위기가 있었다. 지부조직 역시 연대의 중요성과 필요성을 중요하게 생각하지 않는 몇몇 센터들도 있었다. 연대참여가 저조한 실무자들, 자활사업 관련 새로운 사업아이템 개발문제, 자활공동체 설립에 대한 중압감 문제가 나타나기 시작했다. 기관 실무자들의 잦은 교체와 낮은 처우환경 개선 등 자활과 관련한 지역사회의 환경과 여건이 발전되어야 한다는 문제인식이 조금씩 나타나기 시작했다. 그럼에도 불구하고 현장의 느낌이나 분위기와는 다르게 복지부의 방향성 없는 정책과 평가 그리고 지침 등은 계속해서 쏟아져 나오고 있었다.

부산지역 지부는 나름대로 조직적인 틀과 구조를 갖춘 상태였으나 상근실무자인 사무국장 채용은 아직 이루어지지 않고 있어서 우선 해결해야 할 과제로 남아 있었다. 연대사업의 중요성이 부각되어 광역단위의 부산복지간병인사업단, 청소사업단, 집수리건축사업단 등이 부산지역 각 기관의 참여로 활발히 진행되었으나, 각 기관 담당실무자의 잦은 교체로 어려움을 겪고 있었다. 그리고 각 연대사업단별로 추진력을 가지고 리더십을 발휘해야 할 실무자들은 개별기관에서 부과된 업무량으로 인해 보다 적극적인 활동을 하기에는 한계가 있었다. 이런 상황 속에서도 사상자활은 부산에서 제일 먼저 지정된 기관으로서 역사적인 정체성을 찾으려는 노력으로 연대활동에 참가하고 주도적인 역할을 담당했다.

'자활'이란 화두에 대해 정확히 뭐라고 단언하여 말하기는 어렵지만, 자활에서 일하는 실무자들에게 '자기 힘으로 살아가는 자활의 의미'가 정확히 인식될 필요가 있고 중요하다. 무엇보다 자활사업의 주체인 참여주민이 자기 스스로의 힘으로 살아갈 수 있도록, 실무자와 기관, 행정부처 등이 함께 지원하고 힘을 모아야 한다는 것이다. 그동안의 과정 속에서 '자활'의 의미를 잊어버리고, 국민기초생활보장제도 속의 인프라로만 여기면서, 자활센터가 성과와 실적에 급급한 모습이 많았기 때문이다.

진정으로 자활참여자가 스스로의 힘으로, 스스로의 능력과 의지로 살아갈 수 있도록 지원하는 일에 온전히 집중하고, 그것을 위해 최선을 다해야 했는데 부족했다. 자활사업은 참여주민을 주체로 세우는 일이고, 그래서 사람의 일인 것이다. 당장의 사업진행과 성과에만 연연할 것이 아니라, 철저하게 지역주민과의 좋은 관계 만들기에 집중하고, 필요한 후견기관이 될 수 있도록 노력할 것을 다짐했다.

사상자활은 그동안 자활사업의 지부 역할과 연대성을 중시하여, 전폭적인 지원과 외부적인 활동을 많이 하였으나, 2001년에는 내부에 충실하기 위해서 노력했다. 그러나 이런 과정에서 무엇보다, 실무자의 자활사업에 대한 깊은 철학과 역량이 아직 부족하다는 생각이 들었고, 실무자 모두가 진일보한 발전을 위해서는 기본에 충실해야 한다는 생각이 들었다. 이제 자활사업도 어느 정도 안착되어 가는 중이며, 무엇보다 외부로부터 성과와 실적을 요구받고 있고, 또한 참여자의 숫자가 중요시되는 시점에서, 과거의 자활 운동성만을 강조하기에는 역부족이었다. 더구나 내부적인 자체평가와 성찰을 통해 사상자활은 참여주민들에 대한 보다 체계적인 교육 혹은 지원, 리더 발굴, 사례관리, 주민관계 등에 대해 더욱 많은 노력이 필요하다는 결론을 내렸다. 그러면서 적극적인 실천이 있어야 하고, 정말 중요한 사람과의 관계와 지속적 관심, 지원이 너무나 약했음을 느끼게 되었다.

2001년은 다시 초심으로 돌아가 새로운 마음가짐으로 노력해야 할 때였다. 외부적인 자활의 여건과 지원책이 너무나 미흡한 것은 사실이나, 이제 그런 것을 탓할 때가 아니라 오히려 보다 적극적이고 체계적인 노력이 요구되는 시점이었다. 몇 년간에 걸쳐 계속된 청소, 집수리, 간병, 비누, 컴퓨터사업단의 테두리에서 다소 변화된 새로운 사업의 아이템 개발과 시도가 필요하고, 그러한 시도가 가능해지기 위해선 실무자의 일차적인 노력과 적극성, 역량강화가 필요했다. 또한 참여주민의 도움이 절실하며, 사업의 주체인 주민의 능력이 있어야 했다. 그러한 주민을 찾고 또 주민들의 역량이 발전할 수 있도록 다양한 지원과 관심이 있어야 할 것이다. 점차 변해가는 자활의 여건 속에서 사상자활도 경쟁력과 성과를 도출해내기 위해서는 보다 긴장감을 가지고 더욱 노력하는 자세가 필요했다. 역시 자활사업은 실무자와 참여주민의 노력이 무엇보다 중요하다.

초기 부산지역자활센터

부산진자활후견기관-이성조[3]

부산진자활후견기관은 1998년 국가부도로 인해 IMF구제금융으로 시작된 위기상황에서 1998년 7월 부산경실련, 부산참여자치시민연합, 민주노총 부산지역본부, 부산여성회 등 13개 단체가 '부산지역실업대책협의회'를 발족시키면서 시작되었다. 당시 사무국장은 부산경제정의실천연합의 이동환 사무처장이 맡게 되었다.

1998년부터 전국 단위의 '실업극복국민운동본부'가 결성되어, IMF경제위기로 인해 쏟아지는 실업자들을 위한 사업으로 구직활동을 포함한 생계비지원사업 등을 시작했다. 실업극복국민운동본부는 약 2년 동안 인건비와 사업비를 지원하며, 각 지역에서 실업대책활동을 위한 조직체를 전국적으로 결성하고, 지역 차원에서 실업대책활동을 하도록 지원했다. 실업극복국민운동본부는 실업자지원활동을 하면서 실직자 1인당 농협상품권 10만 원을 3회에 걸쳐 30만 원을 지원했다. 지원 당시 근로의욕고취, 취업활동지원 등의 교

---

3 2000년부터 부산진자활후견기관 실장으로 시작하여, 부산진자활후견기관장을 역임하였다. 이 글은 이성조의 기고글이다.

제1회 자활한마당 참가 중인
부산진자활후견기관

부산복지간병인 사업단 교육

육을 결합하도록 하였다. 그리고 각 지역의 실업극복지원센터에 구직활동을 지원하도록 했다. 구직활동지원으로는 교육과 취업정보 제공, 공공근로일자리 소개와 참여가 일어나도록 했다.

이런 일을 하는 과정에서 김대중 정부가 1999년 국민기초생활보장법을 제정하고 2000년에 시행하면서 보장법안에 자활사업 실시를 법제화하여 각 시군구에 자활지원센터를 설치하게 되었다. 부산에서도 실업자지원의 계속성을 담보하기 위해 실업극복지원센터가 소재한 부산진구가 자활후견기관 위탁을 신청했다. 신청 결과 부산진구가 2000년에 자활후견기관을 위탁받았다. 부산실업극복지원센터가 운영주체가 되어 2000년 '부산진자활후견기관'이 출범하였고, 직원들도 실업극복지원센터의 실무자들이 다수 참여하였다.

당시 부산진자활후견기관에는 이성조, 손치훈, 김명숙 등이 함께 출발했다. 실무자들은 국민기초생활보장법 내 자활제도를 볼 때 다양한 지원제도를 활용하면 노동능력이 취약한 사람들도 능히 스스로 생계비를 벌어서 자활할 수 있을 것이라고 생각했다. 그러나 취약계층만으로 자활사업체를 꾸려서 독립운영하게 되면, 시장경제에서 살아남기가 매우 어렵다고 판단했다. 그리하여 자활공동체로 독립하는 사업체에 자활후견기관 사업단 담당자도 함께 참여하는 방식으로 계획을 세웠다.

'열심히 일하자, 자활참여자와 함께 저 거친 시장경제에 뛰어들자, 그리고 같이 살아남자'라는 구호 아래 열심히 일했다. 하지만 자활참여자들이 가지고 있는 특성을 어떤 경로로 노동과 복지로 결합시켜 낼 것인가, 자활의 단계적 특성과 그에 상응하는 제도의 정립, 이런 부분들에 대한 깊은 고민이 매우 부족했었다. 그럼에도 불구하고 장기실직, 건강, 가정형편, 노동능력 등 여러 면에서 취업 경쟁력이 낮은 기초수급자와 저소득층 주민과 함께, 자활을 꿈꾸며 활동했던 그 시절 우리는 모두 진심이었다.

해운대지역자활센터-이윤호[4]

해운대지역자활센터는 대한성공회 반송동 나눔의 집으로부터 시작되었다. 대한성공회 사제였던 나는 1996년 2월 반송동 나눔의 집 원장으로 발령을 받았다. 반송동은 한국전쟁 피난민들의 집단이주촌으로 가난한 사람들이 많은 지역이었다. 반송동 나눔의 집에서는 방과 후 아이들의 돌봄이 시급하게 필요하다는 생각에 공부방 사업을 시작했다. 1997년 IMF외환위기 영향으로 반송동에서 가내 공업으로 봉제사업을 하던 주민들이 사업에 실패하면서 도심으로 나가려는 현상이 많았다. 나눔의 집에서는 그들의 아이들을 보호해

---

4 2000년부터 해운대자활후견기관장을 역임하였다. 이 글은 이윤호의 기고글
   이다.

자활사업 참여자 의욕증진 프로그램   리더십 향상을 위한 참여주민 자활학교

야겠다는 생각과 부모들이 반송을 떠나지 않고 일자리를 찾을 수 있도록 하기 위해서 자활사업 계획서를 냈다.

1997년 어느 날 대한성공회에서 서울관악자활지원센터를 시범 운영하고 있었던 송경용 신부로부터 연락이 왔다. 전국에 생산공동체 운동의 원형을 가지고 자활시범사업을 10곳을 지정해서 하고 있는데, 부신에서도 시범사업공모에 참여해보라는 것이었다. 당시 대한성공회가 모(母)법인인 사상종합사회복지관에 근무했던 추승엽 부장이 자활사업계획서를 만들었다. 그러나 처음 사업계획서는 선정되지 못했고, 2000년 8월 1일에 지정되었다. 반송지역 자활사업을 위해, 서울 사례를 참고하면서 반송지역 현황 조사도 진행했다. IMF 영향으로 반송지역 또한 일자리를 잃은 주민들이 많았고, 실업대책이 시급히 필요하다는 것을 알 수 있었다.

당시 자활후견기관 선정과정에서 자활사업에 대한 이해 정도를 센터책임 예정자에게 설명을 하도록 했었다. 그래서 자활사업 관련 설명을 하고, 자활후견기관 공간을 마련하여 사무실을 준비하곤 했었다. 국민기초생활보장법에 의한 자활사업이 처음 시작되어 자활사업에 대한 이해가 부족했던 시절이라 자활사업 실무자를 구하기도 어려웠다. 그러나 그 당시에 복지관을 그만두고 쉬고 있던 이선주를 만날 수 있었다. 그 외 센터 회계담당자로 김은정을 만나고, 세차사업단을 담당하게 될 심재철 등을 만나면서 드디어 반송지역에서 자활사업을 시작하게 되었다. 해운대구 중 자활사업 참여자의 80%가 반송동 영구임대아파트에 거주하는 주민이어서 그런 지역 특성으로 반송에서 시작되었다.

대한성공회는 지역에서 소외되고 어려운 이웃에게 좋은 '친구'로, 가난한 이들에게 '나눔'을, 질병으로 고통받는 이들에게 '도움'과 '보살핌'으로, 종교적이고 사회적인 편견을 넘어서서 아주 작은 나눔으로 큰 행복을 찾고자 하는 사명이 있었다. 해운대자활후견기관은 그 법인의 정신을 이어가고자 저소득주민에게 지속적인 상담과 교육을 통해서 근로의욕 증진과 자활의지를 향상시키고 있다. 동시에 전문적인 기술교육을 지원하여 지역주민과 함께 하는 자활후견기관이 되고자 노력했다. 많은 이들의 숨은 노력이, 지금까지 반송을 비롯해 해운대를 꿈꾸세 했다.

연제지역자활센터-정덕용[5]

1988년부터 2000년 사이에 부산지역은 노동운동에서부터 다양한 부문운동이 발현하던 시기였다. 이런 부문운동은 시민권리를 강화하는 시민운동으로 대중적으로 많은 관심을 받고 있었다. 1990년대 부산지역에서도 다양한 지역부문운동이 벌어지고 있었다. 이

---

5 2001년부터 연제자활후견기관장을 시작으로, 현재까지 연제지역자활센터장을 맡고 있다. 이 글은 정덕용의 기고글이다.

때 탁아운동, 공부방과 도서원 운동, 지역운동으로 사상의 정자나무 지키기, 남구 늘푸른시민모임, 동화 읽는 어른 모임 등이 전개되고 있었다.

이러한 지역운동의 흐름 속에서 1996년 국회의원 선거가 있었는데, 전국교직원노동조합 부산지부 박순보 위원장이 국회의원 후보로 연제구에 출마하게 되었다. 이를 계기로 1997년에 연제지역자활센터의 모(母)단체인 '연제공동체'가 출범했다. 연제공동체는 선거운동 자원봉사자들과 지역주민이 결합하여 만들었다. 연제공동체는 오전에 어머니 한글-한자-영어교실을 하였고, 오후에는 부산지역의 다양한 사회적 문제 해결을 위해 여러 단체들과 연대활동을 전개했다. 연제공동체 대표는 박순보, 최종태, 정덕용, 김이수 씨로 이어졌다. 대표적인 활동을 정리하면 주민자치운동, 맑고 아름다운 온천천 만들기 운동, 지역공동체연결망 건설 운동, 그리고 도서원을 비롯한 문화교양운동 등이다.

1998년부터 2000년까지 실업극복국민운동본부에서 금 모으기 운동과 일자리 만들기 운동이 벌어지는데 연제공동체는 실업극복국민운동본부에 '물만골 마을공동체 일자리 만들기 지원계획'을 응모하여, 1999년부터 2001년까지 3년에 걸쳐 약 5천만 원의 지원사업을 받게 되었다. 물만골 마을공동체 일자리 만들기 계획의 핵심은 노인들을 중심으로 한 재활용사업에 트럭지원, 부녀자를 위한 봉제사업에 일거리와 재봉틀지원, 청·장년층을 위한 건축사업과 청소사업을 위한 행정지원 등을 내용으로 했다.

IMF금융위기 시절에 전국적으로 사회안전망 구축운동이 펼쳐지고 있었고, 국민기초생활보장법이 1999년 9월에 제정되었다. 이 시

연제공동체 자활후견기관 개소식

기 연제공동체는 국민기초생활보장법 제정 운동에 참여하고, 성미산을 비롯한 마을공동체 탐방과 빈민운동의 협동조합교육에 참여하게 되었다. 마을공동체 탐방을 통해 마을에서 일자리를 만들 수 있는 공동체 정신을 배웠고, 빈민운동 중 생산협동공동체 공부를 통해 협동과 나눔의 가치를 인식하게 되었다. 그래서 활동할 수 있는 인력을 확보하려고 협동과 나눔의 가치를 인식하고 있는 활동가를 준비하였다. 1998년에는 공공근로에 집수리사업으로 참여하여 일반 지역주민 중에 공동체성을 가진 사람을 찾기 위해 노력하였다.

연제공동체는 1999년부터 2000년 초까지 내부논의를 거쳐, 2001년 7월 연제자활후견기관을 지정받게 되었다. 사업계획의 핵심은 마을 주민들의 자발성을 이끌기 위한 주인의식 배양과 활동이며, 이익공유로 협동과 나눔의 정신을 통하여 행복한 삶을 영위하는 거였다. 사업으로는 물만골 사업의 경험을 바탕으로 한 재활용, 집수리, 청소, 간병사업이었다.

연제공동체가 위탁받은 연제지역자활센터는 이전의 공공근로 집수리사업의 경험과 물만골 일자리 만들기 자활사업의 경험을 바탕으로 생산과 나눔과 협동의 정신을 구현하기 위해서 노력하였다.

국민기초생활보장법상의 자활사업은, 제도 이전에 자발적 의사에 의해 참여한 사람과 제도에 의해 비자발적으로 참여한 사람의 차이가 있었다. 연제자활후견기관은 연제공동체의 정신을 이어받

아 자발성과 비자발성의 간극
을 좁히기 위해 노력하였다.
연제자활후견기관은 제도화
된 자활사업에 참여자의 자발
성을 높이기 위해서 다양한 인
문적, 경제적, 사회적인 교육
과 동거동락(同居同樂)하는 전

제1회 자활한마당 참가 중인
연제자활후견기관

략으로 활동을 전개하였다. 동거동락 전략은 센터의 실무자들이 자
활사업에 참여한 주민들과 같이 창업에 참여해서 자활사업의 모범
을 만드는 것이었다.

다른 한편으로 연제지역자활센터는 자활센터 간의 공동사업, 공
동목표를 위해서 적극적으로 연대활동을 펼쳤다. 각 지역자활센터
의 자활사업단 네트워크, 전국단위 사업단 네트워크의 안정적인 운
영에 기여하였다. 또한 안정적인 일자리 만들기를 위해서 지금의 장
기요양 등 돌봄사업인 간병사업과 집수리사업을 주거복지개념에
적용하여 현금급여를 현물급여로 전환시키는 데 일익을 담당하였
다. 대표적인 실적으로 간병사업은 연제지역에 돌봄의료사회적협
동조합과 나눔의원의 토대가 되었고, 집수리사업은 부산주거복지
센터 설립에 기여하였다.

하지만 제도화된 자활사업은 한계가 나타나기 시작했다. 센터의
실적 평가를 바탕으로 운영비의 차등화가 시작되고, 협력은 공동
의 목표가 아니라 센터의 실적을 위한 협력이 주를 이루게 되었다.
그리고 복지부의 자활사업 안내지침에 의한 것만이 정당성을 인정
받는 것으로 정착되면서, 자활사업 참여자는 주체성보다는 대상적

관리체계로 편입되는 경향을 보이게 되었고, 자활의 운동성은 점점 사라져 갔다. 생산과 나눔과 협동의 정신은 생산의 협력과 분업화를 통하여 공동이익과 공동분배의 나눔이 진행되어야 하고, 이를 위해서 협동하는 연대가 주요한 이념이자 실천 지침인데, 그러한 자활운동성은 점점 희미해지고 있다.

북구지역자활센터-유영란[6]

북구지역자활센터의 모(母)법인인 부산여성회는 1997년 IMF 경제위기 속에서 어렵고 힘들게 살아가는 부산지역의 많은 여성실업자들을 위하여 1998년에 '여성실업대책본부'를 조직하였다. 그 속에서 실업상담과 재취업훈련을 전개하면서 한국여성단체연합 및 실업극복국민운동본부와 연계하여 일시적 지원이지만 생계비 쿠폰 지급사업을 활발하게 펼쳤다. 아울러 1998년 부산지역의 실업문제를 해결하기 위한 활동으로 부산실업극복대책위원회 활동도 지역의 많은 시민단체들과 함께 열심히 했다.

부산에서는 가장 저소득층이 많이 사는 북구지역에서 자활사업을 하게 된 것은 '여성실업대책본부' 사업을 하면서, 생계의 어려움을 호소하는 북구의 많은 지역주민을 만난 것이 인연이 되었다. 부산여성회는 2000년부터 북구지역 회원들과 북구지역 조사를 비롯하여, 국민기초생활보장법에 의한 자활사업에 대한 이해를 높이기 위한 활동을 펼쳤다. 당시 부산여성회는 한국여성노동자회 부산지

6　2001년부터 북구자활후견기관 실장으로 시작하여 북구자활후견기관장을 역임하였다. 이 글은 유영란의 기고글이다.

제1회 자활한마당 참가 중인
북구자활후견기관

가을로 떠나는 여행

부로서 전국적 자활네트워크를 구성하여 서울구로삶터자활, 인천
부평자활, 안산양지자활, 부천나눔자활, 광주서구자활, 마산희망자
활과 함께 교류하고 있었다. 이들은 저소득주민의 실업대책과 노동
을 통한 자활자립을 어떻게 할 수 있을까 하는 것에 대한 관심이 매
우 높았다. 생산협동공동체에 대한 공부와 함께 사례연구를 하였
고, 자활사업을 통해 실제로 '실과 바늘'이라는 여성자활공동체를
조직하기도 하였다.

이런 배경에서 부산여성회는 2001년 사업계획서를 제출하고, 보
건복지부로부터 그해 7월 제92호 북구자활후견기관으로 지정받았
다. IMF 외환위기의 후폭풍은 2001년까지 이어지며 지역사회의 절
대다수를 빈곤층으로 전락시켰고, 그 속에서 사회양극화로 인한 빈
곤문제는 많은 사람들의 삶을 옥죄고 있었다. 당시 일자리를 찾기
위해 북구자활후견기관을 방문한 주민들은 가난한 부모 밑에서 빈
곤을 대물림한 가난한 주민들과 IMF로 인해 갑자기 일자리를 잃고,
조건부수급자가 되어 기관을 찾은 주민들이 많았다.

빈곤을 대물림한 주민들은 노동의욕이 떨어졌고, IMF로 인해 갑

자기 일자리를 잃은 주민들은 '내가 왕년에~'라는 생각 때문에 자활사업 참여에 애로사항이 생기기도 했다. 그러나 열심히 일해서 빈곤을 벗어나고자 노력하고 애쓰는 주민들이 있었기에 많고 많은 사연의 주인공들과 함께 '자활희망 만들기'를 시작했다. 북구지역자활센터는 자활사업이 빈곤해소와 지역사회통합에 기여하고, 자활사업의 큰 목표인 지역사회 활성화를 이루어가는 주춧돌이 될 수 있도록 기여하고자 했다. 북구지역의 가난한 주민들이 공동체 경험을 바탕으로 소득증대와 협동의식을 배양하고, 정서적인 자활을 토대로 자기 삶의 주인이 되어 지역사회의 당당한 주민으로 살아가기 위한 출발을 시작한 것이다.

생산 · 나눔 · 협동으로 사회통합과 자활복지를 실현하는 사회안전망 지역자활센터

국민기초생활보장제도의 핵심 기관인 한국자활복지개발원-광역자활센터-지역자활센터로 이어지는 자활사업 추진체계는 저소득층 주민이 자율과 노동을 바탕으로 주체적인 삶을 실현하도록 지원하고 있다. 이는 단순한 소득보전을 넘어 나눔과 협동을 통해 지역사회 안에서 사회적 경제를 활성화하고 지속 가능한 자활기업을 설립 · 운영하도록 돕는 과정이기도 하다. 이 과정에서 자활사업에 함께하는 모두는 소통과 연대를 통해 서로를 지지하며, 지역사회 안에서 든든한 사회안전망이 되고자 힘을 모아왔다.

1996년부터 2025년까지, 30년에 걸친 자활사업의 역사를 돌아

보면 그 핵심가치는 언제나 생산·나눔·협동이었다. 이는 자활관
계자 모두가 공감할 것이다. 지금도 현장에서 이루어지고 있는 수
많은 실천들이 이러한 핵심가치를 충실히 구현함으로써 국민의 복
지를 증진하고, 사회적 가치를 실현하며, 나아가 사회통합에 기여
하고 있다. 생산공동체 운동과 빈민지역 활동에서 시작한 자활사업
의 역사는 지금도 계속되고 있다.

7장

지역복지

희망복지세상을 향한
사회복지관의 주민조직화 활동

지역복지
희망복지세상을 향한 사회복지관의 주민조직화 활동

홍재봉

인보관의 역사,
그리고 사회복지관의 역할에 대한 고민

1980년대 후반부터 1990년대 초반은 지역사회복지관(이하는 '복지관'으로 표기)이 양적으로 팽창하는 시기였다. 당시 주택 100만호 건설계획에 따라서 영구임대아파트단지가 들어섰고, 그 안에는 반드시 복지관을 건립하도록 했기 때문이다. 복지관뿐만 아니라 사회복지서비스도 확대되는 시기였기에, 정부의 사회복지서비스는 복지관을 거점으로 제공되는 측면이 컸다.

복지관은 아동청소년, 노인, 장애인 등과 같은 대상별 서비스제공사업을 추진했다. 그리고 재가복지봉사센터를 기반으로 재가복지사업을 수행하면서 종합적으로 사회복지서비스를 제공했다. 그러나 정부 보조금이 부족했기 때문에 복지관은 다양한 사회교육을 통해 재정수입을 꾀하였다. 또 지역복지사업은 자원봉사사업과 후원사업을 중심으로 확대하였다. 당시 복지관의 조직화는 자원봉사단체나 후원자조직을 잘하는 것이 주요한 기준이기도 했다.

이런 측면에서 복지관은 사회복지서비스를 개발하고 전달하는 것이 복지관 본연의 기능인지, 사회복지사의 역할은 서비스제공에 머무는 것이 맞는지에 대한 의문을 제기하는 기류가 형성되었다. 그러면서 복지관과 사회복지사의 정체성이란 과연 무엇인지에 대한 근원적인 질문이 많았고, 그 해답을 '인보관운동'[1]에서 찾으려는 사회복지사가 생겨났다. 물론 정체성에 대한 고민은 이전에도 있었고 지금도 존재하고 있다.

그런 가운데 부산 최초의 사회복지관이자 인보관운동을 실천해온 '부산기독교종합사회복지관', 그리고 복지관의 물리적 공간을 넘어 지역사회 안에서 주민조직화를 실천했던 '학장종합사회복지관'은 나름의 해답을 찾아서 그 활동을 펼쳐오고 있었다. 이러한 선행 사례들을 보면서 유사한 실천을 시도해보고자 하는 욕구가 생겼고, 이를 보다 체계적으로 학습하고 현장에 적용하기 위해 2006년 '부산사회복지관협회'를 중심으로 한 '희망복지세상'이라는 학습모임을 만들게 되었다. 여기서 인보관운동, 주민조직화에 대한 학습, 주민조직가 양성과정 등에 참여하면서 복지관과 사회복지사

---

1   인보관운동은 19세기 말 산업화 · 도시화로 심화된 빈곤 · 실업 · 주거 문제에 대응해 중산층 지식인이 빈민지역에 거주하며 주민과 함께 생활하고 교육 · 보건 · 문화 · 직업훈련을 제공해 사회환경을 개선한 지역사회중심 사회개혁운동이다. 영국 토인비 홀(1884)을 시작으로 미국 헐하우스(1889) 등으로 확산되었다. 현장중심성 · 주민참여 · 예방적 접근의 정신은 오늘날 지역사회복지와 공동체 역량 강화에 시사점을 준다.

의 정체성을 찾으려고 애썼다. 그리고 인보관운동에 대한 지속적인 학습과 주민조직가 양성을 통해 그 해답을 찾고자 했다.

주도적으로 참여했던 복지관 중 당감, 학장, 사상구, 동원복지관 등은 '희망복지공동체'라는 별도의 기관 간 컨소시엄을 형성하였고, 삼성복지재단의 지원을 받아 주민조직가 양성과정을 처음으로 시행하였다. 이후 '희망복지세상' 차원에서도 한국보건복지인력개발원에 지원을 요청하여, 동일과정을 자체적으로 운영하였다. 이후에는 '부산사회복지공동모금회'의 기획사업으로, 주민조직가 양성과 지역공동체조직을 지원하는 지역사회 역량강화지원사업이 추진되면서, 부산지역 복지관은 주민조직화를 기반으로 한 지역복지운동이 활발하게 전개되기 시작했다. 그 결과로 복지관이 만들어 낸 주민조직이 생겼고, 사회복지사들은 이런 사례를 만들어가면서 점차 자신감을 가지게 되었다.

사회복지사들의 열망이 쌓인 변화일까? 2012년에 개정되어 2013년도부터 복지관은 3개 기능으로 전환되었다. 복지관의 사업이 아동복지, 노인복지, 장애인복지 등 대상별 사업구분에서 가족기능강화, 지역사회보호 등 서비스 분야별 구분으로 바뀌었다. 그러다가 사례관리, 서비스제공, 지역사회조직화로 그 기능을 구분했다. 이후로 복지관은 주민조직화를 하지 않으면 안 되는 상황을 맞이하게 되었다. 그래서 복지관의 한 부서는 필연적으로 주민조직화를 추진하도록 개편되었다.

이런 흐름에 따라서 전국의 수많은 사회복지사가 주민조직가 양성과정을 수료하거나, 주민조직화와 관련한 교육을 필수적으로 이수하고 있다. 부산에서는 다양한 형태의 주민조직운동이 일어났고,

많은 사례들이 생겨나고 있다. 이 글은 이 모든 흐름을 다 다루지 않고, 복지관의 기능이 개편되기 이전의 사례를 살핀 것이다.

지역주민이 주인이 되는 학장복지관 '정겨운 동네 만들기'

부산시 사상구 학장동에 있는 학장종합사회복지관(이하는 '학장복지관'으로 표기)은 설립 초기부터 주민조직화운동방식을 본격적으로 추진해왔다. 학장복지관은 복지관 유형 중 '다'형이었기 때문에, 복지관 중에서도 규모가 가장 작고 인력도 적었다. 오흥숙 관장은 지역주민이 주인이 되는 복지관을 만들어보려는 의지를 가졌다. 그래서 주민조직화를 가장 중요하게 생각했고, 이를 실행할 수 있는 인력을 채용하거나 내부인력을 그렇게 양성하고자 했다. 학장복지관의 관심은 적은 예산과 인력을 극복하기 위해 사회교육프로그램을 늘리는 것이 아니라 지역주민의 역량을 키우고 주민과 함께 연대하는 것에 있었다.

1993년 10월 부임한 오흥숙 관장은 전국의 많은 복지관들이 복지관의 정체성에 대해 세미나를 하고 있는 것에 주목했다. "사회복지관이란 무엇인가? 사회교육기관이냐? 학원이냐?"라는 질문을 많이 하고 또 그런 비판을 받기도 했다. 당시 복지관은 정부 보조금 지원이 30%도 안 되었기 때문에 사회교육프로그램을 할 수밖에 없는 구조였다. 사회교육프로그램을 해서라도 나머지 70%의 재원을 자체적으로 마련해야 했다. 이런 비판들을 받으면서 복지관 관장들이 수세에 몰리기도 했다. 이런 상황에서 복지관의 사회교육이 복지관 운영에 중요한 영향을 미치기는 했지만, 몇몇 복지관은 사회교육에 대한 비중을 지나치게 늘렸기 때문에 그런 비판은 지속되었다. 오홍숙 관장은 학장복지관이 복지관 중에서도 가장 규모가 작고, 보조금 규모도 적었기 때문에 주민조직화방식으로 복지관을 운영해야겠다고 확실하게 마음먹었다.

오홍숙 관장이 이런 결심을 한 배경은 민주화운동을 했던 시민운동가였기 때문이다. 시민운동을 하던 분들 중에 동구쪽방상담소 소장이었던 안하원 목사가 주민조직가를 양성하는 프로그램을 접목하는 코디네이터 역할을 했다. 1999년 동래산성에서 1박 2일 주민조직화 교육이 진행되었는데 이때 오홍숙 관장은 한국주민운동교육원 박재천 대표를 만났다. 그 교육 후 오홍숙 관장은 상당한 감명을 받았고, 학장복지관에서 주민조직화를 제대로 추진해보자는 의지를 가졌다.

하지만 어려움도 많았다. 일반 복지관에서 하는 프로그램과는 달리 주민조직화를 중심에 두고 사업을 펼치다 보니, 채용된 사회복지사가 사직과 이직을 하는 경우가 빈번했고, 그 자체를 이해하지 못하는 일도 많았다. 그 과정에서 주민조직화를 실현시킬 수 있는 사회복지사를 만났는데, 그가 현재 학장복지관 관장인 류승일 사회복지사이다.

류승일 사회복지사는 학장복지관이 아닌 다른 복지관에서 일을 하면서 지역주민들과의 관계도 없고, 그냥 무조건 서비스제공만 하는 복지에 대해 회의를 느끼고 있었다. 이게 아닌데, 라는 생각을 하면서도 2년은 채우고 그만두어야겠다는 생각을 하고 있었다. 그러다가 주민조직화를 실행하고 있던 오흥숙 관장을 만났고 2000년에 학장복지관으로 이직했다. 학장복지관은 직원 수가 워낙 적었기 때문에 류승일 사회복지사는 주민조직화와 청소년복지를 비롯한 다양한 업무를 맡게 되었다. 그중에서도 주민조직화에 대해서 흥미를 가졌다. 오흥숙 관장이 주민조직화에 대한 이야기를 하면 다른 직원들은 잘 알아듣지 못하거나, 안 되는 일을 관장이 왜 시키나 하는 반응을 보였지만, 류승일 사회복지사는 주민조직화를 재미있어 했고, 상당한 역량을 발휘했다.

류승일 사회복지사는 지역주민 욕구조사를 이미 진행한 결과가 있었음에도 지역사회 이슈에 대한 조사를 다시 진행했다. 그 조사의 내용은 주민들이 우리 동네에 어떤 문제가 있다고 느끼는지, 어떻게 인식하는지에 대한 것이었다. 조사 결과로 5가지 이슈가 나왔는데, 그중에 3가지 이슈로 교통문제, 환경문제, 문화적 소외문제가 채택되었다. 이 이슈를 복지관사업으로 연결하고자 하였다. 그로 인해 탄생한 프로그램이 학장복지관의 '정겨운 동네 만들기'였다.

당시 부산광역시는 영구임대단지에 있는 복지관에 특화사업비로 600만 원을 지원했다. 학장복지관은 지원금으로 주민조직화 기반사업을 추진했다. 주민욕구조사를 통해 선택된 5가지 이슈 중 환경, 교통, 문화 3개 이슈를 해결하는 활동을 계획하였다. 이것이 학장복지관 주민조직화사업의 시작이었다. 그 세부 미션으로 이슈 해결을 위해 3개의 분과를 만들고, 이를 통합해서 주민총회를 추진하였다.

학장천 살리기

학장동에는 '학장천'이라는 하천이 있다. 하천은 오염되어 주민들에게 외면받아 왔다. 오염이 심한 곳이니 쓰레기까지 투기하고 그야말로 악취가 나는 하천이었다. 이를 해결하기 위한 활동을 본격적으로 전개한 것이다. 당시 부산에는 지방하천이 44곳 있었는데, 학상천은 온천천이나 동천처럼 행정이 관심을 가지거나 중요한 하천으로 분류되지 못했다. 학장천을 실제 모르는 사람들도 많았지만 주민 입장에서는 중요한 하천이었다. 백양산에서 발원해서 학장과 엄궁을 지나 낙동강으로 이어진다. 주례에서 낙동강까지 5.4km, 학장천의 지천인 소하천 구덕천은 1.7km이다. 이 하천들이 모두 콘크리트 바닥으로 오염되어 생물이 살지 못했고, 악취 등 환경문제로 주민들에게 불편을 주고 있었다.

처음에는 '학장천지키기주민모임'으로 시작했다. 그리고 부산

학장천 살리기 캠페인

학장천 살리기 활동

학장천 살리기 초기 활동가들

YMCA 워터와치(Water Watch) 운동과 결합하여 활동을 전개했다. 학장천을 살리지도 못했는데 지킨다는 것이 적합하지 않다는 지적에 따라, '학장천살리기주민모임'으로 이름을 바꾸었다. 당시 강미애 활동가가 합류하였고, 그 활동력이 좋아서 조직력도 아주 높아졌다. 그런데다 2006년에 구덕천은 주민들이 살리기 운동을 해서 살려내는 성과가 있었고, 이에 학장천 살리기 주민모임도 더욱 큰 힘을 받게 되었다. 그래서 주민들이 '학장천도 우리가 살릴 수 있겠구나' 하는 도전의식이 생겼다.

지금 학장천은 물고기와 새들이 살고 수달까지 살고 있는 생태하천이 되었다. '학장천살리기주민모임'은 활동도 자체적으로 잘 진행되었고, 스스로 자립하고자 하는 의지가 커서 2006년에 복지관에서 독립하였다. 이는 복지관에서 시작해서 주민조직으로 독립시킨 사례로, 부산에서는 처음 있는 일이었다. '학장천살리기주민모임'이 독립해서 나간다고 했을 때 아쉬운 마음이 있었지만, 지역주민 중심으로 하천환경단체가 만들어지는 계기가 되었다.

두 번의 실패, 거듭된 도전으로 이뤄낸 마을버스 성과

학장동은 교통편이 불편했다. 부산의 도심 중심가인 서면으로는 한 번에 가는 버스가 없었다. 뒤쪽 승학산을 관통하여 남포동 쪽으로 연결되는 구덕터널도 유료로 요금을 받았는데, 이에 대한 주민들의 불만이 높았다. 실제 교통문제는 환경문제보다 더 크게 피부로 다가왔다. 그래서 류승일 사회복지사는 이 문제를 해결하고자 통장회의에 가서 실정을 설명했다. 그리고 주민들과 함께 버스노선 신설 주민 서명운동을 벌였는데, 보름 만에 3,166명이 참여했다. 주민들이 피부로 느끼는 필요가 컸기 때문에 참여의 열의는 대단했다. 하지만 사상구의회와 사상구 출신 시의원에게 주민 서명을 전달했음에도 결국 이 문제는 해결된 것이 없이 마무리되었다.

지금의 버스준공영제와 같이 공공에서 개입할 수 있는 여지가 있으면 가능했겠지만, 당시에는 버스회사를 민간이 운영하였기 때문에 수익성이 없으면 노선 자체를 신설하지 않았다. 즉 버스회사에 대해서 부산시나 사상구가 강제할 수가 없었다. 7~8개월이 지나고도 아무런 성과가 없으니 결국 주민들은 '거 봐라. 안 된다니까'라고 하면서 포기하게 되었다. 버스노선 신설에 대한 열망도 컸고 주민참여도 높았지만 그 결과는 허무했기 때문에 주민들이 떠나가는 부침을 겪었다.

또 다른 이슈가 발생했다. 복지관이 위치한 임대아파트는 바로 옆에 백산아파트가 있다. 초기에 부산도시공사가 주민이 오고 가는 부지까지 백산아파트에 팔아버렸는데, 백산아파트 입주자들이 임대아파트에 있는 주민들이 그곳으로 다니는 것이 싫다고 그 길을 막아버렸다. 그 길로 다니면 대중교통이나 상가를 이용하는 것이 훨씬 편리할 수 있는데, 길이 막히면서 주민들은 상당한 불편을 겪어야 했다. 그래서 류승일 사회복지사는 이 길을 뚫자는 운동을 벌였다. 주민들 간의 위화감이 조성되어서는 안 되기 때문이었다. 하지만 복지관의 노인대학 회장이 정겨운 마을 만들기 회원이었음에도 불구하고, 복지관이 이 활동을 벌이는 것에 대해 상당한 불만을 표시했다. 심지어 오홍숙 관장에게 '복지관을 폭파시켜 버리겠다. 똑바로 하라'는 내용이 담긴 편지를 보내왔다. 결국 그런 난리가 나고 난 뒤 교통분과 인원이 많이 줄어들게 되었다. 분과 이름을 '녹색교통 주민모임'이라고 붙였는데, 결국 두 번의 활동이 성과를 내지 못하면서 다시 위축되었다.

이제는 또 '무엇을 할까' 고민했다. 그래서 선택한 활동은 다시 교통문제였다. 구덕터널 회차로가 오래되어 2.5톤 이상은 못 올라가게 되어 있었다. 그러다 보니 마을버스는 손님을 태운 상태에서는 그 구간을 회차하지 못했다. 마을버스가 구덕터널을 회차하려면 승객은 내리고, 버스가 회차 구간을 돌아오면 승객들은 육교 건너서 다시 버스를 타야 하는 불편을 겪고 있었다. 이런 말도 안 되는 상황이 계속됨에 따라 주민들은 당시 구덕터널 관리사무소에 자주 항의를 하는 등 자체적인 주민 행동을 해왔었다. 당시 부산시 교통국장이 와서 주민간담회를 하고, 여러 차례 협의를 통해 몇 달 뒤 회차로를 보강함에 따라 마을버스도 승객을 태운 상태에서 회차할 수 있게 되었다.

그 이후 몇 년 뒤 마을버스 10번이 대림아파트까지만 가고 임대아파트로는 운행되지 않는 문제를 해결해보자는 이슈가 제기되었다. 이것도 주민들이 나섰는데, 완전히 해결은 안 되었지만 하루에

네 번은 왔다 갔다 하는 것까지 성과를 이뤄냈다. 당시 오보근 시의원이 교통위원회 위원으로서 큰 역할을 했다. 마을버스에 다른 지원이라도 해줘야 할 수 있는 일인 만큼 상당히 어려운 일이었으나, 하루 4회라도 오갈 수 있게 된 것은 큰 의미가 있는 결과였다.

마을신문, 학마을풍경과 학마을공동체

학장복지관은 2000년부터 '학마을풍경'이라는 신문을 발행해왔다. 류승일 사회복지사가 복지관으로 이직한 지 얼마 되지 않아 맡은 업무 중 하나가 마을신문을 발행하는 것이었다. 당시 류승일 사회복지사는 왜 복지관이 신문을 만드는지 모른 채, 업무로만 접근해서 힘들었다고 했다. 대부분의 복지관은 자체 소식지를 만들어서 복지관의 주요프로그램을 소개하고 이용자를 모으는 용도로 발행했다. 그리고 후원자나 자원봉사자들에게 복지관이 다양한 활동을 한다는 것을 알리는 홍보 수단으로 사용하고 있었다. 그러나 학장복지관은 마을의 소식을 알리는 신문을 발행하는 것이라 어렵기도 하고 선뜻 추진하기가 어려웠다. 결국 '정겨운 마을 만들기'의 창간호 준비호가 2000년 7월쯤 발행되었고, 그해 10월에 창간호가 만들어졌다.

신문을 만드는데 학장복지관은 색다르게 접근했다. '학마을풍경'은 주민들의 소식을 주로 전하고, 복지관 소식은 일부 포함되어 있었다. 초기에는 주민들이 막 모아 온 소식을 신문으로 발행하는 것에 어려움이 컸다. 주민들은 스스로 글 쓰는 것을 어려워해서, 글쓰기를 훈련하는 기간이 상당히 길었다. 지금은 스스로 글도 쓰고 사진도 찍어 온다. 그렇게 만들어진 '학마을풍경'은 지금까지도 발행되고 있다.

그런데 3개 분과로 나눠서 활동을 하다 보니 인원도 소수이고, 힘이 집약되는 데에는 어려움이 있었다. 담당자도 업무가 점점 더 많아지다 보니 힘을 한데 모아야 더 큰 영향력을 발휘할 수 있다는 취지에서 2003년에 3개 분과를 합쳐서 '학마을공동체'라는 이름으로 창립총회를 열었다. 즉 '정겨운 동네 만들기'에서 '학마을공동체'로 이름을 변경한 것이다.

복지관이 3개 기능으로 전환된 2012년 이전에는 일부 복지관만 주민공동체에 대해 관심을 가졌지만, 학장복지관은 처음부터 주민조직화를 기반으로 지속가능한 복지를 실천했기에 다른 복지관들로부터 큰 관심을 받았다. 실제 2000년 복지관 평가에서는 평가단으로부터도 '이게 복지관에서 실제로 가능한 일인가'라는 평가를 들었다. 학장복지관이 주민조직화를 실천해온 사례가 있었기 때문에, 지역사회조직화를 잘 몰랐던 다른 복지관에도 선진지로 알려지게 되었다.

부산사회복지관협회 중심의 주민조직화 시도

2005년 부산사회복지관협회는 사무국 실무인력을 파트타임 사무국 간사에서 상근직원 과장을 두고 운영하기로 했다. 그래서 공개 채용을 실시했는데, 대구지역에서 활동했던 홍재봉 사회복지사가 채용되어 2005년 4월부터 근무를 시작했다. 당시 복지관협회장이었던 오홍숙 관장은 학장복지관에서 류승일을 만났듯이 홍재봉을 협회에서 만나게 되면서 부산사회복지관협회 차원의 지역복지 운동을 본격적으로 전개할 수 있었다.

홍재봉 사회복지사는 평소 복지관 사업이 시혜적이고 일시적인 성과에만 집중한다고 생각했고, 지속가능한 지역사회 변화를 만들지 못하는 것에 대해 물음표를 갖고 있었다. 복지관협회에서 근무하면서 이런 물음표를 해결하기 위한 논의를 시작했다 그 대상은 복지관의 중간관리자로 구성된 실무자협의체였다. 홍재봉 사회복지사는 협회에 소속된 복지관 48개소를 일일이 찾아다니며 중간관리자들을 만났다. 그리고 이와 같은 다양한 이야기를 나눴다. 복지관 실무자들은 협회 상근과장의 역할에 대한 기대와 관심도 있었고, 복지관 역할 변화에 대해 고민을 하는 것에 대해서도 공감대를 가지기 시작했다.

지역사회의 지속가능한 변화를 이끌어가는 중심에 사회복지관이 기능할 수 있게 할 수 있는 방안은 무엇일까? 우리 자체의 역량을 키우고, 변화를 시도해야 하지 않을까? 이런 고민을 하는 실무자들이 복지관협회를 중심으로 모이기 시작했다. 당시 기관장으로서는 협회 재무담당이었던 최동섭이 가장 적극적이었다. 또 실무자협의체 회장이었던 윤원찬 당감복지관 부장, 학장복지관 류승일 부장도 활발하게 움직였다. 동구복지관 부장 박웅철, 남구복지관 부장 윤성희도 그런 변화를 바랐다. 그래서 2005년 12월 최동섭, 박웅철, 윤성희, 홍재봉은 송년 모임을 하다가 2006년부터는 실무자들을 모아서 함께 공부하는 것이 좋겠다고 결의했다. 복지관협회 공식 조직은 아니지만, 그렇게 출발한 학습모임이 '희망복지세상'이다.

지속가능한 복지를 꿈꾸다

희망복지세상을 시작할 때, 최동섭을 준비위원장으로 하고, 간사는 홍재봉이 맡았으며, 동의대학교 사회복지학과 유동철 교수를 지도위원으로 정했다. 2006년 3월 부산사회복지관협회에서 유동철 교수의 첫 특강으로 학습모임이 시작되었다. 이때 15명이 참여했다. 당시는 '지역사회 역량강화를 위한 학습모임'이라는 이름으로 대표 최동섭, 총무 홍재봉, 회계 조수경(금정구복지관 부장)이 맡았고, Daum 카페를 열어서 커뮤니티 소통공간을 만들었다. 이후 별도의 자체 이름 공모를 통해 2006년 7월에 '희망복지세상'이라는 명칭을 확정했다.

초기에는 무엇을 공부할까에 대한 충분한 준비가 안 되어 있었다. 그래서 관련 논문을 찾아서 정리하거나 도서를 읽고 발제하고 토론하는 시간을 가졌다. 필요하다면 외부특강을 초청해서 듣기도 했다. 15명으로 시작했던 모임은 점차 인원이 늘어나서, 가장 많이 참석할 때 60여 명에 이르기도 했다. 학습모임은 매월 둘째 주 수요일 저녁 7시에 김밥 등의 간단한 식사를 하면서 진행했다. 그것도 개인별로 회비를 월 1만 원씩 내면서 참가했다. 그러다가 머리로만 익히는 것이 아니라, 실제 자신의 복지관에도 적용해보자는 취지로 나아갔다. 그래서 기관별로 학습모임에서 공부한 내용을 적용해보고, 그 결과를 발표하는 컨퍼런스를 열기도 했다.

그러던 중 박웅철 부장이 지역사회 변화와 지속가능한 복지를 위해서는 '주민조직화'를 공부하는 것이 필요하겠다고 제안했다. 참가자 중 일부는 필요하다는 의견이었고, 일부는 그 자체가 생소하기도 했다. 그렇지만 공부에 대한 열정이 높았기에 추진하게 되었고, 한국주민운동교육원 김성훈 대표를 초빙하여 1박 2일로 '제1차 지역사회조직가 Training Course'를 열었다. 이 시간을 통해서 희망복지세상의 비전과 목표를 설정하고, 주요 사업을 선정했다. 앞으로 우리 스스로가 주민조직가 훈련을 받아 주민조직가로서 역할을 하는 사회복지사가 되어보자는 방향도 설정했다.

이를 먼저 시행한 곳이 학장, 당감, 사상구, 동원 등 네 개 복지관이 구성한 '희망복지공동체'였다. 희망복지세상 학습모임은 부산 전역의 복지사를 대상으로 하는 것이었기 때문에 학습에만 머물렀지만, 복지관이 연합해서 실제 이런 활동을 펼쳐보자고 나선 네트워크가 바로 희망복지공동체였다. 희망복지공동체는 삼성복지재단에서 주민조직가 훈련프로그램 예산을 지원받았다. 2007년 상반기에 김성훈 트레이너를 초빙하여, 본격적인 사회복지 주민조직가 양성에 들어갔다.

그렇지만 네 개 복지관에 소속되지 못한 희망복지세상 회원이 많았다. 그래서 '희망복지세상' 차원에서도 교육프로그램을 개설하기로 했다. 물론 개인이 부담해야 하는 비용이 있기는 하지만, 최대한 유치할 수 있는 방안을 찾아보기로 했다. 다행히 한국보건복지인력개발원에서 주민조직가 양성교육을 지원하고 있었는데, 이를 희망복지세상에서 유치한 것이다. 교육담당은 김성훈 트레이너로 정하고, 강사비용은 한국보건복지인력개발원에서, 기타 경비는 희망복지세상이 자체적으로 부담하여 교육훈련을 진행했다.

이 과정에 부산사회복지관협회 사무국 부장이자 희망복지세상 총무였던 홍재봉은 2007년 1월 부산사회복지공동모금회로 이직했

부산지역 지역사회조직활동가
교육훈련과정

다. 2008년부터는 대표 최동섭, 총무 금정구복지관 과장 황춘화, 회계 화명복지관 박선희 과장이 맡았다. 회원 중에는 조직가훈련에 참여한 경험을 가진 사람들이 많았다. 그래서 돌아가면서 자신이 훈련받았던 내용 중 별도의 주제를 선정하여 발제하고 토론하는 시간을 가졌다. 2008년 희망복지세상 회원들은 자체적으로 일본지역사회 조직 사례와 마을만들기 현장을 찾아 떠나는 연수 프로그램을 기획하고, 한국사회복지사협회 해외연수에 당선되어 그 현장을 방문하고 왔다.

희망복지세상은 이런 사업을 추진하는 과정에서 적극적으로 복지관의 실무자를 주민조직가 훈련에 참여시켰다. 희망복지네트워크에 소속된 기관 이외에도 다양한 복지관에서 주민조직화와 관련한 학습을 해왔기 때문에 본격적인 주민조직가로서 성장하고자 하는 욕구가 컸다. 희망복지세상은 초기 활동을 했던 회원 중 일부가 부산주민운동교육원의 트레이너로, 또 각 복지현장에서 조직가로 활동하는 회원이 많아졌다. 그러나 이직이나 사직 등의 변동이 많아 회원 수가 줄어들었지만, 지금까지 지속적으로 운영되고 있다.

주민공동체가 움트다

그동안 삼성복지재단과 한국보건복지인력개발원의 지원을 받아서 주민조직가 훈련을 했지만, 실제로 주민공동체를 형성하여 운영하는 데에는 한계가 있었다. 왜냐하면 훈련생들이 복지관의 전폭적인 지원을 받으면서, 주민조직가 훈련에 참여할 수 있는 여건이 되지 못했다. 희망복지세상의 사회복지사가 주민조직가 훈련에 참여하는 것은 업무 이외의 활동이었다. 긴 교육과정에 참여하고, 많은 훈련과제를 수행하기에는 한계가 있었다. 또한 주민공동체가 만들어진다고 하더라도 그 활동에 자신의 업무를 한다는 것을 용인해주는 복지관도 거의 없었다.

주민조직가를 양성하고, 훈련과정 속에서 만들어지는 주민공동체를 운영하도록 하기 위해서는 새로운 형태의 접근이 필요했다. 그래서 홍재봉은 사회복지공동모금회가 조직가 훈련비를 지원하고, 훈련과정에서 형성된 주민공동체를 운영할 수 있는 사업비를 지원한다면, 복지관이 그에 맞춰 조직가의 근무여건과 업무형태를 조정해 줄 수 있을 것이라고 생각했다. 그 결과로 2009년부터 '지역사회역량강화지원사업'이라는 기획사업을 추진했다. 주민조직가를 양성하고, 조직된 주민공동체가 지역사회 변화를 위해서 활동할 수 있는 프로그램으로 3년간 실시했다. 이로 인해 부산지역의 사회복지관, 지역자활센터, 공부방, 주민조직 등에서 활동하는 사람들이 매년 10명씩 훈련을 받았다. 그 결과로 복지관에도 많은 주민조직화 사례가 만들어지기 시작했다.

희망복지세상과 조우했던 김성훈 트레이너는 3년간 부산지역을 오가며 지역사회 역량강화지원사업의 전문위원 역할과 교육훈련 진행자로 참여했다. 이렇게 훈련과정을 통해 형성된 주민공동체는 매우 신선한 자극을 주었으며, 복지관도 주민조직화를 할 수 있다는 자신감을 심어주었다.

희망오차마을공동체

부산사회복지공동모금회에서 지원하는 지역사회 역량강화 지원
사업이 2008년에 시작되었다. 복지관 5곳, 풀뿌리단체 5곳 모두 10
개 기관의 실무자가 참여한 가운데 훈련이 진행되었다. 이 훈련과
정에서 조직된 주민공동체 중 하나가 '희망오차마을공동체'이다.
희망오차마을공동체는 금정구 서1동 삼한아파트 아래 다세대주택
이 밀집되어 있는 곳에 위치해 있다.

1968년 영주동, 충무동 고지대 철거민 정책 이주지역으로 다섯
번째로 이주되었다고 하여 5차 마을, '오차마을'이라는 이름이 붙여
졌다. 희망오차마을공동체는 주민들의 소통과 화합을 통해 주인의
식을 함양하고, 깨끗한 환경과 인정이 넘치는 동네를 만드는 것을
목적으로 설립되었다.

활동 계기는 2010년 부산사회복지공동모금회 '지역사회 역량강
화 지원사업'으로 주민조직가 기초과정과 심화과정 훈련에 참여한
금정구복지관의 이수진 사회복지사가 주민조직화 활동을 전개하
면서 시작되었다. 이수진 사회복지사도 희망복지세상 회원으로 활
동했다.

이수진 사회복지사는 주민조직가 양성과정에 참여하면서 상당
한 모범을 보여주었다. 김성훈 트레이너의 훈련 내용을 스펀지가
물을 빨아들이듯 그대로 실천하였다. 특히 주민 만나기를 가장 성
실히 수행하였는데 주민들을 만나기 위해서 그 마을에서 주거하는
것에 대해서도 고민했다. 주민들이 새벽마다 배드민턴을 친다는 사
실을 알고는 주민들과 어울리기 위해서 새벽 6시에 그 마을로 갔
다. 배드민턴을 배우겠다고 주민들에게 다가갔고 운동이 끝나고는

주민들과 함께 아침 밥을 먹으면서 관계를 형성했다. 그 속에 리더가 될 만한 사람을 확인하고는 그에게 접근했다. 이분은 택시운전을 하는 사람이었는데, 운전할 때 들을 수 있게 노래를 모아서 파일에 저장하여 선물을 하기도 했다.

그러면서 주민들이 관심을 가지고 있는 이슈가 골목길 차량이동 문제라는 것을 알게 되었다. 골목은 좁은데 차량이 주차되어 있으면 교행 자체가 힘들어 운전자들 간에 싸우는 일도 많았다. 이를 해결하기 위해 차량교행 등을 위해서 일방통행로로 전환하는 것에 대해서 주민들의 의견을 모으는 활동을 본격적으로 시작하였고, 그 과정에서 골목 내 쓰레기 무단투기라는 시급한 이슈도 발견하게 되었다.

서동 오차마을은 철거민 이주지역으로 빈집, 노후화, 고밀도 등 부산의 고지대 마을 특성을 고스란히 가지고 있다. 특히 건물 간격이 좁고 주거환경이 낙후되면서 골목 내 쓰레기 무단투기 문제가 빈번히 발생하였고 이로 인해 주민들 간 불화가 끊이지 않았다. 이에 주민들 간의 화합과 공동체성 회복을 위해 쓰레기 무단투기 문제를 먼저 해결하기로 하고, 그동안 주민만나기를 통해 알게 된 8명의 주민들과 함께 초동모임을 가지게 되었다. 여러 차례 회의를 가진 결과, 월 1회 골목길 청소와 쓰레기 무단투기 방지를 위한 CCTV 설치라는 합의된 목표를 가지게 되었고, 따.오.기(따뜻한 오차로를 기원하는 모임)라는 모임을 만들어 월 1회 골목길 청소와 쓰레기 무단투기 방지를 위한 CCTV 설치 요구를 본격적으로 진행하였다.

이 과정에서 담당자가 성실히 수행한 주민 만나기가 빛을 발하게 되는데 동네어른으로 통하는 주민을 모임의 고문으로, 동네에서 가장 친화력이 좋은 주민을 홍보부장으로, 지역문제 해결에 가장 큰 관심을 가지고 있는 주민을 회장으로, 젊고 의욕이 넘치는 주민을 모임의 총무로 구성하면서 처음 8명이던 모임이 최대 50명으로 늘어나며 매월 셋째 주 일요일 오전 6시 본격적으로 오차로 골목 청소가 시작되었다. 작은 마을에서 월 1회 진행되는 골목청소는 환경정비 그 이상의 의미를 가졌는데, 월 1회 청소가 끝나고 주민들이 다 같이 모여 아침을 나눠 먹는 모임의 장이 바로 그것이다. 어떤 날은 아침을 먹으며 나누는 이야기 자리가 토론의 장이 되기도 하고, 어떤 날은 이러한 식사자리가 주민들과 함께하는 마을행사의 장이 되기도 하였다. 이 과정에서 사회복지사는 주민들과 신뢰관계를 형성하며 모임의 일원으로 인정받게 되었고, 활동가로 사회복지사의 역할 가능성을 확인하게 되었다.

2011년 2월, 쓰레기 불법투기 방지를 위한 CCTV 설치 의견에 대해서 관심을 가진 주민들도 모임을 시작하게 되었다. 이후 여러 차례 회의 및 동사무소 방문과 함께 동장과의 면담을 통해 CCTV가 설치되었고, 이 성공경험을 바탕으로 모임을 지속적으로 가지게 되었다. 주민들은 CCTV 설치를 이루어내고, 지역을 위한 활동을 지속하기 위해서 2011년 6월에 창립총회를 열었다. 총회에서 '새동네만들기추진위원회'라는 정식모임을 결성하고, 회장과 총무, 운영위원 등 임원진을 새롭게 구성하였다.

임원진 모임과 선진지 견학을 비롯하여, 지역 내 어르신 식사대접 활동과 장애인세대 식사배달 등 지역봉사활동을 펼쳤다. 매월 셋째 주 일요일 새벽에 골목청소를 하고, 마을환경 정화활동과 구월산 환경정화 그리고 쉼터와 체육시설 조성사업을 전개했다. 또

일자리 창출을 위한 재활용품 모으기, 지역 내 태극기 게양과 방범활동을 전개했다. 이렇게 자체적인 주민활동이 활발하게 진행되면서 동네에 관심을 가지는 주민들이 늘어났다. 새동네사랑방을 개소하고, 조직구조를 개편하여 해마다 자체적으로 계획된 활동을 수행하고 있다.

2012년 12월에 조직컨설팅을 통해 2013년 1월, '새동네만들기추진위원회'에서 '희망오차마을공동체'로 조직명칭과 회칙을 변경했다. 부산사회복지공동모금회 사업지원 이후는 외부지원사업이 아닌 자체사업비를 충당하며 활동했다. 회원들은 가구 단위로 참여하는 경우가 많았는데, 그 등록 인원은 주민 110명이다. 그 당시에는 부산의 어떤 마을공동체보다 회원 수가 많고, 활동력도 높았다. 초기 주민조직가였던 이수진 사회복지사가 결혼 등의 사유로 퇴사를 하고 난 뒤에는 담당자가 바뀌었다. 공동모금회 지원은 종료되었지만 복지관의 지속적인 지원과 아울러 자체계획 속에서 주민 중심의 활동을 잘 이어갔다.

희망오차마을공동체가 주민의 자치적인 힘으로 활동하는 것이 마을 만들기의 좋은 사례로 언론에 자주 소개되었다. 그래서 희망오차마을공동체를 지원하고자 하는 지방정부 지원도 늘어나게 되었다. '부산마을만들기지원센터(현 부산도시재생센터)'의 2014년도 공동체 역량강화 지원사업과 같은 외부지원사업을 받게 되었다. 또한 선진지 견학의 명분으로 외부의 방문이 늘어나면서 주민들에게는 뿌듯한 자부심을 심어주었다. 그렇지만 한편으로는 주민들에게 상당한 부담감과 조급함을 안겨주기도 했다.

이런 외부의 지원은 주민들 간의 의견을 나뉘게 만드는 데 영향을 주기도 했다. 임원들은 외부지원을 많이 받아서 마을 변화를 위한 사업을 최대한 많이 해야 한다는 입장이 생기기도 하고, 외부지원 자체가 공동체로서의 활동에 무리가 되어 본연의 활동 취지를 잃어버릴 수도 있다는 우려도 있어서 갈등 아닌 갈등이 생기기도 했다.

희망오차마을공동체는 체계적인 조직을 세우고 세부적인 역할 분담을 했다. 20명이 임원으로 구성되어 세부적인 업무분장을 통해서 각자 맡은 일에 책임감을 갖고 활동했다. 그중 총무가 희망오차 마을공동체를 실질적으로 운영하는 핵심적인 역할을 맡았는데, 마을에서 활동하는 회원들 간의 신뢰도 높은 편이지만, 주민조직가에 대한 신뢰도 높은 편이며, 복지관과도 긴밀한 협조체계를 잘 유지하였다.

희망오차마을공동체가 성공적인 성장을 이루는 데는 초기에 활동했던 주민조직가의 역할이 상당히 컸다. 주민들이 새벽에 배드민턴보임에서 활동한다는 사실을 알고, 주민조직가가 새벽에 일어나 이 모임에 참여했다. 그러면서 주민들과 잦은 접촉을 통해 유대관계를 맺은 것이 주민조직을 형성하는 데 결정적인 요인이 되었다. 또 눈에 보이는 가시적인 성과도 주민들에게 공감을 얻는 데 도움이 되었다. 월 1회 쓰레기 청소를 통해서 마을이 눈에 띄게 깨끗해졌고, 국경일마다 태극기를 게양하여 주민들의 공감을 얻었다. 주민들의 단합된 힘을 다른 주민들에게 보여줌으로써 참여하는 주민은 물론 지역에 거주하는 주민들에게도 활동에 대한 신뢰를 얻게 되었다.

당초 활동했던 이수진 사회복지사가 퇴사한 뒤, 뒤를 이어 '전포

우리누리'를 조직한 배형운 사회복지사가 희망오차마을공동체에서 주민조직가로 활동하였다. 그는 마을의 현안문제를 정확하게 파악하고, 주민이면 누구나 관심을 가질 만한 일들을 진행했다. 임원 중심의 의사결정이 아니라 월 1회 마을청소 활동 후 정기모임을 꾸준히 가짐으로써 마을에서 해결해야 할 문제들을 자연스럽게 공유했다. 복지관은 설대 나서지 않고, 뒤에서 뒷받침해주는 역할을 했다. 이를 통해 주민들이 스스로 할 수 있다는 인식이 자랄 수 있도록, 모든 사업의 성과를 주민에게 돌려줌으로써 주민의 주도성을 가지게 했다.

지금은 그 지역이 재개발되면서 주민들이 모두 떠나 조직은 해산되었지만, 그 당시의 일은 주민조직화의 매우 의미 있는 사례로 기억되고 있다.

개금2동 이웃사랑회

개금2동 이웃사랑회(이하는 '이웃사랑회'로 표기함)는 2011년 부산사회복지공동모금회 '지역사회 역량강화 지원사업'으로 주민조직가 기초과정과 심화과정 훈련에 참여한 부산진구종합사회복지관 한종훈 사회복지사가 주민조직화 활동을 전개하면서 시작되었다.

이웃사랑회 구성원은 초창기에는 50대에서 70대까지 다양한 연령대로 구성되었는데, 지금은 대부분 70대의 여성이 차지하고 있다. 한종훈 사회복지사는 주민조직가 과정의 과제를 수행하기 위해서 지역주민들을 만나고 있었다. 그런 와중에 개금2동에서 40여 년을 거주한 김복순 외 4명의 지역주민을 모아서 지역에 대한 강점과 약점에 대해 서로 이야기 나누는 시간을 가졌다. 그때 참여한 주민들과의 대화 속에서 개금2동은 백병원을 경계로 아랫마을과 윗마을의 경제적 수준 차이가 많이 난다는 것을 알 수 있었다. 이런 사정을 장점과 단점으로 정리하여 주민조직화 이슈를 정할 수 있었다.

정리한 내용 중 주민들이 생각하는 약점은 지역 내 쓰레기 무단투기문제, 주차문제, 오래된 옹벽과 주택 외벽으로 침체된 마을 분위기, 폐가나 공가에서 발생하는 청소년 비행문제 등이었다. 강점으로는—다른 지역과는 다르게 강점을 많이 지니고 있었는데—백병원이 인근에 접해 있고, 동주민센터와 복지관이 공생하고 있다는 점, 40년 이상 개금2동에서 거주한 주민들이 많이 있다는 점, 엄광산이 위치하고 있어 공기가 좋다는 점이었다.

주민조직가가 지역주민들을 만나면서 주민들은 지역의 강점과 약점 그리고 이슈거리를 알고는 있지만 '우리들이 마을을 변화시킬 수 없다', '사람들이 관심도 가지지 않을 것이다.'라는 부정적인 생각들이 자리 잡고 있다는 것을 알았다. 당시 참여했던 사람 중에 이건 우리가 할 수 있는 일이 아니라면서 그 자리를 떠난 사람이 있었다. 그 사람은 바로 그 동네의 통장이었다. 남은 4명이라도 우리가 할 수 있는 일들을 해보자며 시작한 일이 버려진 화단을 가꾸는 것이었다. 버려진 화단에 주민들이 무단으로 쓰레기를 투기하는 경우가 많았다. 적은 인원이지만 화단정비와 마을청소를 실시했다. 그 결과 지역에서 쓰레기 무단투기가 점차 줄어들고, 생활 환경이 쾌적하게 변화했다.

이런 작은 실천과 결과들이 쌓이며 회원이 점차 늘게 되었고, 주민들의 인식도 변화되기 시작했다. 초기 단계에 주민들은 이웃사랑회를 노인일자리사업이나 공공근로를 하는 곳이라고 생각하기도 했다. 그러나 계속적인 활동과 홍보를 통해 순수한 주민들로 구성된 마을 만들기 주민조직이라는 것을 알게 되었다. 그래서 모임에 관심을 가지는 사람도 늘어나고, 회원 수도 자연스럽게 증가하게 되었다.

회원이 증가하면서 두 번째로 한 활동은 지역의 옹벽 청소와 벽화사업이었다. 직접 수세미로 벽을 닦아내고, 벽화를 그리면서 어두웠던 지역의 분위기를 밝은 이미지로 바꾸었다. 화단정비나 벽화사업은 다른 지역에서 흔히 볼 수 있는 사업이기는 하지만, 개금2동에서는 주민들이 생각한 문제를 해결하기 위한 구체적인 실천으로 화단정비나 벽화사업이 제안되고 직접 실천으로 옮겨졌다는 점에서 큰 의미가 있다.

이웃사랑회는 2013년 9월, 25명의 회원을 확보하여 창립총회를 가졌다. 주민역량강화교육과 선진지 마을견학 등을 통해 '주민이 실천하면 마을을 변화시킬 수 있다.'라는 인식이 주민들 사이에 자리 잡게 되었다. 2013년도부터 부산시가 추진하는 '행복마을 만들기'에도 적극적으로 참여하여, 동주민센터와 복지관의 지원과 협력을 받고 있다. 행복마을 만들기라는 부산시의 지원사업에 참여하면서 지역경제 활성화를 위해 지역 내 선호 과자점 사장님을 강사로 모셔 6개월 동안 쿠키 굽는 교육을 받았고, 주민 10명의 역량이 커가면서 쿠키를 상품화하였다. 1년 후에는 사업자등록증과 영업신고증을 발급받아 영업을 하면서 수익을 올렸다. 이와 같은 성과를 내기 시작하면서 주민조직화 및 마을만들기를 추진하는 다른 마을에서도 견학이 올 정도로 인기를 끌었다. 쿠키 판매로 큰 수익을 가

진 것은 아니지만 주민들이 스스로 경제활동을 할 수 있다는 자신
감도 가졌을 뿐 아니라 손자들에게 용돈을 줄 수 있게 소소한 용돈
벌이도 할 수 있는 존재로서 자부심도 컸다. 이웃사랑회는 여전히
개금2동 변화의 중심축으로 활동을 전개하고 있다.

또한 이웃사랑회는 지역의 환경정화나 쿠키 판매 활동에만 머무
르지 않았다. 함께 모여서 안부를 확인하고 밥먹고 교류하는 활동
을 회원들은 너무 좋아했다. 그러다 보니 주변의 소외된 이웃들에
게도 관심을 가지게 되었다. 특히 혼자 사는 할아버지들이 불쌍하
게 느껴졌다. 그래서 이웃사랑회는 혼자 사는 할아버지 17세대에게
월 1회 반찬을 만들어서 지원하고 있다. 이와 같은 활동을 지속적
으로 하다 보니 동주민센터에서도 깊은 감명을 받았다. 2015년부
터 시작된 동지역사회보장협의체에 이웃사랑회 임원들이 위원으로
위촉되었다.

이웃사랑회는 회원들이 고령에도 불구하고 많은 지역 활동을 하
고 있으며, 마을변회의 주체라는 자부심을 가지고 있다. 또한 지속
적인 모임으로 구축된 주민들 간의 유대관계를 기반으로, 즐겁게
마을의 변화에 앞장서고 있다. 이웃사랑회 회원은 스스로 '명품회
원'이라 칭하고 있다. 우리 마을에서 명품이 되자는 것이며, 명품회
원으로서 품위 있게 활동하자는 취지로 그렇게 부르고 있다. 회원
들은 자신이 사정이 있어서 활동에 참여하지 못하면, 반드시 사전
에 연락을 하고, 계란을 삶아 오거나 요구르트를 가지고 와서 활동
하는 회원들에게 고마움을 표시한다. 회원들은 이런 공동체 문화를
마을에 정착시켰기 때문에 서로 간의 신뢰 속에 활동하고 있다.

이웃사랑회는 동주민센터와 복지관과의 협력을 위한 연결고리

가 되었고, 지역 내에서도 마을변화의 중요한 중심으로 여전히 활동하고 있다. 즉 민관 협치를 통해서 지역복지의 이상적인 모형으로 보여지는 좋은 사례로 남아 있다.

지역복지운동을 향하여

사회복지사의 정체성에 대한 물음은 단순히 복지사업을 어떻게 할 것인가에만 있는 것이 아니다. 로스만(Jack Rothman)은 지역사회 복지실천의 3대 유형으로 지역성개발, 사회계획, 사회행동을 제시한 바 있다. 복지관은 3대 유형 중 사회계획 유형을 중심으로 서비스를 계획하고, 문제를 해결하는 것에 초점을 두었다. 전문가로서 진단하고 계획하여 문제를 해결하는 역할을 하나 보니 서비스를 제공하면서 주민을 변화의 대상으로 만들어버리는 입장이 되었다.

사회복지사가 서비스 제공자로 머무는 것이 아니라, 주민 스스로 문제해결의 주체가 되게 하고, 그들의 역량을 강화시켜 지속적인 변화를 가져오게 하는 역할의 전환도 필요했다. 또 지역변화를 위해서는 어떻게 실질적인 주민 참여와 주민 중심의 공동체를 형성할 것인가에 대한 고민이 있었기에 주민을 조직화하고 주민 중심의 공동체를 이루고자 했다.

그런 활동이 축적되어가면서 그 변화를 맛보았지만 여전히 계속되는 고민은 지역사회 변화를 위한 사회행동을 과연 복지관에서 할 수 있을까에 대한 의문이다. 정부의 보조금을 받으며 행정기관의 눈치를 보아왔고, 광역자치단체나 기초자치단체에서 지원하는 보조금에 매여 목소리를 제대로 내본 적이 없는 사회복지현장이었기 때문에, 주민들에게 더 많고 더 좋은 서비스를 제공할 수는 있었지만, 지역주민의 대변자나 옹호자로서 활동하기에는 현실적으로 어려움이 있었다.

정부보조금을 받는 제도권 내에서는 그 역할이 제한적인 듯하지만, 부산의 사회복지사들은 사회행동을 해야겠다는 의지가 생겼다. 그 활동의 결과가 바로 사회복지예산 20% 확보 운동이라는 지역복지운동이었다. 그 운동은 그동안 감히 시도해보지 못했던 사회행동에 대한 도전과 설렘이 복지관의 많은 사회복지사들을 움직이게 하는 계기가 되었다. 사회복지예산 20% 확보 운동은 사회복지사가 사회복지를 중심으로 시민운동을 할 수도 있고 지역의 변화를 이끌 수 있다는 자신감을 갖게 했고, 사회복지연대를 창립하는 데 있어서도 큰 힘이 되었다.

부산사회복지예산 20% 확보 운동

2005년 8월, 부산사회복지공동모금회 회의실에서 중요한 회의가 진행되었다. 이 회의의 의제는 부산사회복지예산 20% 확보 운동을 펼치자는 안건이었다. 회의에는 부산참여자치시민연대(이하는 '참여연대'로 표기함) 박민성 팀장, 사회복지위원회 위원장이었던 동의대학교 사회복지학과 유동철 교수, 박성주 부산사회복지협의회 부장, 윤원찬 부산사회복지관협회 실무자협의체 회장, 홍재봉 부산사회복지관협회 과장이 참석했다.

부산광역시 허남식 시장은 선거 당시 공약으로 부산의 복지예산을 20%까지 증액하겠다고 했지만, 2006년 6월 지방선거 전인

2005년까지도 복지예산은 15% 내외에 불과했다. 매년 지방정부는 그해 7~8월에 해당 부서가 예산안을 짜면 재정관실에서 계수조정을 하고, 11월 정기의회가 열리기 전에 예산안을 확정한다. 그렇기 때문에 허남식 시장의 임기 중 마지막 예산편성 시기에 공약을 이행하라는 압박을 가할 필요가 있었다.

당시는 부산사회복지협의회나 부산사회복지사협회와 같은 협의 조직이 그 중심에서 움직여야 하지만, 부산사회복지협의회는 부산시의 보조금을 받아서 운영하기 때문에 적극적으로 나설 수 없었다. 또 부산사회복지사협회도 사무국 인력이 1명이고, 협회 회원 조직화가 미흡했던 시기였기 때문에 부산사회복지관협회가 복지현장에서는 주도적인 활동을 펼칠 수밖에 없었다.

그래서 참여연대 사회복지위원 유동철, 부산사회복지관협회 회장 오흥숙, 실무자협의체 회장 윤원찬이 사회복지예산 20% 확보 운동에 적극적으로 나설 수밖에 없었다. 실무 간사는 박민성 팀장과 홍재봉 과장이 맡았고, 거의 매일 저녁마다 퇴근 후 20% 예산확보 운동을 위한 준비를 진행했다. 복지관에서 20% 예산확보 운동에 동참할 실무자들을 모으기 시작했다. 부산사회복지협의회 박성주 부장, 윤해복 반석복지관 과장, 두송복지관 김태형 과장, 학장복지관 류승일 과장 등이 복지현장의 실무자들을 조직했다. 또 부산지역의 직능별 협회 간사를 조직하여, 각 협회별로도 본 운동에 참여하도록 안내했다.

하지만 저항도 만만치 않았다. 실무자들은 20% 예산확보 운동에 적극적인 관심과 호응을 보였지만, 일부 기관장들은 괜히 부산시에 밉보여서 오히려 역효과가 난다는 반응을 보였다. 그러니 운동에 참여하는 것을 적극적으로 방해하거나, 대놓고 비판하는 경우가 많았다. 또한 협회차원에서 참여하는 것 자체를 꺼리기도 했다. 참여의사를 밝힌 기관장들도 마음속으로는 자신의 기관이나 해당 직능단체가 얼마만큼의 보조금을 더 받을 수 있는지에 대해서만 더 큰 관심을 보이기도 했다. 따라서 우리가 이 운동을 하는 이유가 개별기관의 보조금을 늘려달라는 명분을 내세우면 시민으로부터 지지받지 못할 가능성이 크기 때문에, 부산시민의 복지향상을 위해 예산을 증액해야 한다는 것으로 명분을 명확히 했다. 부산시가 복지에 대한 적극적인 관심을 보이라는 취지로 활동을 전개한 것이다.

실무 간사를 맡았던 홍재봉과 박민성은 각자의 현장에서 어려움을 겪었다. 홍재봉은 부산복지관협회 회원기관 48개 모두가 참여할 수 있도록 이끌어내어야 하는데, 그 안에서도 다양한 시각이 존재했다. 부산시와 유착되어 있는 복지관도 있었는데, 실제로 협회 운영위원 중에도 그런 위원이 있었다. 부산시회복지관협회 차원에서 20% 예산확보를 촉구하는 성명서를 내고, 공식적으로 참여하겠다는 결의를 하기 위해서 긴급운영위원회를 개최했다. 이 결의가 있어서 복지관의 실무자들이 참여하는 데 명분을 얻을 수 있기 때문이었다. 그런데 그날 아침에 부산시 담당부서 주무관이 협회로 전화를 걸어 운영위원회 자체를 하지 말라고 했다. 이를 두고 홍재봉과 주무관이 언쟁을 벌이기도 했다. 그러나 부산사회복지관협회는 공식적으로 성명을 내고, 참여를 결정했다. 실무자들이 이 운동에 참여할 수 있는 명분을 얻게 된 것이다.

박민성도 참여연대 내에서 많은 고민을 안고 있었다. 20% 예산

확보 운동을 최초로 제안했고, 참여연대 사회복지위원회가 중심이 되어 운동이 전개되고 있었는데, 예상보다 상당한 규모로 확대되고 있었다. 그래서 참여연대 내에서는 지나치게 복지이슈로 흘러가는 것에 대한 우려가 제기되었다. 참여연대에서는 이 활동이 커지는 것이 반갑지만은 않았고, 적당한 문제제기로만 머물기를 바랐기에 압박이 들어오고 있었다. 박민성은 그 부분에 대한 심적 갈등이 컸다.

2005년 12월 2일 부산시청 앞에서 800여 명이 모인 가운데 부산 복지예산 20% 확보를 위한 집회가 진행되었다. 그 이전부터 1인 시위는 물론 20원 보내기 운동 등을 조직적으로 펼쳐왔고, 대규모 집회가 열리면서 열기가 뜨거웠다. 부산지역 직능단체협회는 물론이고 부산사회복지교수협의회 등에서 지지성명이 잇따라 나왔다. 예상보다 이 운동이 커지자 부산시도 다급해졌다. 부산시청어린이집 건립과 운영비 그리고 공무원 처우개선비 등 복지예산이라고 하기 어려운 것까지 포함하여 복지예산 20%를 편성했다는 발표를 하기도 했다.

복지현장의 변화, 사회복지연대의 탄생

당시 부산의 복지실무자들은 '우리도 이렇게 사회행동을 할 수 있구나.', '이렇게 하면 앞으로도 변화를 만들어 낼 수 있겠다.'라는 자신감을 가지게 되었다. 그런 자신감과 열기는 부산의 복지현장을 바꿔내는 데 상당한 동력이 되었다.

먼저 그동안 폐쇄적으로 운영되었던 직능단체협회장 선거제도를 바꾸는 것이었다. 사회복지예산 20% 확보 운동의 주축이었던 부산사회복지관협회장 선거를 제대로 치러보자고 했다. 돌아가면서 회장을 하는 그런 행태를 버리고 실제 협회를 이끌 수 있는 사람을 선출하자는 여론을 조성해서 그 변화를 이끌어냈다.

이후 부산사회복지사협회 회장 선거를 직선제로 전환하는 운동도 펼쳤다. 당시 사회복지사협회장은 대의원을 통해 차기 회장을 선출했는데, 부산사회복지사협회 회장이 대의원 50%를 추천했고, 나머지 대의원 선출은 과정이 명확하지 않았다. 그래서 먼저 대의원을 뽑는 체계를 마련할 필요가 있었다. 대의원은 사회복지사협회 회원 중 10명 이상 추천을 받은 자로 하자고 의견을 모아 제안했고, 이를 수용할 수 있도록 협회를 압박하는 운동을 펼쳤다. 그로 인해 부산사회복지사협회는 가입자 수가 늘어났고, 100명이나 되는 대의원을 통해 선출된 사회복지사협회장이 바로 오홍숙 회장이다. 사무처장은 새롭게 채용되었는데, 그가 바로 사회복지예산 20% 확보 운동을 이끌었던 주역 중 한 명인 윤해복이다. 그 이후 부산사회복지사협회는 괄목할 만한 성장과 회원참여 구조를 만들어냈고, 전국에서도 가장 힘이 있는 사회복지사협회로 성장할 수 있었다.

부산사회복지협의회장 선거에도 변화를 요구했다. 늘 정치인이 20여 년째 연임을 하고 있는 사회복지협의회가 사회복지기관의 대표 협의기구로 바뀌려면, 사회복지협의회 회장도 선거를 통해 선출할 필요가 있다고 의견을 모아 압박했다. 결국 이것도 성공적으로 변화를 만들어냈다.

사회복지예산 20% 확보 운동이 어느 정도 성공을 거두고 난 뒤 진행 과정에 대한 평가를 진행했다. 이 자리에서 참여연대 내 사회복지위원회 활동에 대한 고민도 나누었다. 사회복지위원회의 활동이 다른 분야보다 훨씬 커지기 시작하면서 참여연대도 부담을 가지게 되었다. 활동에 제약이 있었던 점을 고려할 때, 참여연대 내에서 활동하는 것에 한계가 있다는 점을 참여자들이 공감하면서, 사회복지를 중심으로 시민운동을 하는 단체를 만들어야 한다는 결론을 도출했다.

2006년은 준비과정을 거쳤다. 당시 경성대학교 사회복지학과 김영종 교수가 준비위원장을 맡았다. 수개월의 준비과정을 거쳐 2006년 12월 7일, 참 복지세상을 열어가는 복지공동체 '사회복지연대' 창립총회를 개최하였다. 공동대표는 박주미, 오홍숙, 김영종이 맡았다. 집행위원장은 최동섭, 윤원찬, 사무국장은 박민성(전 부산광역시의원), 간사는 손지현(현 신라대 교수)이 맡아서 활동을 시작하였다.

사회복지연대 활동을 이 글에서 세세하게 다루지는 않는다. 다만 사회복지연대가 창립되는 과정에서 다양한 분야의 많은 사람들이 관심을 가지고 힘을 합쳤지만, 부산의 복지관 실무자들도 상당히 많이 기여를 했다는 점을 강조하고 싶다. 당시 지역복지운동을 펼쳐보고자 했고, 주민조직화와 사회행동을 공부했던 복지현장에 있는 사람들이 사회복지연대 창립에 많은 동력이 되었기 때문이다.

지역사회 공동체 만들기 부산주민운동교육원 창립

지역사회 역량강화 지원사업으로 주민조직가훈련을 진행하면서, 새로운 조직화 활동의 동력을 만들고자 했다. 대한민국 제2의 도시 부산에 주민운동을 교육하고 주민조직가를 양성할 수 있는 교육기관이 없었기 때문에 서울에 의존해야 하는 현실을 안타깝게 여기는 사람들이 생겨났다. 한국주민운동교육원의 도움으로 교육

훈련이 이뤄지고는 있지만, 복지관에도 주민조직이 만들어지기 시작하면서 교육에 대한 수요는 증가하는데 언제까지 서울에 의존해야 하는가가 고민이었다.

2010년 말 부산 해운대 글로리콘도에서 한국주민운동교육원 트레이너 김성훈, 천주교 부산교구 빈민사목위원회 위원장 서유승 신부, 동의대학교 사회복지학과 유동철 교수, 부산사회복지사협회 윤해복 사무처장, 부산사회복지협의회 박성주 사무처장, 부산공동모금회 홍재봉 배분팀장, 사회복지연대 박민성 사무처장 등이 모여 부산 주민운동 교육기관 설립에 뜻을 모으기로 논의했다.

하지만 누가 이 일을 시작하고 교육기관을 만들 것인가에 대한 답을 찾지 못했다. 그때 홍재봉이 부산공동모금회를 그만두고 실무 간사 역할을 맡겠다고 나서면서 준비작업이 시작되었다. 박민성은 서유승 신부와 함께 천주교 부산교구를 찾아가서, 주민운동을 펼치기 위해서는 교육기관이 필요하다고 설득하여 1천만 원의 마중물 예산을 확보했다. 홍재봉은 2011년 10월로 부산공동모금회를 사직하고, 2011년 12월부터 부산주민운동교육원을 창립하기 위한 준비작업에 들어갔다.

먼저 주민조직가 교육을 수료했던 많은 사회복지사들, 부산주민운동교육기관을 꿈꾸었던 지역사회활동가, 풀뿌리조직의 활동가, 여성단체 등을 모아 교육기관 설립 준비에 들어갔다. 준비위원장은 유동철이 맡았다. 교육기관 설립에 필요한 간사 활동은 홍재봉, 박민성이 맡았다. 그 결과 대연우암공동체 손이헌 집행위원장, 부산여성단체연합 유영란 대표, 금정구노인복지관 조수경 관장, 사상구복지관 추승엽 부장, 희망세상 김혜정 대표가 한국주민운동교육원이 주관한 1기 부산주민운동트레이너 훈련과정을 마쳤다. 그리고 한국여성단체연합 박영미 대표, 사하품앗이 이현정 대표, 연제어울 마당 이정은 대표 등이 합류한 가운데 2012년 11월 29일 부산주민 운동교육원을 창립했다.

지역복지 공동체 운동이 갖는 오늘의 의미

그동안 복지관은 주로 서비스를 제공하는 센터로서의 역할에 충실해왔다. 지역사회 안에서 도움이 필요한 사람을 발굴하고, 지원하며, 더 많은 서비스를 제공하기 위해 자원봉사자와 후원자를 조직하는 일이 복지관의 주요한 일이었다. 그러나 이런 방식이 지속되면서 복지관과 사회복지사는 서비스를 제공하고 문제를 해결해주는 존재로, 주민들은 서비스를 받기만 하는 수동적인 존재로 고착되어 근원적인 문제가 해결되지 않았다.

이런 문제의식이 쌓여, 복지관과 사회복지사의 정체성은 무엇인가에 대한 근본적인 질문이 제기되었다. 사회복지사들은 그 답을 인보관운동에서 찾고, 인보관운동에 대해 스스로 학습하기 시작했다. 인보관운동이 지역사회복지에 던지는 가장 중요한 시사점은 지역사회 전체를 문제의 장으로 인식하고, 그 안에서 해법을 모색했다는 점이다. 인보관이라는 거점을 중심으로 지역사회 문제해결 역량을 키우고자 했고, 전문가나 독지가에게 의존하기보다 주민 스스로 자치적 운영을 통해 민주주의를 경험하도록 했다. 이것은 공급자의 시선이 아니라 지역주민의 입장과 이해관계를 우선에 두는 접

근이었고, 운영과정에 주민참여와 책임을 점차 확대해나가는 실천
이었다.

학습은 이론에만 머무르지 않고 곧바로 실천으로 이어졌다. 사
회복지사들은 개인적인 부담을 감수하고 외부지원을 연계하여 주
민조직가 양성과정에 참여했고, 그 경험을 확산시키기 위해 사회복
지공동모금회 기획사업으로까지 발전시켰다. 그 결과 사회복지사
스스로 주민조직가로 성장하여 주민조직화를 통해 주민공동체를
만들었고, 주민이 주체로 서는 사례들이 지역 곳곳에서 생겨났다.
이 과정은 단순히 복지관의 사업내용을 바꾸는 것을 넘어서서 지역
의 정책과 제도를 변화시키려는 사회복지운동으로 확장되었고, 사
회복지연대와 부산주민운동교육원의 설립과 활동으로 이어지는 중
요한 토대가 되었다.

복지관은, 그리고 사회복지사는 지금도 질문하고 학습하며 스
스로를 경계하고 있다. 복지관이라는, 사회복지사라는 틀 속에 머
물러 있는지, 아니면 또 다른 진보를 위해 움직이고 있는지. 주어진
틀 속에 안주하지 않는 사회복지사들이 있기에 지역복지 공동체운
동의 의미는 끊임없는 성찰과 실천의 긴장 속에서 오늘도 새롭게
만들어지고 있다.

8장

마을공동체

배우고 성장하고 사회변화를 꿈꾸고

마을공동체

배우고 성장하고 사회변화를 꿈꾸고

유영란

풀뿌리마을공동체운동의 생성

한국사회에서 가난한 사람들의 인간다운 삶과 새로운 사회변화를 위한 주민운동은 도시빈민지역에서 시작되었다. 주민을 조직화하는 주민운동은 1970년대 정치적으로 암울한 시기를 거쳐, 1980년대로 이어졌다. 주민운동은 가난한 주민들이 스스로 문제를 인식하고, 자신들의 권익을 확보하기 위해 스스로 조직된 힘을 만드는 데 중점을 두었다.

1987년 6월 민주항쟁을 분수령으로 철거반대 투쟁과 노점상합법화투쟁이 일어났는데, 이는 1980년대 도시빈민운동을 대표하는 투쟁이었다. 1990년대는 무허가 정착지가 급속히 해체되면서 주거권운동이 일어났고, 이 주거권 운동과 함께 주민들이 일상생활에서 협동할 수 있는 생활공동체운동이 전개되었다. 그리고 1991년 지방자치제가 복원되면서 보다 구체적인 생활정치가 실현되는 계기가 되었다. 지방자치제가 본격화되고, 주민들의 삶의 질과 관련된 복지 욕구가 확대되었다. 이 시기부터 주민이 주체가 되어 스스로 만들어가는 마을공동체운동 조직들이 생겨나기 시작했다.

이렇게 주민운동은 2000년대를 거치며, 가난한 주민이 스스로 자신들의 문제를 해결하기 위해 주민조직을 만들었다. 또 주민운동이 주민들의 권리와 이익을 쟁취하기 위해서만 투쟁하는 운동이 아니라, 주민이 스스로 주체가 되고 주민당사자가 직접 참여하는 것을 원칙으로 하는 '주민당사자운동'이 강조되었다. 주민운동은 주민공동체운동이면서 동시에 민주적인 자치능력을 만들어가는 '풀뿌리마을공동체운동'으로 진화하였다.

전통적인 개념에서 지역사회는 '마을'이다. 마을은 '공간으로서의 지역'과 '관계로서의 사회'가 통합된 개념이다. 역사적으로 마을은 자연발생적인 지역공동체였다. 하지만 산업화로 인해 도시화가 급속히 진행되면서, 전통적인 마을공동체는 파괴되었다. 또 신자유주의 경제구조는 자본의 이익을 극대화하면서 빈익빈 부익부라는 양극화를 심화시켰다. 주민을 개별화시키고, 자본 중심의 마을로 바꾸어 놓은 것이다. 그럼에도 불구하고 지역사회의 주인인 주민은 대상이 아니라 마을공동체운동의 주체가 되어 인간미 넘치고 살맛나는 공동체마을을 만들어가기 위해 노력하고 있다. 주민이 주인이 되는 지역사회공동체를 만들어가는 마을공동체운동은 주민 스스로 주민조직을 세우면서 비록 더디지만 방방곡곡의 마을에서 꾸준히 이어지고 있다.

부산지역에서 마을공동체운동은 크게 두 가지 형태로 전개되어왔다. 하나는 자생형 마을공동체운동이고, 하나는 '마을만들기'라는 다양한 정책사업을 통해 전개된 마을공동체운동이다. 각 마을공동체는 저마다의 설립목적과 다양한 이슈를 기반으로 생성-성장-소멸을 반복해왔다. 그중에서도 '마을공동체운동의 원형'이라고 말할 수 있는 '자생형 풀뿌리마을공동체운동'들이 있다.

이 글은 부산지역에서 1990년대부터 활동해 온 자생형 풀뿌리마을공동체들이 어떻게 지역에서 활동을 시작하게 되었고, 어떻게 성장해 왔는지를, 2010년대 중반까지를 중심으로 살펴볼 것이다. 특히 마을공동체가 주민참여와 자치의 관점에서 어떻게 사람들을 만나고 조직화했는지, 그리고 이러한 활동이 주민들의 삶과 마을에 어떠한 공익적인 변화를 가져왔는지 살펴보고자 한다. 이는 꿋꿋하게 마을공동체운동을 이어온 주민들의 힘과 가능성을 보여줄 것이다.

반송마을 이야기

집단이주마을 반송

반송(盤松)은 운봉초등학교 앞에 200여 년이 넘는 소나무(반송나무)에서 비롯된 이름이다. 또, 땅속에 넓은 돌이 깔려 있고, 송림이 울창해서 붙여진 이름이라는 설이 있다. 반송의 넓은 소나무 숲은 한국전쟁 이후 부산지역 땔감의 대부분을 공급하느라 거의 사라졌다. 수많은 피난민들이 부산 곳곳에 자리를 잡자, 부산시는 도시계획을 세우면서 반송동, 반여동, 서동 등에 집단 이주촌을 만들었다. 반송에는 1968년부터 1975년까지 수정동 고지대, 조방부지, 철도변의 철거민들이 집단으로 옮겨오면서 현재와 같은 마을의 기본 틀이 만들어졌다.

당시 집단이주정책은 사회기반시설이나 문화, 복지시설은 전혀 고려되지 않았다. 도심에 산재한 판잣집들을 없애야겠다는 의지만으로 밀어붙이다 보니 부산시의 미숙하고 한치 앞을 내다보지 못하는 정책으로 주민들 사이에는 부산시의 변두리지역으로 밀려났다는 소외감이 컸다. 그러나 서로 비슷한 처지에서 함께 생활하면서, 믿고 의지하는 공동체의식이 자연스럽게 싹트기 시작했다.

고촌 산업폐기물 매립장 반대운동

반송 인근 고촌마을에서 1984년 화장장 건설 반대운동이 일어나면서 주민들은 지역문제에 참여하기 시작했다. 1989년에는 고촌 실로암묘지 입구에 산업폐기물 매립장 반대운동을 적극적으로 벌여나갔다. 이 운동은 고촌지역 주민들이 산업폐기물 매립장 건설

자체를 반대하며, 환경오염과 생활권 침해, 산사태 위험 등을 이유로 들고일어난 대표적인 지역주민 저항운동이다. 고촌 주민들은 대책위원회를 구성하여 지역의 환경단체와 연대하고 반대 목소리를 높였다. 이들은 다양한 합법적 활동과 청원운동이 실패하자, 1990년 7월 중순부터 강경투쟁에 나섰다. 석대와 기장을 연결하는 국도 14호선을 1주일간 차단하고, 전체 주민들이 참여하여 공동투쟁을 전개했다.

당시 고창권은 대학 졸업 후, 군의학교를 마치고 거창에서 공중보건의로 근무하던 때였는데, 주말이라 반송 집으로 돌아오던 중 시위를 목격하게 된다. 이 사건을 계기로 반송의 진정한 힘이 무엇이며, 어디에 있는가를 똑똑히 목격하게 되었고, 훗날 그가 '반송을 사랑하는 사람들'이라는 지역공동체를 만드는 데 영향을 주었다. 이 투쟁은 반송 일대 집단이주정책 이후, 15년간 소외당해온 주민들의 분노가 폭발한 것이었다.

'앞에는 생활쓰레기 매립장, 뒤에는 산업쓰레기 매립장', '우리도 인간이다, 인간답게 살아보자.'라는 구호와 함께 투쟁은 계속되었다. 결국 부산시로부터 매립장 백지화 결정을 받아내면서 투쟁은 승리로 마무리되었다. 이 승리를 통해 지역을 기초로 하는 공고한 지역공동체 의식이 형성되었고, 주민들은 그들이 직접 나서면 못할 것이 없다는 교훈을 얻게 되었다. 1989년 고촌 산업폐기물 매립장 반대운동은 환경권 보호와 지역사회 생존권 확보를 위한 대표적인 사례로 평가된다.

반송을 사랑하는 사람들

반송천에서 물장구치고 썰매 타며 어린 시절을 보냈던 고창권은 지금도 어린 시절의 추억이 있는 곳 반송에서 동네 의사로 살고 있다. 그 시절 옆 동네 고촌이나 안평마을에서 온 소년들은 뜰채를 들고 고기를 잡겠다고 논두렁을 건너다녔다. 이런 풍경은 1960~1970년대 어느 시골에서나 흔히 볼 수 있었던 모습이자, 대도시 부산의 외곽 반송의 풍경이기도 했다. 고창권의 친구들은 다른 지역 사람들이 반송을 바라보는 시선을 가장 싫어했다. 그 시선 속에는 '철거민동네, 촌 동네, 못사는 동네'라는 편견이 담겨 있었다. 그래서 대부분 직장을 구하거나 결혼을 하게 되면, 반송을 떠나고 싶어 했다. 실제로 반송은 젊은 사람들이 떠나는 동네였다.

고창권은 의과대학을 졸업하고 군 복무를 마친 후, 병원 개업을 위해 반송으로 돌아왔다. 1995년 8월, 동료 의사인 아내와 함께 작은 해인의원을 개업했다. 학교와 군 복무로 10년 만에 반송에 돌아온 고창권의 눈에 비친 반송은 여전했다. 10년 동안 아파트는 많이 들어섰지만, 주민들의 삶은 별로 달라지지 않았다. 불편한 교통과 교육여건 때문에 가정형편이 나아지면 반송을 떠나려는 사람들은 여전했다. 젊은 동네 의사 고창권은 자라온 고향에 대한 일종의 부채감을 느끼며, 환자를 치료하는 일만으로는 부족하다고 생각하게 되었다. '동네 의사 일과 함께 마을의 발전을 위해서 내가 할 수 있는 일이 없을까? 무엇을 할 수 있을까?'라는 고민을 하며, 꿈을 꾸기 시작했다.

1995년 이후 반송지역은 6천 세대 규모의 대단위 아파트단지가 들어서면서 인구가 빠르게 늘어나기 시작했다. 반송지역에서 조직적인 지역 활동도 1996년 준비기를 거쳐 1997년부터 시작되었다. 주민들이 주체로 나서서 살기 좋은 지역공동체를 만들겠다는 취지로 1998년 6월, '반송을 사랑하는 사람들'이 정식으로 창립되어 본격적으로 지역 활동을 하게 되었다.

1996년 고창권이 병원 문을 연 지 얼마 되지 않았을 때, 사회복지사 이용태가 '더부러 소식'이라는 소식지 후원을 요청하려고 찾아왔다. 이용태는 소년소녀가장들과 홀로 계신 노인들에게 사회적 가족 역할을 하고 있었다. 이 인연으로 더부러 소식지를 만들기 위해 '더부러회'라는 모임을 만들고, 주민들의 어려움을 나누는 마을 소식지를 만들게 되었다. 더부러 소식지는 1998년 5월까지 36호가 발간되었고, 1998년 6월 37호부터는 마을신문으로 성격을 확대하여 '반송 사람들'이란 제호로 반송1.2.3동 전 지역으로 확대해 발간되었다.

1997년 반송지역 활동을 준비하는 시기에 고창권은 진료실에서 환자의 질병을 치료하기도 했지만, 마을 이야기나 살아온 이야기를 자연스럽게 나누게 되었다. 그렇게 동네병원 해인의원은 마을사랑방 역할도 하였다. 이렇게 활동하며 고창권은 소중한 사람들을 만나게 된다. 1997년 봄 반송의 동네 의사인 고창권에게 청년회 활동을 하던 김혜정이 찾아왔다. 김혜정은 반송에서 마을공동체 활동을 하면서, 지금의 남편을 만나고 두 딸을 두었다. 마을공동체 활동에 한결같은 애정과 정열을 쏟아붓는 모습은 다른 회원들뿐만 아니라, 지역주민들에게도 큰 믿음을 주고 있다. 1997년 8월 15일 반송성당에서 첫 마을행사로 제1회 반송주민한마당을 진행했는데, 반송성당 청년부와 힘을 합쳐 진행한 사업이었고, 이후 어린이날 행사도 함께 준비하게 되었다. 이렇게 준비기 활동을 거쳐 1998년 3월 사무실을 열고, 1998년 6월 27일 '반송을 사랑하는 사람들'(이하 반사사) 창립총회를 하게 된다.

반송마을 어린이날

'어린이날 우리 아이를 어디로 데려갈까? 좀 가까운 곳에서 우리 아이들과 함께 놀 수는 없을까?'라는 고민 속에 회원들은 반송에서 어린이날 행사를 만드는 꿈을 꾸게 되었다. 당시 어린이들은 부산시에서 주관하는 사직운동장 어린이날 행사, 전교조 부산지부와 부산교육대학 총학생회에서 주최하는 '어린이날 놀이한마당'에 참가하는 것이 대부분이었다. 반송에서 어린이날 행사를 만들고자 했던 꿈은 반사사 창립총회를 하고 난 뒤부터 구체적으로 준비하게 되었고, 1999년 5월 5일 '제1회 반송지역 어린이날 놀이한마당'을 열게 되어 그 꿈이 실현되었다.

반송지역 어린이날 행사는 지금까지 이어오는 중요한 마을행사로 자리 잡았다. 당시는 IMF 외환위기로 경제적인 어려움이 많은 시기여서 참가비를 받지 않고, 후원금을 모아 기본재정을 마련하였다. 첫 행사를 대부분의 회원들이 뜬눈으로 밤을 새우고 준비한 결과 대성공으로 마무리하였다. 그때부터 해마다 하는 어린이날 하루 행사를 위해 거의 100일을 준비했고, 5회 때부터는 반송1.2.3동 주민자치위원회부터 마을 유관단체들이 참여

2007. 5. 5. 어린이날 놀이한마당

하면서 명실상부한 마을 축제로 자리 잡아 나갔다.

좋은 아버지가 되기 위한 모임

초기 반사사 회원들은 대부분 주부들이었다. 다양한 소모임이 만들어져 저녁에도 회의를 해야 하는데, 주부들이다 보니 저녁 시간에 회의하기가 쉽지 않았다. 고창권은 주부회원 남편들을 만나러 다니기 시작했다. 병원에서 진료를 마치고, 해만 지면 술병을 들고 회원들 집을 방문했다. 낮에 마을을 지키는 여성들과 함께, 아버지로 불리고 남편으로 소개되는 남성들도 지역주민이고, 지역공동체의 주체라는 것에 인식을 같이한 고창권은 매일 밤 이집 저집 방문을 하며 대화를 나누었다. 서로에 대한 이해가 깊어질수록 형님 아우 하게 되었고, 두 번 세 번 만나며 반사사 회원가입을 하게 되었다.

아버지 회원, 남편 회원이 10명을 넘어가면서 1999년 11월, '좋아모'가 만들어졌다. 누군가 모임 이름을 '좋은 아버지모임'으로 제안했는데, 아직 부족한 것이 많다며 '좋은 아버지가 되기 위한 모임'으로 정하고, 줄여서 '좋아모'가 되었다. '좋아모'는 엄마가 양부모 역할을 한다는 한부모 가정의 남자아이들과 목욕을 같이 가서 등을 밀어주고, 야쿠르트도 나누어 먹었다. 좋은 아버지가 되기 위한 노력은 '좋은 아버지 학교', 아이들과 함께하는 캠프와 달빛 산책, 마을신문 배포 활동 등을 실천하면서 반사사 활동은 더욱 빛나고 풍부해졌다.

희망세상 만들기

희망세상으로 새롭게 시작

지역공동체 활동은 많은 시간과 노력을 요구한다. 따라서 꾸준히 활동하는 것은 여간 어려운 일이 아닐 수 없다. 반사사 활동에서도 여러 가지 어려움이 있었으나, 그때마다 회원들은 주인답게 머리를 맞대고 힘과 지혜를 모아서 위기를 극복해나갔다. 위기는 곧 기회가 되어 회원들의 성장과 조직발전이 가능했다. 2004년 하반기 또한 위기가 있었으나, 회원들이 모여 원인을 분석하고 장기적인 대책을 세웠다. 그 결과 사람들이 드나들기 좋은 위치로 사무실을 옮기고 어린이도서관, 행복한 나눔 가게를 같이 운영하면서 새로운 출발과 함께 단체 이름을 바꾸었다.

‘희망을 꽃피우는 지역공동체-희망세상’으로 이름을 정하고, 2005년 4월 1일 개소식을 하게 되었다. 희망세상은 우리 사회가 더불어 살아가는 지역공동체로 발전하는 데 뜻을 같이하는 시민모임이다. 희망세상은 정치, 경제, 사회, 문화 전반에서 주민들의 지위와 역할을 높여 인간존엄의 정신을 실현하며, 따뜻하고 정이 흐르는 지역공동체를 건설하고, 희망이 꽃피우는 세상을 실현하는 것을 목적으로 새롭게 출발하였다. 희망세상의 주요활동은 나눔을 실천하는 행복한 나눔가게, 아이들의 공간 느티나무도서관, 아름다운 지역공동체 만들기, 희망을 가꾸는 자원봉사활동, 민주사회의 꽃, 참여민주주의 실현, 아빠들이 만드는 아름다운 세상 등이다.

느티나무도서관

　장서가 2만 권이 넘는 느티나무도서관은 전국적으로 풀뿌리활동가들의 모범사례로 알려져 매일 손님맞이에 바쁘다. 늘 사람들로 북적이는 느티나무도서관은 2007년 10월에 지역주민들의 후원금과 기부로 건립되었다. 후원금과 기부로 그 뿌리가 만들어진 느티나무도서관 건물은 그 외형도 느티나무를 형상화해서 한눈에 알아볼 수 있다. 안으로 들어서면 느티나무를 심은 사람들의 고마운 이름들이 그려져 있고, 아름다운 글귀가 새겨진 액자가 있다.

　'엄마가 필요한 아이들에게는 엄마가 되고, 친구가 필요한 아이들에겐 친구가 되고, 공부방이 필요한 아이들에겐 공부방이 되고, 지역주민들이 희망을 이해할 수 있는 느티나무도서관', '돈이 있는 사람은 돈을 내고, 열정이 있는 사람은 열정을 내고, 시간이 있는 사람은 시간을 내어, 마을도서관을 만들었습니다.' 마을주민들이 꾸민 정성과 따뜻한 마음이 그대로 느껴지는 느티나무도서관은 반송지역의 유아부터 10대, 그리고 80대까지도 모일 수 있는 마을정자 같

느티나무도서관 건물 전경

느티나무 학교수업

2013년 제7기 기자학교 수강생

은 주민들의 커뮤니티 공간이자, 전국의 마을공동체 활동가들이 앞
다투어 견학 오는 곳이다.

청년가치협동조합

반송에 반한 청년들이 모여 2015년에 '청년가치협동조합'을 설
립하고, 청년들의 커뮤니티 공간으로 카페 '나무'를 만들었다. 김영
준, 유한별, 배가영 등의 청년들은 카페 운영을 위해 손수 레몬청을
만들어 팔며, 경제적 자립공간을 만들어갔다. 이 청년들은 마을에
서 '열정적이며 매력적'이라는 뜻의 '열매'라는 별칭을 갖게 되었고,
때로는 마을청소년들의 멘토가 되어 세대와 세대를 이어갔다.

청소년들의 꿈을 찾는 활동으로 직업현장 체험수업을 진행하기
도 하고, 마을에 혼자 사는 어르신을 찾아 방충망을 설치하여 할머
니들의 시름을 덜어주기도 하였다. 청년기자단 활동으로 마을신문
인 '반반신문(반송에 반하다)'을 만들기도 하고, 반송으로 이사 오는

청년들을 맞이하는 사업을 하기도 하는 등 청년가치협동조합은 마을의 미래가 되고 있다. 키 작은 느티나무가 풍성한 그늘을 만들었듯, 주민의 주민에 의한 주민을 위한 마을공동체 희망세상에서 '청년가치협동조합'은 더욱 빛나고 있다.

대천마을 이야기

마을공동체 운동의 흐름

북구 대천마을의 유래는 금정산 고당봉 북문재와 상학산 줄기에서 발원한 큰 냇물(대천천)이 마을 한가운데로 흘러내려, 이 냇물을 중심으로 형성된 자연마을에서 비롯되었다. 전통사회의 대천마을은 대동계와 농청(두레), 당산, 임천재(서재 겸 서당)를 중심으로 각각 주민자치공동체와 경제공동체, 민속의례공동체, 교육공동체를 이루어 결속해왔다. 화명2동은 2003년 7월 1일에 화명동이 분동되면서 탄생한 마을 이름이다. 그 영역이 대천마을과 거의 일치하므로 마을사람들은 화명2동과 대천마을을 같이 쓰고 있다.

대천마을에는 2000년대 들어 두 개의 마을공동체 흐름이 형성되었다.[1] 하나는 마을 위쪽 도시그린아파트를 중심으로 한 생태, 주거공동체이고, 다른 하나는 마을 아래쪽의 교육, 문화공동체이다. 첫 번째는, 1990년대 후반에 들어선 도시그린아파트를 중심으로 주거공동체 형성 움직임이 있었다. 이 초보적인 아파트 공동체 운동은 2003년 11월 화명3택지지구 공공임대주택건립 백지화, 고등학교 유치대책위원회 활동으로 이어진다. 2004년 6월에는 화명2동의 각종 단체들을 망라하여 '대천천네트워크'를 발족하게 된다. 두 번째는 교육, 문화공동체 흐름이다. 이 흐름의 배경에는 1999년 덕천동에서 설립하여 2003년 대천마을로 이전한 '북구공동육아협동조합'

---

1   이귀원, 2017, 「마을교육공동체를 꿈꾸는 대천마을학교」, 『로컬리티 인문학』 17, 309-320쪽.

이 있다. 그리고 2005년에는 '맨발동무어린이도서관'이 개관을 하였고, 2008년에는 '대천마을학교'가 개교하여 대천마을의 교육, 문화공동체 흐름을 형성한다.

2010년 10월 '대천천환경문화센터'가 신축되자 도서관과 마을학교는 그곳으로 이전하였는데, 이것은 그동안 대천마을에서 진행되어온 마을공동체의 두 갈래 흐름이 합류되었다는 것을 의미한다. 그리고 2011년에는 대안교육을 지향하는 마을 안팎의 사람들이 힘을 모아 대안학교 '부산 참빛학교'를 창립하였다. 2013년에는 100여 명의 조합원이 '마을밥상협동조합'을 설립하였고, 2015년에는 협동조합으로 '북적북적'이라는 책방을 만들어 운영하고 있다.

북구공동육아협동조합

쿵쿵어린이집

1999년 10월 3일 덕천2동에서 쿵쿵어린이집이 문을 열었고, 이현진, 이귀원이 중심이 되어 11가구로 북구공동육아협동조합을 결성했다. 아이들이 초등학교에 진학하자 2001년 3월 방과후 방을 개설했다. 공동육아협동조합은 그 자체로 하나의 큰 '확대 가족'을 이루어갔다. 혈연이 아니더라도 함께하는 사회적 가족을 이룬 것이다. 조합원들은 마음을 열고, 각자의 집을 열고, 밥을 나누어 먹는다. 조합원들은 다양한 재능과 취미를 가진 이들과 어울려 살면서 생판 모르는 사람들과 깊게 친해지는 마술을 경험한다.

2003년 5월 11일 대천마을로 터전을 옮기면서 조합원들이 모두 대천마을 인근으로 이사를 왔다. 조합원들은 이렇게 흩어져 살던 점이 선이 되고 선이 면이 되는 마을공동체의 원리를 만들어내었다. 쿵쿵어린이집 안의 방과후 방은 2004년 2월 독립 교육기관인 방과후 학교 '징검다리 놓는 아이들'로 새 출발을 하게 되었다.

마을단오잔치

북구공동육아협동조합은 대천마을로 이전하면서 지역사회 활동을 활발하게 전개했다. 지역에 있는 여러 단체들의 협력을 이끌어 낸 '어린이날 한마당 행사'와 주민자치센터에서 주기적으로 진행한 '빛그림 상영'은 주민들로부터 큰 호응을 이끌어내었다. 2006년부터 시작한 '마을단오잔치'는 그동안 세시절기 중심의 전통문화교육을 지역주민들과 공유하며 전통마을축제를 부활시키는 역할을 하

마을단오잔치에 참여하고 있는 쿵쿵어린이집 아이들

였다. 마을단오잔치는 이때부터 대천마을의 공동체들이 모여서 함께 만들고 향유하는 마을축제가 되었다.

대천천네트워크

화명3택지지구 공공임대주택건립 백지화, 고등학교유치대책위원회

화명2동에서는 1990년대 중반에 도시개발공사가 건설한 2천 3백 세대 규모의 도시그린아파트를 중심으로 자생적인 주거공동체를 형성하려는 움직임이 있었다. 당시 강호열 사무처장은 1996년 5월 아파트에 입주하여 입주자대표를 하면서, 아파트공동체 운동에 관심을 가지고 활동했다. 입주자대표회의, 부녀회가 결성되고, 이들은 방범순찰 활동, 아파트문고 운영 같은 초보적인 아파트공동체 운동을 진행하였다. 이러한 초보적인 주민운동을 한 단계 비약시킨 것은 도시개발공사가 무리하게 아파트 추가건설 계획을 발표하면서부터다.

2003년 11월, 도시개발공사가 도시그린아파트 뒤편의 자투리땅에 아파트를 추가로 건설하겠다고 발표하자, 주민들은 크게 반발했다. 2차선 도로에 시내버스 한

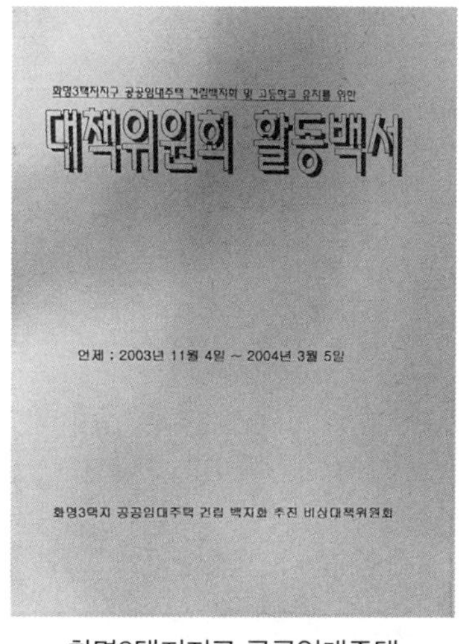

화명3택지지구 공공임대주택 건립백지화, 고등학교유치대책위원회 활동백서 (2003년 11월 4일~2004년 3월 5일)

대밖에 운행되지 않는 상황에서 이미 통근과 통학에 큰 불편을 겪고 있던 주민들은 교통대책도 없이 추진하려는 아파트 추가건설을 반대했다. 또한 부산은 동서격차 특히 교육격차가 심각했고, 대천마을은 고등학교 신설이 절실했다. 그래서 주민들은 교통대책 없는 아파트 추가건설을 그만두고, 그 땅에 고등학교를 짓는 것으로 요구를 결집했다. 그러면서 도시개발공사를 상대로 대규모 시위투쟁을 전개했다. 초등학교 운동장에서 천막을 치고 농성을 했던 주민비상대책위원회는 농성장에서 회의와 주민모임, 주민교육을 실시하였고, 주민투쟁으로 실천 행동이 일어났다.

이 투쟁은 주민들의 승리로 귀결되어 '금명여고' 설립으로 이어졌다. 주민비상대책위원회는 2003년 11월 4일부터 2004년 3월 5일까지 투쟁을 끝낸 후 '화명3택지지구 공공임대주택건립 백지화와 고등학교 유치를 위한 대책위원회 활동백서'를 만들어, 투쟁시기의 주민운동을 상세히 기록했다. 이때 노동조합 활동 경험이 있었던 강호열이 비상대책위원장을 맡았다. 활동백서의 내용으로는 주차면적 부족에 따른 주민여론조사와 공사에 따른 주민불편사항 그리고 학교용지의 필요성에 대한 내용을 상세히 정리했다. 또한 농성장 농성일지를 정리하여, 당시 얼마나 많은 주민들이 일치단결하여 저항하고 투쟁했는지를 상세히 보여준다.

화명2동 지역발전협의회와 화명포럼

이런 과정을 거치면서 주로 도시그린아파트 입주자대표회의와 부녀회를 기반으로, 화명2동 단체들을 망라하여 2004년에 '화명2동 지역발전협의회'가 구성되었다. 다른 한편으로 주민비상대책위

원회가 투쟁하기 직전인 2003
년 3월에, 하천주민운동단체
를 표방하며 '화명포럼'이 탄
생했다. 이 포럼은 대천천의
보호와 탐사활동을 중심으로
활동을 전개했으며, '대천천
생태자료집'을 발간하고 '제1
회 대천천 환경문화축제'를 주

2003년 대천문화환경축제 모습

최했다. 그 구성원은 주로 30~40대의 화명동 토박이들로, 화명초
등학교 동창회를 기반으로 추진되었다. 도시개발공사의 무리한 아
파트 추가건설로 반대싸움이 일어나고, '대천천 환경문화축제'가
계기가 되어, 이듬해인 2004년 6월 '대천천 네트워크'를 발족하게
되었다.

2009년 6월, 사단법인으로 등록한 '대천천 네트워크'의 설립목적
은 '대천천 유역의 지역주민 및 제단체와 네트워크를 형성하여 아
름다운 대천천의 환경을 보존하고, 환경과 인간이 함께하는 아름답
고 살기 좋은 마을을 만들고, 대천천 유역의 역사와 문화를 복원하
여 지역공동체활성화에 기여함'으로 정했다.

고속철 금정산 사갱공사반대 범비상대책위원회

2004년 10월 22일 화명동 주민, 지역환경단체 관계자들 500여
명이 모여 범비상대책위원회를 출범하고, 사갱공사 예정지에 300여
그루의 나무를 심었다(부산일보 2004.10.23.). 이것은 금정산 대천천
생태계와 주거환경 파괴, 환경오염 등을 우려하며 고속철 사갱(터널

굴착)공사의 중단을 촉구하는 지역주민 및 시민단체 중심의 비상대
책위원회 활동의 시작이었다. 이 시기는 지율스님과 시민단체가 '천
성산 도롱뇽' 명의로 고속철도공사 착공금지 가처분 신청을 내고
지율스님이 단식투쟁을 하던 시기였다. 제대로 된 환경영향평가 없
이 시작된 공사를 반대하며 시작된 오랜 기간의 투쟁이 있었으나,
경부고속철도 2단계인 금정산, 천성산 구간공사는 이루어졌다.

대천천 네트워크는 발족과 동시에 앞선 투쟁보다 훨씬 큰 싸움
인 금정산 고속철도 사갱공사 반대투쟁을 벌이게 된다. 대천천 네
트워크가 화명2동 소재 주민단체를 거의 망라하고 있었으므로, 신
속하게 '고속철 금정산 사갱공사반대 범비상대책위원회'를 구성할
수 있었다. 대규모 주민집회와 시위 그리고 몸싸움으로 이어져 뜨
거웠던 투쟁은 결국 국책사업을 이길 수는 없었다. 결과는 공사를
허용하되, 주민피해보상을 얻어내는 것으로 종결되었다. 그 가운데
가장 중요한 것은 도시개발공사 소유의 공공용 부지 313평을 건설
사들이 매입하여, 3층 규모의 대천천 환경문화센터 마을회관을 신
축한 후, 마을에 기부한다는 것이었다. 그리고 위험한 산성로 데크
공사와 도로확장이라는 보상을 주민들의 힘으로 얻게 되었다.

대천천 네트워크는 형식상 조직구성 면에서 화명2동 전체 주민
을 대표하는 단체로서 위상을 갖고 있었지만, 이 싸움을 주도하면
서 그 위상은 더욱 뚜렷해졌다. 이후 대천천 네트워크의 회의에는
때때로 동장, 구의원 등이 배석하고, 구청에서는 민관협력의 주요파
트너로 인정하였다. 2010년 10월에 준공한 '대천천 환경문화센터'
를 기부받아 소유하고 관리하게 되면서, 대천천네트워크는 한 단계
더 위상을 제고하고 더욱 왕성한 실천 활동을 이어나갔다.

대천천 환경문화센터

대천천 네트워크는 2010년 '대천천 환경문화센터'를 관리하게 되면서부터 지역사회에서 네트워크의 중심역할을 하게 되었다. 맨발동무도서관, 대천마을학교, 부산참빛학교, 화명동 새마을금고 문화센터를 대천천 환경문화센터 안으로 유치했다. 그래서 통합적이

대천천 환경문화센터 건물 전경

고 협력적인 마을공동체 활동을 벌여나갈 수 있는 거점과 기반을 마련하게 되었다. 같은 공간에는 없지만 함께 연대하는 주민공동체로는 2015년 기준 북구공동육아협동조합인 쿵쿵어린이집, 랄랄라 어린이집 그리고 마을밥상협동조합인 마을밥집 등이 있다.

대천천 네트워크는 대천천 환경문화센터 운영을 시작하면서 대천천 3대 오염원과 본격적인 싸움을 벌여나갔다. 먼저 최대 오염원인 대천천 상류, 금정구 금성동 식당가에서 쏟아내는 생활오수와 축산오폐수에 대해 본격적인 문제제기 활동을 벌여나갔다. 실태조사, 모니터링단 구성과 언론을 통한 고발, 북구청과 부산시 항의방문, 정책간담회, 워크숍 개최 등 활동을 펼쳤다. 마침내 부산시로부터 15억 예산을 편성하여, 금성동에 하수관거공사를 진행하겠다는 약속을 받아냈다.

두 번째 오염원인 중류, 지역그린벨트 내 농장들의 불법음식 매

대천천 생물도감

매행위에 대해서도 장기간 끈질긴 감시와 문제제기, 고발활동, 민관간담회 개최 등의 활동을 벌여 마침내 이를 근절시키는 성과를 올렸다. 마지막으로 남은 숙제는 하류지역의 우수관거와 생활하수관거를 분리해서 매설하는 공사를 진행하여, 우수기에 생활하수가 대천천으로 흘러드는 것을 원천적으로 막아내는 일이었다.

대천천 네트워크의 주요 환경 관련 프로그램으로는 대천천 정화와 모니터링 활동, 대천천과 금정산 환경파괴 감시활동, 지역 내 초·중·고학생들의 생태체험교실 운영 등이 있다. 또한 청소년환경지킴이단 결성, 생태아카데미, 생태탐방, 환경캠페인 등의 프로그램이 있다. 문화와 복지관련 프로그램으로는 정월대보름 달맞이 한마당행사와 대천천 환경문화축제 주관, 주민강좌, 찾아가는 작은 음악회 개최, 독거노인과 결식아동 돕기, 양로원 봉사활동 등을 활발히 전개하여 활동 폭을 넓히고, 주민자치공동체 형성에 힘을 쏟았다. 새로운 프로그램으로는 마을문화장터와 똥밥학교 운영이 있다. 또 '공감과 감동의 대천천 스토리텔링' 사업을 통해 마을 어르신들의 마을역사 이야기를 채록하고, 이를 스토리텔링으로 가공하는 활동을 진행하고 있다.

맨발동무도서관

맨발로 찰방찰방! 누구나 맨발로 찾아오는 곳

맨발동무도서관 초대 관장인 임숙자는 어린이들이 공공도서관을 이용하기 힘든 현실에서, 마을도서관에 관심을 가지게 되었다. 용인의 느티나무도서관을 직접 방문한 후 마을도서관을 꿈꾸는 이들이 모이기 시작했다. 북구 화명2동은 낡은 재래주택과 소형아파트가 밀집한 지역이다. 화명2동에서 어린이와 책에 관심이 많았던 북구공동육아협동조합, 어린이도서연구회, 어린이책시민연대에 참여한 지역주민들이 공간을 찾아서 도서관으로 만들어보자고 힘을 모았다.

한마디로 '맨손으로 맨땅에 헤딩'하면서 마음을 내었던 것이 '맨발동무'의 시작이었다. 임숙자는 그 당시 '도서관은 지나간 이야기들이 지금, 살아 있는 우리들한테 쉼 없이 말을 걸고 이웃과 소통하게 하고 또 다가올 사람들한테 이야기를 건네주는 곳이다.'라는 누군가의 말을 떠올리며 맨발동무를 시작했다고 한다.[2]

어린이책 읽기를 좋아하는 엄마들이 모여 '우리 사고 한번 쳐보자' 하고 의기투합해서, 집에 있는 책들을 몽땅 들고 와서 어느 빈 사무실에 진열해놓으며 맨발의 역사가 시작된 것이다. 맨발동무라는 이름은 권태응 동요시인의 『감자꽃』이라는 동시집에 들어 있는 「동무동무」 구절에서 가져왔다. 이 시의 전문은 이렇다.

---

2   임숙자, 2009, 「마을도서관 맨발동무사례를 통해 본 지속가능한 주민도서관의 길찾기」, 『성찰과 전망』 4, 도서출판 대성, 5-45쪽.

우리 동무 모두 모두 맨발동무

풀밭에 모래밭에 맨발동무

손을 잡고 나란히 맨발동무

우리 동무 모두 모두 맨발동무

강아지도 송아지도, 맨발동무

걷고 뛰고 노래하고 맨발동무

권태응 시인이 노래한 것처럼 어린이에서부터 어른까지, 강아지, 송아지와 같은 모든 자연의 동무들이 걷고 뛰고 노래하는 도서관이 되기를 바라는 소망이 담긴 이름이라고 할 수 있다.

임숙자 관장은 도서관에 관한 일이라면 열일 제쳐두고 전국 곳곳, 일본에까지 다니는 열성 풀뿌리활동가였다. 그러한 열성으로 2005년 7월 4일 첫 모임을 시작으로 네 차례 모임을 가지고, 17일에 개관할 수 있었다. 누구나 맨발로 찾아와도 편한 곳, 나이와 인종과 지위의 높낮이를 허물고, 협력해서 함께 나아가는 지역공동체, 건강한 마을공동체 만들기의 시작이었다.

개관 당시에는 사서를 포함해서 6명의 운영위원과 10명 남짓한 자원활동가들이 도서관 업무를 시작했다. 처음에는 도서관 내 열람만 가능하였으나, 2006년 3월 도서관리프로그램의 지원을 받아 도서 대출을 시작했다. 자료 구입은 책을 선정하기 위한 힘을 키우는 수서모임에서 선정한 자료와 이용자 희망자료, 사서선정자료들을 모아서 하고 있다. 맨발동무를 움직이는 사람들은 활동가, 도서관의 꽃으로 불리는 사서와 어떤 일을 자기 스스로 하고자 하여 행동

2005. 7. 17. 개관식 가래떡 커팅　　　　맨발동무도서관 현판식

2010. 10. 30. 맨발동무도서관 책 보따리 이사

하고 힘을 쓰는 자원활동가, 이용자인 어린이와 어른들 그리고 후원자로 구성된다.[3]

3　맨발동무도서관은 고선일(2대 관장), 김부련(3대 관장), 장윤정 등 주요활동가들의 헌신으로 초창기부터 이어져 오는 사람의 역사, 마을의 역사를 기록하고 있다.

맨발동무도서관은 2010년 10월 30일 대천천 환경문화센터 3층
으로 이전하면서 사립공공도서관으로 새롭게 태어났다. 이 당시 아
이들과 함께 책 보따리를 머리에 이고 옮기는 '책 보따리 이사'는 이
후 많은 사람들의 입에 오르내리는 추억의 풍경이 되었다.

마을의 돌봄으로 성장하는 커다란 책

맨발동무도서관은 책과 이야기를 통해 자신의 삶을 되새기고,
새로운 인생을 꿈꾸는 모두의 쉼터, 배움터, 놀이터로 자리매김하
고 있다. 누구나 책을 통해 스스로를 돌보며 성장할 수 있는 힘을
키울 수 있도록 돕는 곳으로, 나이, 성별, 계급, 학력, 인종 그 어떤
것에도 차별받지 않고 지식과 정보의 독점 없이 누구에게나 열려
있다.

자발성과 역동성이 피어나는 곳인 민간도서관으로, 딱딱하고 일
방적이어서 불편한 곳이 아니라 스스로 참여하고 만들어가며 창의
성을 꽃 피울 수 있는 살아 숨 쉬는 공간이다. 그래서 다양한 참여
와 자발적인 기부로 새로운 문화를 만들어가고 있는 곳이 되었다.
또 돌봄과 소통이 있는 마을도서관에서는 젖먹이부터 할머니까지
누구나 친구가 된다. 이웃과 더불어 어울리고 소통하며 함께 살아가는 법을 배운다. 맨발동무도서관은 이웃들에게 쉼 없이 말을 걸고 소통하며, 나와 이웃을, 가족과 마을을 이어주는 다리가 되는 곳이다.

맨발동무도서관 소식지

맨발동무도서관의 주요활동으로는 날마다 4시 책 읽어주기와 잘가요 낭독, 주마다 초등학교 한반나들이, 달마다 책문화공연 찰방찰방, 철마다 작은 전시회, 해마다 작가 강연 및 주민강좌, 문학기행, 밑줄 낭독회, 북콘서트 등이 있고 일상적으로 독서 모임과 자원활동 동아리, 필요한 곳으로 찾아가는 책 읽어주기 등이 이루어지고 있다.

또 마을과 소통하는 프로그램으로는 평상너머, 시험이 끝난 청소년과 와요데이, 야외에서 영화를 보는 라면극장, 어린이날 깜짝잔치, 마을과 함께하는 도서관 생일잔치, 마을축제에서 펼치는 바깥도서관 등이 있다. 맨발동무도서관은 해마다 이렇게 다채로운 활동들을 이웃과 동무가 되어 함께 만들어가고 함께 나누며 마을과 함께 성장하는 커다란 책이 되었다.

대천마을학교

북구공동육아협동조합에서 교육공동체로 탄생

대천마을학교는 마을이 갖는 교육공동체의 기능을 회복하고, 이를 매개로 마을공동체를 다시 세우고자 하는 시도로서 '부산북구 공동육아협동조합'을 모태로 탄생했다. '징검다리놓는아이들방과후학교'에서는 초등학교 고학년 문제를 둘러싸고 많은 논의를 하였다. 아이들은 고학년이 되면 기호와 취향이 뚜렷해지기 시작하는데 이에 대응하는 프로그램이 필요했다. 그리고 방과후학교를 다니지 않는 많은 마을 아이들이 눈에 밟혔다.

그래서 아이들의 기호와 취향을 고려한 다양한 프로그램을 개설하여 자유롭게 선택하게 하고, 마을 아이들 누구나 이용할 수 있는 방과후 문화센터 같은 것이 필요하다는 결론을 내리게 되었다. 또한 중고등학생들을 위한 청소년 교육문화기관과 성인들을 위한 평생교육기관이 필요했다. 그리고 마을에는 재능이 많은 어른들이 많았다. 배우고자 하는 사람과 가르칠 수 있는 사람이 많았고, 그것을 나누고자 하는 사람들이 많았다. 자연스럽게 이를 모두 실현할 수 있는 마을문화센터 형식의 교육공동체에 대한 논의가 시작되었다.

2007년 말부터 마을학교 준비모임이 구성되어, 북구공동육아협동조합원들이 조성해준 2,000여만 원의 기부금을 토대로 학교를 만들게 되었다. 화명동에서 2008년 2월 21일에 설립하여 3월 8일 개교식을 한 것이다. 처음 시작할 때 회원 수는 36명으로 시작하였는데 향토문화전자대전에 기록된 2012년 기준에 따르면 가입 회원은 160명 정도였다. 처음에는 교장선생님과 간사조직으로 시작하였는데 이후에는 운영위원회가 만들어져 함께하고 있다.

대천마을학교의 설립목적으로는 '지역사회의 교육문화기능을 회복, 강화하고 지역주민의 교육문화 역량을 발굴, 연계하여 자치와 협동의 마을공동체를 재건하는 데 이바지한다. 그리고 마을학교의 모든 활동은 마을 모든 구성원에게 문턱 없이 개방하며, 특히 저소득층을 비롯한 사회적 약자를 우선적으로 배려하여 사회통합에 기여하도록 하'는 것으로 정했다.

모든 이의 배움터, 마을이 학교다

대천마을학교는 '마을이 학교다'라는 구호를 내걸고 설립된 마을학교로서, 모든 이의 배움터이다. 마을이 품고 있는 풍부한 교육

마을 문화 학교(2010년)

대천마을FC(2014년)

대천마을학교 마을축제 부스

어린이 연극교실(2014년)

의 곳간을 뒤져서 그 자원들을 그물코처럼 이어나가는 온 마을이 학교인 마을교육문화공동체를 만드는 것에 목표를 두고 있다. 회원들의 정기총회에서 10명 이내의 운영위원을 선출하며, 운영위원의 호선으로 운영위원장을 뽑아 '교장'으로 부른다. 이귀원 운영위원장은 대천마을학교의 교장이다.

대천마을학교에는 북구공동육아협동조합 졸업생들이 마을학교에 와서 방과후 프로그램에 참여하고 초등 졸업 과정을 함께 보냈다. 점점 마을의 재능 있는 어른들이 함께하며 프로그램이 다양해지고 마을동아리도 생기면서 청소년들과 어른들이 함께 모이는 마을학교가 되었다.

마을학교 교육문화 활동은 초중등 방과후 교육 활동과 성인평생교육 활동, 가족프로그램으로 구성된다. 초중등 방과후 교육 활동은 세밀화, 판화, 북아트, 탈 만들기, 만화 그리기, 웹툰 같은 미술교육과 가야금, 오카리나, 단소, 통기타, 난타, 우쿨렐레 같은 음악교육이 있다. 그 밖에 연극, 영상, 힙합, 마술 같은 활동이 있다. 더불어 축구, 야구, 배드민턴 같은 체육활동, 공동체놀이, 요리활동과 책읽기, 글쓰기, 수학, 영어그림책, 영어동화책 읽기도 진행하고 있다. 축구의 경우 대천마을 FC라는 이름으로 부산민주항쟁배 축구대회에 참여했다. 방학 때에는 영상캠프, 야구캠프, 야영캠프, 스스로 여행학교, 제주도 자전거 여행 등을 진행한다.

성인평생교육 활동은 프로그램과 동아리 활동으로 나뉘며, 프로그램으로는 통기타, 민요와 판소리, 장구, 가야금, 세밀화, 수채화, 일본어회화, 사진, 타로, 공동체놀이, 아빠요리교실 등을 진행한다. 동아리 활동으로는 바느질과 염색, 한문고전 읽기, 몸살림, 위빠싸나 명상, 자전거 나들이, 사진출사 등을 진행한다. 그 밖에 부모교육 강좌, 인문학 강좌, 심리상담 강좌, 시사강연, 독립영화 공동체상영 등이 비정기적으로 진행된다. 가족프로그램으로 자전거트레킹, 역사기행, 가족연극놀이, 금요밥상 등도 진행한다.

이렇게 프로그램과 동아리 활동에 참여한 마을사람들은 마을학교에서 배우고 익힌 솜씨를 마을단오잔치나 대천천 환경문화축제 등에 출연하여 뽐내기도 한다. 그리고 서로가 가진 재능으로 프로그램을 실시하는 나눔 교육을 하기도 한다. 이렇듯 대천마을학교는 모든 마을 사람들의 배움터로서 누구도 차별받지 않는 두루두루 살기 좋은 마을을 지향해나가고 있다.

연제마을 이야기

연제공동체

연제공동체 창립

1990년대 부산지역에서는 다양한 부문운동으로서 80년대를 이어오는 탁아운동, 공부방운동, 도서원운동, 지역운동이 일어났다. 이러한 시대적 흐름 속에서, 1996년 4월 11일 제15대 국회의원 선거에 참교육 운동과 민주화 운동에 앞장섰던 박순보 선생이 출마하게 되었다. 1989년 전국교직원노동조합 설립에 참여했다가 해직되었고, 1990년 전교조 부산지부장을 지냈던 박순보는 지역시민사회단체에 속한 무소속 국회의원 후보로 연제구에서 출마했다. 이때 선거운동 자원봉사자들과 지역주민이 결합하여 단체를 만들었는데 이 단체가 바로 '연제공동체'다. 연제공동체는 지역주민의 삶의 질을 높이려는 지역문화운동단체를 꿈꿨다.

연제마을공동체 만들기

1996년 하반기, 62명의 회원을 확보하고 연제공동체 준비위원회를 결성했다. 1997년 4월 연제지역 주민을 위한 삶을 개선하는 운동단체를 표방하며 '연제공동체'가 창립총회를 가졌다. 연제공동체는 어머니 한글교실, 한자교실, 영어교실 등 문화교실을 운영하였고, 부산지역의 여러 단체들과 연대하며 다양한 지역사회 문제 해결을 위한 활동을 했다.

연제공동체 초기 대표는 박순보, 2대 최종태, 3대 정덕용, 4대 김

연제공동체 추진위원회 발족식

이수였다. 연제공동체의 대표적인 활동은 주민자치운동, 맑고 아름다운 온천천 만들기 운동, 지역공동체 연결망 건설운동, 그리고 연세가족도서원을 비롯한 문화교양운동 등이었다. 주민자치운동은 주민참여예산제 활성화를 중심으로 활동하였고, 주민행정감시단 결성 등 굵직한 사업들을 펼쳐왔다. 그 성과를 이어받아 2000년에는 '맑고 아름다운 온천천 만들기 운동'으로 부산시 시민실천 사업 부문 최우수상을 수상하기도 했다.

맑고 아름다운 온천천 만들기 운동은 온천천 신문 발행과 하천 문화운동, 깨끗한 하천 만들기 운동으로 퍼져나갔다. 지역공동체연결망 건설 운동은 연제구의 특수한 지역인 물만골 마을공동체[4] 활

4　물만골공동체는 황령산생태계 복원과 쓰레기 배출 없는 도심생태마을만들기

동을 지원하였다. 30대 물만골 마을청년 3명과 마을공동체운동에
대하여 토론 실천하였고, 마을 청년회를 개편하고, 부녀회 활동을
지원하였으며, 주민 주체의 마을축제 만들기 활동 등을 전개했다고
당시 주도적으로 활동했던 정덕용 대표는 밝히고 있다.

　연제공동체가 물만골 마을지원 활동을 전개하는 과정에 IMF 외
환위기로 마을 땅이 법원에 경매물로 나오게 되었다는 소식을 접하
게 된다. 이때 연제공동체(당시 대표 최종태) 사무국장이었던 정덕용
은 물만골 마을 주민들에게 '마을주민끼리 보증 활동을 하여, 땅을
매입할 필요성을 역설'하였고, 마을 청년(이희찬, 김이수)을 중심으
로 마을 주민 96가구 196명이 3회의 법원 유찰을 거쳐, 초기에 약
10,000평의 마을 부지를 공동으로 매입하는 성과를 내었다. 공동
매입한 땅에 대안학교, 유치원, 공부방, 공동식당, 마을작업장 등을
만들고 마을 주민들이 주인이 되는 사업을 펼치면서 새로운 도심
마을공동체를 구성하였다. 여러 가지 우여곡절을 겪으면서 물만골
공동체는 2002년 환경부 생태우수마을로 지정되었으며, 2007년도
물만골 공동체 대표였던 김이수는 '2007년 친환경개발'이라는 새로
운 비전을 제시하였다.

실업극복 국민운동과 자활사업 참여

　연제공동체는 1998년 금 모으기 운동과 일자리 만들기 운동을
적극적으로 벌이고 있던 실업극복국민운동본부에 '물만골 마을공

를 표방하며 1999년 2월 19일 출범하였다. 연산2동 황령산 안에 있는 도시형
생태마을공동체로서 1953년 농장(방목장)의 설치로 마을이 형성되어 1960년
대 이후 초량지역 철거민과 농촌인구의 유입으로 세대가 급격히 늘었다.

동체 일자리 만들기 지원 계획'을 응모했다. 그 결과 1999년부터 2001년까지 3년에 걸쳐 약 5천만 원의 지원사업을 위탁받게 되었다. 물만골 마을공동체 일자리 만들기 계획의 핵심은 노인들을 중심으로 한 재활용사업에 트럭 지원, 부산진시장의 작업복을 만드는 부녀자를 위한 봉제사업 재봉틀 지원, 그리고 청장년층을 위한 건축사업과 청소사업, 행정지원사업이었다.

1997년 IMF 외환위기 이후 연제공동체는 국민기초생활보장법 제정 운동에 함께했다. 그리고 서울 마포의 성미산 마을공동체를 비롯한 전국의 마을공동체 탐방과 빈민운동의 협동조합교육에 참여하게 되었다. 마을공동체 탐방을 통해 마을에서 일자리를 만들 수 있는 공동체 정신을 배웠고, 생산공동체운동 관련 공부를 통해 협동과 나눔의 가치를 알게 되었다. 외환위기로 인해 어려운 시기였지만 연제공동체는 협동과 나눔의 가치를 중심에 두고 활동할 수 있는 사람들과 함께 지역에서 열심히 공동체 활동을 전개했다.

연제공동체는 내부논의를 거쳐, 보건복지부에 연제자활후견기관 지정 신청을 하였고, 2001년 7월 지금의 연제지역자활센터인 '연제자활후견기관'을 지정받게 되었다. 사업계획의 핵심은 연제지역 주민들의 자발성을 끌어내어 주인의식을 높이는 활동과 자활사업의 생산이익을 공유하고 협동과 나눔의 정신으로 모두가 행복한 삶을 영위하는 것이었다. 연제 자활사업의 주요내용은 재활용, 집수리, 청소, 간병사업 등이다. 연제자활후견기관은 연제공동체 초기의 공공근로 집수리사업 경험과 물만골 일자리 만들기 자활사업 경험을 바탕으로, 생산과 나눔과 협동의 정신을 구현하기 위해 노력했다. 연제구에서 생활공동체 주민운동을 펼쳐온 연제공동체의 정

연제공동체 자원봉사자 교육

신을 이어받아 자활주민들의 자발성을 높이기 위한 노력 또한 열심
히 했다.

"자활사업에서 참여자의 자발성을 높이기 위해 다양한 인문적,
경제적, 사회적 교육과 6명 실무자 임금의 절반을 모아 상조회 기
금과 자활사업장을 마련하고 동거동락(同居同樂) 전략으로 활동을
전개하여 자활사업의 모범이 되는 많은 성과를 만들었다. 반면에
점점 한계가 나타나기 시작했다. 2004년 이후, 자활사업의 평가지
표가 양적 수치를 바탕으로 평가하였기에 자활사업에 얼마나 많은
참여자를 참여시키는가에 따라 자활후견기관들은 운영비의 차등
화가 시작되고, 협력은 공동의 목표가 아니라 센터의 실적을 위한
협력이 되었다. 그리고 자활사업 안내지침에 의한 것만이 정당성을
인정받는 분위기가 되고, 자활사업 참여자의 주체성보다는 대상적
관리체계로 편입되는 경향을 보이면서, 자활의 운동성은 점점 사

라져 갔다. 생산·나눔·협동의 정신은 생산의 협력, 분업화를 통해 공동 이익의 공동분배라는 나눔이 진행되어야 하고, 협동하는 연대가 주요한 이념이자 실천지침인데, 그 운동성이 점점 희미해지고 있다.”라고 정덕용 대표는 말한다.

연제가족도서원

연제가족도서원은 연제공동체 부설로, 처음 만들어진 1997년부터 지역의 학부모들이 중심이 되어 활동해왔다. 지역품앗이 운동 차원에서 시작되었다. 집에서 잘 보지 않는 책들을 한곳에 모아두고 같이 돌려보며 공동체 의식을 함양하자는 취지였다. 설립 당시 2,000여 권이었던 장서 수가 2003년에는 3,600여 권으로 늘어났다. 1년에 5,000원을 내면 한 가족 모두 도서원의 회원이 되어 함께 책을 나누어 볼 수 있었다.

연제가족도서원의 주요활동은 그림책 보기, 반찬 만들기, 영화 보기, 고사리손 벼룩시장 등이 있었다. 이영미 활동가는 아이 셋을 키우면서 주변의 학부모들과 맺은 인연을 바탕으로 연제가족도서원 활동을 해왔다. 학부모들을 운영위원으로 위촉하고, 민주적인 의사결정을 위하여 회의를 통해 함께 결정하고 함께 실천하며 활동했다. 일하는 어머니가 많은 지역 특성상 꼭 필요한 ‘품앗이 공동육아’ 형태의 프로그램을 핵심사업으로 하기도 했다.

학부모들은 자기 일을 하며 마을 활동을 병행하는 사람들이 많아서 집중해서 활동을 하기에는 아무래도 어려움이 많았다. 마을에서 이웃들이 함께 활동하면서 잘 지내게 되고 그 인연으로 지금까지 이어오기도 하지만, 여러 관계망 속에서 갈등이 생기고 모임

연제가족도서원 역사기행

이 깨지는 안타까운 경험을 하기도 했다고 이영미 활동가는 회고한다. 부산시 비영리민간단체로 등록하고 활동을 해왔던 연제공동체는 오랜 시간 지역에서 활동하며 어린이책시민연대, 부산(연제)교육희망네트워크, 부산환경운동연합 연제동래지역모임 등과 연대활동도 꾸준히 해오고 있다. 이제는 연제공동체보다 연제가족도서원으로 더 알려져 있다.

이영미 활동가는 "지금까지 활동하면서 내 속도로 하니까 좀 더 디기도 하지만, 속도보다는 같은 방향을 보며 함께 가는 것이 중요하다고 생각했어요. 활동하면서 우리 안에 배어 있는 비민주성, 비인권적 행태, 가부장성 이런 것들이 공동체를 이루는 데 얼마나 큰 어려움을 만드는지 알게 되었던 것 같아요. 그래서 조직 안에서 소통방식이 얼마나 중요한지 깨닫고, 서로를 존중하는 일상에서의 공동체 민주주의를 실현하는 구체성을 고민하고 나누는 수업, 마을교육활동에 관심을 가지고 연구 실천하고 있어요."라고 말한다.

연제어울마당

토곡마을

연제구 연산9동은 '토곡'이라 불린다. 옛날에 토끼들이 뛰어놀던 고개라는 의미의 토곡은 수영강이 흐르고 미나리밭이 많았던 마을이었다. 강을 매립하고 밭을 없애 마을을 개발하면서 대단지아파트와 다세대주택이 생겨났다. 그러면서 가정을 이룬 젊은 세대가 많이 사는 마을이 되었다. 토끼가 뛰어놀던 곳답게 토끼 같은 아이들이 많으며 어린이집과 유치원, 초등학교가 다른 동에 비해 많다. 대부분 시간을 가정과 마을에서 보내고 있는 여성들이 어떤 고민과 어떤 요구를 가지고 있는지 알기 위해 부산여성회 이정은 활동가는 주민 만남을 시작했다.

아침에 유치원 차를 타기 위해 아이와 함께 나와 기다리는 엄마들을 만나고, 초등학생을 학교에 보내고 오전 시간을 보내는 학부모의 집을 방문하기도 하며, 마을 여성들의 요구를 파악하기 위해 노력했다. 첫아이를 학교에 보낸 엄마들은 학교생활에 대한 불안함이 많았고, 일하는 여성들은 방과 후에 아이를 믿고 맡길 곳이 가까이 없어 고민이 많다는 것을 알게 되었다. 아이가 초등학교 고학년이 되면서, 사교육비에 대한 부담으로 경제적인 어려움을 겪는 경우도 있었다. 그리고 학교 앞 불량식품, 위험한 학교통학로, 지저분한 거리 등 마을이 아이를 키우기에 안전하지 못한 요소들이 많음을 알게 되었다.

토곡 좋은 엄마모임

엄마들이 모였다. '토곡 좋은 엄마모임'. 결혼하고 아이를 키우며 접어두었던 꿈을 다시 끄집어내며 또는 아이를 좀 더 잘 키워보고 싶은 마음을 담아 엄마들의 모임이 만들어졌다. 예비학부모 교육, 자녀와의 대화법, 적극적인 부모역할훈련 등 아이를 키우며 필요한 교육을 자기가 살고 있는 마을에서 강좌로 직접 만들고, 서로 배움을 나눴다. 엄마들은 여고시절에 고이 간직했던 꿈을 이야기하며 다시 도전하기 위한 계획을 세우고, 교육과 실천 활동을 통해 성장했다.

엄마모임으로 만났지만 엄마들이 힘들어하는 문제들이 혼자만의 문제가 아니라 공동의 문제이며, 여성이기 때문에 생기는 문제들이 있고, 또 여성들만의 문제는 아니지만 여성이 더 민감하게 느끼는 문제도 있음을 알게 되었다. 처음엔 '여성'이라는 단어도 어색하고 '여성회'라는 단체도 멀게만 느껴졌는데, 엄마 역할의 어려움을 함께 해결하기 위해 '토곡 좋은 엄마모임'에서 '연제여성회'로 이름을 바꾸게 되었다.

엄마들의 성장과 활동을 보면서 아빠들도 모임을 만들었다. 아이 넷 아빠인 노정현이 주도해서 '토곡 좋은 아빠모임'이 만들어졌다. 밤이 되어야 돌아오는 마을이지만 마을에서 아빠들도 서로 친구가 되고 싶고, 마을 일에 참여하며 도움을 주고 싶은 마음들이 있었다. 엄마들에게 휴식을 주고 아이와 함께 체험 놀이를 진행하기도 하고, 아빠학교를 만들어 자녀와의 대화법, 부부 의사소통훈련, 아버지 역할 등의 내용으로 교육을 진행하기도 했다. 엄마모임과 아빠모임을 2년 정도 진행하면서 회원들도 많아지고, 모임과 교육 공간이 필요하게 되었다. 회원들이 전세금과 공사비를 서로 분담하여 자그마한 사무실 공간을 마련하였다.

'연제여성회' 활동가들은 마을주민들을 만나면서 '우리 단체 이름을 무엇으로 할까?'라는 고민이 생겼다. 그래서 주민들이 함께 만나고 소통하고 어울릴 수 있도록, 마당을 펼치는 역할을 한다는 의미로 '어울마당'이라 정했다. 엄마모임에서 아빠모임이 보태지고, 아이들과 노인들이 함께하는 활동이 만들어지면서, 그 힘을 바탕으로 마을공동체를 만들게 되었다. 공간이 생기면서 많은 주민을 더 자주 만나게 되고, 더 많은 활동을 계획하게 되었다.

마을공동체 활동

– 품앗이공부방

'어울마당'을 만들고 엄마들이 제일 먼저 준비한 일은 품앗이공부방이다. 사교육보다 좀 더 편안한 공간에서—더불어 살아가는 방법을 배우는 교육의 장에서—아이들을 키우고 싶었다. 전문과목을 가르치는 선생님을 모시기보다 엄마들의 품앗이로 이루어지는 마을품앗이공부방을 운영하고 싶었다. 먼저 보육교사 자격과 독서논술지도사 자격을 가지고 있는 엄마, 주산 지도 자격을 가지고 있는 엄마 등이 모였다. '어울마당' 간판을 보고 찾아온 주민은 학교 방과 후 한자수업을 하고 있다면서 품앗이공부방에 참여하였다. 매월 공부방강사단 회의를 하면서 아이들에 대한 정보도 교환하고, 수업내용도 점검하고, 격월 학부모회의와 어린이회의를 진행하는 등 선생님과 학부모, 학생이 함께 운영하는 공부방을 만들어 갔다. 학부모회의는 수업내용 보고와 학생에 대한 상담, 아이들을 이해하기 위한 교육 등을 진행했다. 어린이회의는 아이들에게 민주적인 의사소통과 자발적인 교육 활동을 이끌어주는 교육의 장으로 활용되었다.

지역에 있는 맞벌이 가정의 자녀, 한부모 가정의 자녀들에게 공부방을 이용하는 혜택을 우선적으로 주었고, 그렇게 품앗이공부방이 마을에 알려지게 되었다. 1~2년 운영하면서 엄마들의 품앗이만으로는 해결되지 못하는 교육적인 문제가 생기게 되었다. '그래도 교과학습을 좀 해야 하지 않을까? 성장하는 아이들에 비해 엄마 선생이 따라가지 못하는 것 같다?' 등의 문제점을 의논했다.

그 결과 학교나 학원에서 하지 못하는 교육을 우리가 해보자는 생각에, 작지만 대안교육의 형태로 마을 방과후 학교로 내용을 전환했다. 지역에서 지원해주는 전문단체의 도움을 받아 영화, 연극, 생태, 풍물, 역사 수업을 진행하면서 수업의 질도 높아졌다. 하지만 점점 많아지는 학교 시험과 정부의 경쟁교육정책으로 학부모들의 불안은 높아지고, 아이들이 학교에 머무르는 시간도 많아지면서 마을 방과후 학교는 문을 닫게 되었다. 이후에는 아이들의 요구에 맞게 토요 방과후 교실, 청소년 동아리, 아동돌봄센터로 분화되었다.

아동돌봄센터는 유치원을 마치고 혹은 방과 후에 부모의 부재로 홀로 있게 되는 아이가 안전하게 머물 수 있고 저녁밥을 해결할 수 있는 곳이다. 맞벌이 가정의 제일 큰 고민이 부모가 일터에서 돌아올 때 아이들의 안전과 식사 문제였다. 지역에 머물러 있는 엄마들이 일하러 나간 엄마들의 힘든 점을 함께 해결하자는 것이고, 언젠가는 내가 일하러 가더라도 믿고 맡길 수 있는 곳이 만들어진 것이다. 청소년 동아리는 이제 더 이상 엄마의 기획으로 움직이는 아이가 아니었다. 마을공동체에서 자란 아이가 마을의 한 주체로서 지위와 역할을 할 수 있도록 스스로 활동하는 것에 의미를 두었다. 마을 일에 힘을 보태는 아이들의 성장은 눈부셨다.

 – 주민양성교육

예비학부모교육에 참여한 주민들은 교육에서 느끼는 어려운 점, 해결하기를 바라는 점, 자신의 경험, 함께하고 싶은 것들에 대해 이야기했다. 혼자보다 함께하는 것에 대한 필요성을 느끼고, 공동체 활동에 참여하게 되었다. 교육이 아니라 소모임 형식을 빌려 자신의 삶을 들여다보고, 자신의 생각과 요구를 이야기하는 훈련을 하고, 스스로 해결하고 싶은 문제를 발견하고, 조직된 힘으로 함께 해결할 수 있는 활동을 기획했다. 그러나 주민들은 자신의 문제, 지역의 문제를 스스로 해결하는 데 있어서 자신감이 부족했다. 이런 문제를 해결하기 위해 강사 양성교육, 진행자 양성교육, 리더십교육 등 양성교육에 적극적으로 참여했다. 교육을 통해 주민들은 자신감을 회복하고, 실천 활동을 하며 역량이 높아지면서 성장해갔다.

노인학교를 운영하면 좋겠다는 이야기가 나오면, "그럼 노인강사 양성교육을 하자. 노인강사로 활동해보자" 마을에서 아이들과 놀이 활동을 하고 싶다고 누군가 제안을 하면, "놀이진행자 교육을 해보자. 아동놀이 체험단이 필요하겠네, 놀이 기획도 해보자, 운영은 어떻게 하지?" 이런 식으로 마을 활동이 만들어졌다. 엄마학교, 아빠학교 등의 교육은 주로 부모로서 어려운 문제를 발견하고 마을에서 함께 해결해보자는 마음을 모으는 교육으로 만들어졌다.

활동력이 높아지면서 주민을 어떻게 조직해야 하고, 리더는 어떻게 발굴, 성장시켜야 하는지, 주민운동의 방향성은 무엇인지 등에 대한 고민과 요구가 드러나 주민리더교육과 조직가교육이 진행되었다. 그리고 어울마당 활동의 주제가 안전한 마을 만들기에 대한 내용을 많이 담고 있어서, 이 주제에 대한 집중 교육과 워크숍이 진행되었다. 시간이 지나면서 주민들과 함께하는 교육과 활동가들의 교육, 회원성장을 위한 교육으로 교육체계가 마련되었다.

– 은빛여성노인학교

처음에 엄마들은 아이를 잘 키우고 싶다는 욕구로 모이기 시작했지만 사람들이 모이다 보니 뭔가 좋은 일도 하고 싶어 했다. '어떤 활동을 해볼까?' 하고 찾다, 주변에 홀로 사는 여성노인들이 젊은 시절 열심히 살았음에도 나이 들어 여전히 한글도 모르고 외롭고 힘들게 살고 있다는 것을 알게 되었다. 그래서 노인학교 운영을 위해 '노인대학 강사단 교육'을 젊은 엄마들이 받았다. 여기서 여성노인의 특성 이해, 문해학습에 대한 기본 소양 교육을 받고, 노인대학 강사로 활동을 시작했다. 강사들이 할 수 있는 내용으로 수업 일정을 짜서 국어, 미술, 민요, 노래, 체조, 교양, 공동체놀이, 체험학습 등 다양한 수업을 진행했다.

특히 한글을 몰라 힘들어하는 분들을 위해 '은빛여성노인학교'라는 한글교실을 따로 개설했다. 한글을 가르치면서 한글을 배우고자 하는 어르신들의 열정에 선생님들이 더 많이 배웠다. 젊은 엄마들이 선생님이 되어 어르신들에게 한글과 문화를 가르치고, 젊은 선생님은 어르신들의 삶의 지혜를 배운다. 한글을 배운 어르신들은 도서관에 찾아와 유치원 아이들에게 그림책을 읽어주는 품앗이 활동에 참여하면서 마을 활동에 함께하신다. 교육을 통해 서로 성장하고, 그 교육이 또 다른 교육을 만들어내는 선순환 마을 교육 활동이 마을에서 순환 돌봄 활동으로도 이어진다.

- 어린이날 주민한마당

5월 5일 어린이날을 맞이하여 멀리 찾아가서 놀고 오는 것이 아니라, 우리가 살고 있는 마을에서 이웃 친구들과 즐겁게 놀 수 있는 문화행사를 만들었다. 아이들이 친구면 부모도 친구가 되어, 우리 아이를 마을에서 함께 키울 수 있는 문화를 만들어보자는 취지로 어린이날 행사를 준비하였다. '어울마당'에서 전체 준비와 진행을 담당했다. 마을에 있는 학원과 학교에서 무대공연과 체험활동 부스를 운영했다. 그래서 마을의 인적자원과 물적자원을 모두 모아

어울마당 어린이 잔칫날

만들어가는 마을행사가 되었다. 해마다 주제가 있는 행사로—폭력 없는 마을이 행복한 마을, 아이가 안전하고 엄마가 안심하는 마을 만들기, 인사하는 마을 등으로—진행하게 되었다. 어린이날 행사를 통해 마을네트워크가 만들어졌다. 그 힘으로 마을장터, 마을영화제, 책 잔치 등이 기획되었고, 주민들이 함께 어울리는 주민마당이 다양하게 펼쳐졌다.

– 안전한 마을만들기

아이들이 즐겨 이용하는 놀이터 벽을 보며 '놀이터 벽에 예쁜 그림을 그려주면 좋겠다.'는 생각을 하게 되었다. 아빠들이 풀을 베고 벽 청소와 밑바탕 색칠을 하고, 엄마들이 벽화도안을 준비하여 밑그림을 그리면, 아이들이 붓을 들고 색칠을 했다. 예쁜 벽화로 놀이터가 달라졌고, 주변 환경도 깨끗하게 변했다. 쓰레기가 버려져 있고 이끼가 끼어 있던 거리 벽을 주민의 손으로 예쁘게 만들다 보니,

벽화 그리기

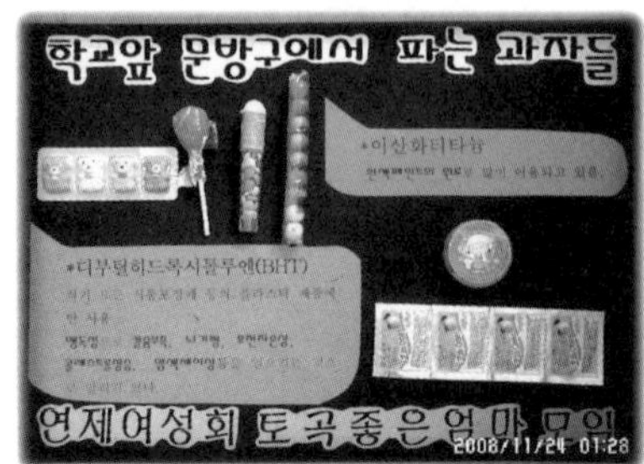

문방구에서 파는 과자들

불량식품 전시물

그 벽은 아이들의 포토존이 되었고 자랑스러운 벽이 되었다. 처음엔 벽화그리기가 목적이었지만 벽화로 인해 마을이 밝아지고, 주민들의 마음도 열리는 것을 경험하면서, 마을환경을 바꾸는 활동에 관심을 가지게 되었다. 놀이터 모래에서 유리조각을 발견하고 구청에 민원을 넣어 놀이터의 모래와 놀이기구가 교체되도록 했다. 이런 활동을 통해 주민들은 관심과 작은 실천으로 마을환경을 안전하게 만들 수 있다는 것을 경험했다.

그리고 주민들은 '우리 마을에서 아이들에게 위험한 환경은 무엇일까?'를 찾아 아이들이 가장 많이 이용하는 학교 주변과 통학로의 위험성을 보게 되었고, 학교 주변을 안전하게 만드는 활동을 기획하게 되었다. 먼저 학교 정문을 나서는 순간 문방구에서 팔고 있는 과자가 너무나 불안했다. 그래서 엄마들이 학교 앞 문방구에 파는 과자를 수집하고, 과자 속에 들어 있는 첨가물을 직접 조사해서 유해성을 알아봤다. 막연하게 불안했던 마음보다 훨씬 더 심각한 유해첨가물이 과자 속에 많이 들어 있다는 것을 알게 되었고, 이런 과자를 계속 아이들에게 먹일 수는 없다는 생각으로 실천 활동을 진행했다. 엄마들이 조사한 과자의 실제 사진과 유해첨가물의 유해성을 담은 전단지를 만들어 학생과 학부모에게 알렸다. 또 실물 과자와 분석 자료를 학교 앞, 놀이터, 공원 등에 전시하여 불량식품이 없어지도록 활동했다. 내 아이만의 문제가 아니라, 우리 마을 아이들의 건강에 대한 문제로 인식하고, 엄마들이 적극적으로 활동했다.

엄마들이 아이들이 등교 시간에 교통지도를 하고 있으면 위험한 일을 여러 번 목격하게 된다. 그래서 위험한 등교길을 바꿔봐야겠다는 마음을 먹게 되었다. 함께 활동할 학부모를 모집하고 통학로 현장조사, 설문 조사 등을 진행하여

안전한 통학로 사진자료

'죽음의 통학길' 엄마들이 바꿨다

입력 : 2009-10-12 10:49:00 수정 : 2009-10-12 14:54:57

2009.10.12. 부산일보 기사

가장 위험한 곳을 개선할 수 있는 방안을 토론했다. 그리고 대책을 마련하여 구청과 경찰서에 청구하는 캠페인을 진행하였고, 그 결과 통학로가 많이 바뀌게 되었다. 이런 활동을 통해 개인의 민원처리가 아니라, 조직된 힘으로 움직일 때 주민의 힘이 생긴다는 것을 알게 되었고, 마을의 일과 환경을 민감하게 대하는 진정한 마을의 주인으로 성장하고 있다.

– 우리동네도서관, 마을카페 소풍

주민들은 마을사랑방 혹은 마을회관과 같은 장소가 있으면 마을사람들과 더 많이 소통하고, 민주적인 방법으로 마을 문제를 해결할 수 있겠다고 생각하게 되었다. 회원들만 주로 이용하는 사무실과 같은 공간이 아니라, 마을 공공의 장소를 바라는 마을 주민들이 힘을 모아 마을도서관과 마을카페를 만들게 되었다. 아이들이

마을카페 소풍에서 이정은 활동가

도서관 홍보와 참여자 모집, 마을주민들이 도서관 만들기 후원주점, 도서기증, 자원활동으로 참여하면서 마을도서관이 만들어졌다. 교육과 모임과 활동을 마음껏 하게 되었고, 더 많은 주민을 만나게 되었고, 참여하게 되었다.

일하고 싶지만 직장을 구하는 일이 쉽지 않고, 재능은 있지만 재능 하나만으로 가게를 낼 형편은 안 되는 주민들이 모여, 마을가게가 있는 카페를 열게 되었다. 참여자들은 작은 가게의 주인이 되고, 여러 가게가 모여 마을가게를 이룬다. 주로 수공예로 만든 물건들이 모여 있고, 소규모의 농산물을 특별판매하기도 했다. 비록 오랜 기간 운영은 못했지만, 마을에서 공동체 활동을 바탕으로 사회적 경제영역까지 함께하는 중요한 경험을 하게 되었다.

금샘마을 이야기

　금샘은 범천의 금어가 오색구름을 타고 내려와 살았다는 이야기가 전해지는 금정산 정상에 있는 샘의 이름이다. 그래서 금정산 자락에 위치한 구서동, 남산동 일대에는 금샘이라는 상호의 가게가 많다. 1993년부터 2000년대 초반까지 '금샘사랑방문화클럽'이라는 주민조직이 구서동 선경아파트를 중심으로 운영되었다. '금샘'이라는 명칭은 공동체를 일컫는 사회적인 의미가 더해져 이 일대의 마을공동체를 지칭하는 용어로 사용되었다.

　'금샘사랑방문화클럽'은 구서동 선경3차아파트 상가에 사무실을 두고, 단오잔치, 문학의 밤 등 지역행사와 '금정구자원봉사센터'를 위탁 운영하면서 시민운동으로서는 생소한 지역운동을 펼쳤다. 당시 황한식 부산대 경제학과 교수가 1대 센터장을 맡았다. 이희종의 연구[5]에 의하면, '금샘사랑방문화클럽' 활동은 금정구 풀뿌리지역운동의 전신이라고 할 수 있다.

금샘마을도서관

　금정산을 바라보고 남산동 길을 한참 오르다 보면 빌라촌이 나오는데, 그 사이 작은 골목에 금샘마을도서관이 자리 잡고 있다. 남산동에 사는 뜻있는 엄마, 아빠들이 모여 만든 도서관으로, 금샘마을도서관은 마을 주민 조대환의 제안으로 시작되었지만, 그 이전에

5　이희종, 2009, 「마을도서관 이후 마을만들기」, 『성찰과 전망』 4, 도서출판 대성, 47-79쪽.

공동육아 '도토리'에서 비롯되었다. '도토리'는 생태교육을 지향하는 교사들의 육아공동체로 '해야해야 어린이집'을 거쳐 '평화를 사랑하는 방과후'로 이어지는 부모들의 인연으로 시작되었다. 덕분에 특히 생태교육에 관심 있는 부모들이 아이들 교육을 위해 남산동으로 이사 오기도 했다.

영화가 있는 마을놀이터

금샘마을도서관 활동

2006년 이후 구성된 주거공동체 그루터기 빌라 두 세대도, 금샘마을로 와서 작은 공동체를 이루고 있었다. '한살림' 부산본부 등이 금샘마을에 거주하고 있는 사람들을 씨줄과 날줄로 이어주는 역할을 했다. 2006년 6월경 조대환은 지인들을 찾아다니며 마을도서관을 만들자는 제안을 하고, 그해 9월 20일에 20여 가족과 함께 '남산동마을도서관건립추진

가족과 함께하는 금샘 생태 놀이터

위'를 발족했다. 운영위원을 중심으로 요산문학관, 동사무소, 청년회, 노인정 등 유휴공간을 찾았지만 여의치 않아, 마을에 소문을 내기 위해서 마을영화제를 시작했다.

2007년 6월 30일 제1회 영화가 있는 마을놀이터, 10월 13일에는

제2회 영화가 있는 마을놀이터를 운영했다. 그루터기 빌라 1층에 있는 '평화를 사랑하는 방과후'에서 아이들이 볼 수 있는 영화를 상영한 것이다. 영화가 있는 마을놀이터 행사가 마을잔치로 발전하게 되면서, 마을주민들의 관심을 받게 된다. 이후 추진위는 2007년 12월, 보증금 300만 원에 월세 15만 원으로 11평 되는 작은 공간을 십시일반 기금을 모아 임대하고, 실내 인테리어를 직접 했다.

그리고 2008년 6월 6일, 매년 봄마다 진행해온 '영화가 있는 마을놀이터' 행사를 제1회 '금샘마을단오잔치'로 전환해 진행하기로 했다. 또 같은 날 금샘마을도서관 개관식도 가졌다. 아이들이 아이들답게 동네에서 즐겁게 지낼 수 있고, 어른들에게도 동네사랑방이 될 마을도서관이 있었으면 좋겠다는 생각이 모여 일을 추진하게 된 것이다. 이에 힘입어 2009년 2월 28일, 금샘마을도서관 총회를 가졌다.

금샘마을도서관은 독서와 복합문화공간을 지향하고, 마을 사람들의 일상적인 소통공간으로 만들기 위해 뜻있는 지역주민들이 직접 벽지를 바르고 책장을 짰다. 여러 곳으로부터 도서를 기증받아 시작한 금샘마을도서관은 남산동의 자생적인 주민자치를 상징하는 곳이 되었다. 지역주민 누구나 이용할 수 있는 공간으로, 도서 무료대여와 독서동아리 활동 그리고 어린이집 아이들에게 인기가 많은 빛그림 상영 등 다양한 프로그램이 운영되고 있다. 그중에 '책마실'은 일주일에 한 번씩 만나 어린이 책을 읽고, 소감도 나누고 수다도 떠는 독서모임으로, 학부모들이 모여 '책 마실' 가는 인기모임이다.

금샘마을공동체

마을도서관 만들기로부터 시작한 금샘마을공동체는 2009년 2월, 금샘마을도서관 총회에서 지역아동센터 개소와 사단법인 설립을 제안했다. 2009년 3월 21일 '사단법인 금샘마을공동체' 창립총회를 열고, 6월 29일에 사단법인으로 등록했다. 그래서 도서관의 기능뿐만 아니라 돌봄이 필요한 동네아이들에게 편안하고 안전한 안식처이자, 부모들의 육아부담을 서로 돕고 나누고자 마을의 엄마들이 선생님이 되었다. 그리고 '금샘마을지역아동센터'를 2009년 7월 17일에 개소하였다. 남산동을 중심으로 돌봄과 나눔이라는 큰 틀에서 생활과 교육과 문화가 어우러지는 일상의 삶을, 지역주민들이 함께 만들고 나누는 마을공동체로 자리매김해 나가고 있다.

금샘마을공동체의 비전은 '신나는 아이, 행복한 어른, 든든한 이웃'이다. 신나는 아이는 아이들은 놀기 위해 태어났다는 말이 있듯이, 마을 어른들이 지켜봐주는 골목에서, 놀이터에서, 마음껏 뛰놀며 건강하게 꿈을 키울 수 있게 하자는 의미이다. 행복한 어른은 아이들이 마을에서 안전하고 유익한 돌봄을 받고 있다는 것으로부터 심리적 지지를 받으며, 적극적인 사회활동을 펼치게 되면 더 많은 행복감을 느끼게 될 것이고, 그것이 아이들과 가정에도 더 긍정적인 영향을 미칠 수 있다는 의미이다. 든든한 이웃은 한 아이를 키우려면 온 마을이 필요하다는 아프리카 속담처럼, 아이들을 위한 여러 활동에 자기 일처럼 나서주고, 서로 도울 수 있는 협동심과 나눔을 실천하는 이웃이 되자는 의미이다.

금샘마을공동체의 대표적인 활동은 금샘마을 가족한마당, 금샘마을 단오잔치, 달빛산행, 마을공동체 생태텃밭 운영 등이 있다. 금

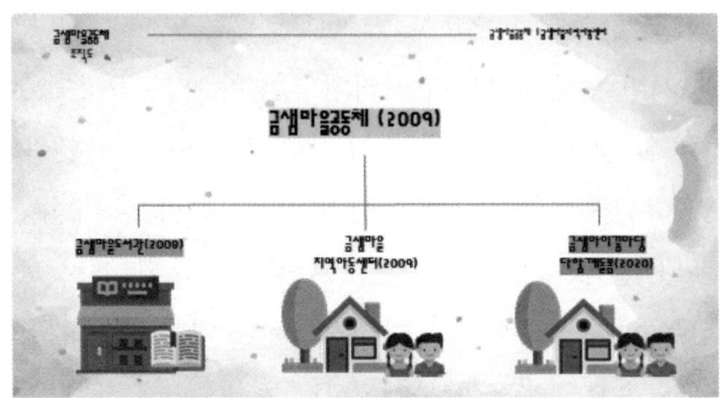

금샘마을공동체 조직도

샘마을 가족한마당은 5월 가족의 달을 맞아 마을공동체 회원들과 주민들이 학교 운동장이나 마을 놀이터에 모여 재밌는 놀이와 맛있는 음식을 나누는 명랑운동회 성격의 가족놀이 행사다. 아이들은 어른들이 준비한 전래놀이와 보물찾기 등을 즐기고, 어른들은 아이들을 키우며 함께 살아가는 이웃에 대한 소중함과 따뜻함을 나누는 자리이다.

금샘마을 단오잔치는 2008년에 단오날을 맞아, 꽃님놀이터에서 마을 아이들과 주민들이 서로 어울릴 수 있는 작은 마을축제를 개최하면서 시작되었다. 이후에도 지속된 단오잔치는 학교운동장이나 새벽시장 앞 복개천로 등에서 남산동과 금정구의 20여 개 단체가 함께하는 지역문화축제로 발돋움했다. 참여한 마을주민들이 단오의 기운을 나누고 즐기면서, 남산동 생활공동체의 평안과 상생을 기원하는 마을잔치로 자리매김하고 있다.

달빛산행은 10월 보름달이 뜨는 날 이른 저녁, 가족과 친구와 함께 삶의 터전인 금정산을 거닐며, 가을의 정취를 만끽하는 행사이다. 산 중턱 흙담 너머로 떠오른 보름달과 그 아래 펼쳐진 부산의 야경을 바라보면서 소원등(燈)에 적힌 서로의 소망을 응원하며, 동네 뒷산에서 이웃과 함께 가을날의 추억을 만들 수 있는 행사이다. 금정산 아래에는 마을공동체 생태 텃밭을 운영하고 있다. 봄부터 가을까지 마을 아이들과 주민들이 자연의 변화를 체험하고, 땅이 주는 먹거리의 소중함을 동네에서 함께 느끼는 텃밭 활동을 하고 있다. 그 외에도 주민 요구별 다양한 공동체 활동을 하고 있다.

금샘단오잔치

금샘지역아동센터 개소식

금샘마을지역아동센터는 2009년부터 같이 놀고, 나누어 먹고, 즐겁게 배우는 생활공동체를 운영기반으로 초등, 중·고등 아이들에게 다양한 프로그램과 돌봄 서비스를 제공하는 아동복지시설이다. 보호와 교육과 문화 그리고 정서지원과 지역사회연계 등 종합적인 복지서비스를 통해 아이들의 건강한 삶과 스스로 변화할 수 있는 용기를 만들어가는 곳이다.

금샘마을공동체는 지역에서 많은 단체들과 네트워크를 형성하며 활동하고 있다. 대표적으로 금샘마을 단오잔치가 있다. 해마다 단오날이 돌아오면 20여 개 단체가 모여 '금샘단오잔치추진위원

회'를 구성하고, 단오행사를 같이 준비하고 있다. 잔치밥상, 체험부
스, 대동놀이, 지역 내 동아리공연 등으로 풍요롭게 마을잔치를 이
어간다.

영도마을 이야기

영도는 부산지역에서 가장 오래된 문화인 동삼동, 아치섬, 영선동 등의 조개무지(패총)로 유명한 곳이다. 이들 유적지에서는 빗살무늬 토기를 비롯하여 석기 등이 많이 출토되었는데, 그 시기는 대략 신석기시대에 해당된다. 이로 보아 영도지역에는 일찍부터 사람이 살았던 것으로 볼 수 있다. 영도를 절영도(絶影島)라고도 하는데 이곳은 명마가 유명하였던 곳으로, 절영도란 섬의 이름도 말이 빨리 달려 그림자조차 볼 수 없다는 데서 얻어진 이름이다.[6] 일제강점기 때 절영도를 줄여 영도라 부르게 되었다고 한다. 1931년 영도대교가 개통되면서 1950년 한국전쟁 때는 피난민들이 잃어버린 가족들과 만나는 장소로도 유명했던 곳이기도 하다.

영도에는 1990년대 초반부터 영도지역 노동자, 청년들의 아지트였던 '도서원 삶터'라는 공동체의 역사가 있다. '도서원 삶터'에는 영도에 소재하고 있는 한진중공업 노동자 회원들이 많았다. 노조활동을 하면서 투쟁 중에 운명을 달리했던 박창수 열사, 김주익 열사 그리고 한진중공업의 옛 이름 대한조선공사 용접공이었던 김진숙 지도위원 등의 회원들이 있었다. 이후 '도서원 삶터'는 1999년 '청년공동체 삶터'로 전환되어 새로운 청년단체 준비기를 거쳐 2000년 '부산민족민주청년회 영도지부'로 전환되었고 이후 2012년 해소되었다. 이들은 약칭 영도청년회로 불리었는데 그 당시 활동했던 회원들이 결혼을 하고, 마을에서 아이를 함께 키우기 위한 공동체 활

---

6 부산광역시 홈페이지 〉 부산의 역사 영도구 〉 소개

동이 있었다. 이들은 영도여성회와 영도참사랑부모회 등과 함께 마을활동을 했다. 2011년 도서원 삶터 회원에서 이어진 영도청년회 회원 들 중에서 영도희망21의 회원이 되는 과정을 살펴보면 이렇게 지역 안에서 공동체운동이 이어지고 있음을 확인할 수 있다.

영도희망21

2011년 2월 18일 출범한 '영도희망21'은 설립목적을 '즐거운 참여로 더불어 행복한 주민공동체 만들기'로 정했다. 비전으로는 '재미와 의미가 만나는, 요람에서 백세까지 자발적으로 성장하는 마을공동체'를 표방하고 있다. 영도희망21을 일구어내며 첫 대표를 맡게 된 박영미는 오랫동안 활동했던 여성단체 활동과 풀뿌리여성운동의 경험을 바탕으로 이웃을 만나기 시작했다. 이웃주민을 만나며, 마을에서 문화 활동을 하고 싶어 하는 사람들이 많다는 것을 알게 되었다. 주민센터에서 배운 무용 실력으로 무대에도 서고 싶고, 다른 사람들에게도 가르쳐주고 싶다는 주민들과 문화예술을 즐기며 자원봉사를 하고 싶다는 주민들의 욕구를 모아서 다양한 문화사업을 시작했다.

2012년부터 2015년까지 진행된 사업을 '음악살롱'이라고 한다.[7] 이 사업은 '누군가 공연을 하는데, 특별한 사람이 아니라 이웃집 사람이다'라는 콘셉트로 누구나 한번 해보고 싶다는 욕구로 이어졌다. 그 후 민요교실, 우쿨엔젤스 등 문화예술 강습이 이어졌다. 그

---

7   박영미, 2018, 「우리동네 마실! 영도희망21」, 『사람 속에서 길을 찾다』, 산지니, 127-134쪽.

우리동네 몰래산타 활동

청소년 뮤지컬 공연팀

살기 좋은 영도만들기
이송미 활동가 이야기

리고 청소년 뮤지컬팀 '다ONE'도 5년 이상 계속되며, '꿈다락' 사업으로 이어지기도 했다. 이렇게 영도의 청소년들은 스스로 단원도 모으고, 극작도 하고, 연습도 해서 청소년 뮤지컬을 정기 공연한다. 그러면서 마을의 청소년 주민으로 성장하고 있다.

영도희망21 활동은 스스로 성장하는 배움의 공동체를 지향한다. 활동으로 뮤지컬동아리 '다원', 우쿨렐레동아리 '우쿨엔젤스', 민요 동아리 '예소리 교실', 캘리그라피 동아리 '아름다운 동행', 정리수납 봉사동아리 '천사맘 하얀맘', 청소년봉사동아리 마을놀이 촉진자 '놀짱', 마을공예동아리 '몰래산타서포터즈', 마을인물탐사동아리 '덕후시대', 마을캠페인단 '청동오리', 그리고 건강스트레칭 동아리가 있다.

마을이 함께 키우는 육아배움 공동체 활동은 결혼 전에는 미처 몰랐던 얘기를 알려준 마을언니들의 따뜻한 위로 '지영아 힘들었지?', 영유아엄마표 독서모임, 마음 편한 맘 놀이터, 유아요리와 베이킹 교실이 있다. 아동사회화 연습의 장으로서 마을교육공동체 활동은 덤벼라 사춘기야 나는 엄마가 있다, 진로체험 마을학교, 찾아가는 지혜마을학교가 있다.

학교와 청소년을 품은 마을교육공동체 활동은 학교 밖 청소년과 학교 안 청소년이 절친이 되다, 우린 마을이 학교다, 청소년마을 재미탐사단, 별별토크, 직장맘을 위한 사춘기 섹스토크가 있다. 이런 활동은 청소년 민주시민교육, 우리 동네 사랑의 몰래 산타대작전, 재미와 의미가 만나는 다양한 봉사활동 기회를 제공하고 있다.

인생 이모작을 시작하는 중장년을 위한 평생교육 공동체 활동은 완경학교, 노후준비를 위한 경제교육, 중장년 여성을 위한 여성리더십교육, 민주시민교육, 부산도시재생지원센터와 함께 진행한 찾아가는 주민교육, 부산시교육청의 찾아가는 인문학, 평생학습프로그램 지원, 주민들과 만나는 4인 4색 강의를 진행하고 있다. 신나고 재미난 노년생활을 함께 하는 배움 공동체 활동은 시니어 플로깅데이, 가치가치 시니어 마을학교 진행, 마을과 소통하는 다양한 시니어동아리, 세대공감 마을텃밭 공동체 활동이 있다.

다함께 소통하고 참여하는 다양성을 품은 마을공동체 활동은 부산미혼모지원 네트워크와 연계한 미혼모라이브러리, 이주여성,

장애인, 더불어 숲 활동이 있다. 생태-영도의 역사와 생태, 문화자원 보존과 발전을 위해 배우고 실천하는 공동체 활동은 마을탐사, 마을자원 순환 플랫폼, 에코마을 지킴이단 결성, EM, 과탄산, 구연산, 베이킹파우더 사용 권장, 건강한 먹거리 활동이 있다. 또 회원들이 만들고 사회적 가치를 실현하는 마을기업을 운영하고 있다. 또한 2013년부터는 공동체 인원 스스로의 힘으로 마을카페를 운영하고 있다.

동삼마을카페와 마을기업 동삼희망주식회사

동삼마을카페는 영도희망21이 2012년에 도시재생사업에서 공간 지원 사업비로 2천만 원을 지원받아서 열게 되었다. 카페는 회원들의 자원봉사로 운영을 시작했다. 처음에는 잘 운영되었는데, 어린 아이를 둔 엄마가 많다 보니 돌발적인 일이 많이 생기면서 점점 카페 당번 약속을 못 지키는 일이 생기게 되었다. 이렇게 어렵게 운영을 해오다 마침 마을기업 지원에 대한 정보를 얻게 되었다. 그래서 2013년 2월 6일, 동삼희망주식회사를 설립하여 카페운영 주체를 분리시켰다.

당시 영도지역에서 활동하던 이송미가 영도희망21의 회원이 되었다. 그의 남편은 동삼희망주식회사 초기 주주로 참여했다. 2013년 7월, 동삼희망주식회사는 마을카페사업으로 제안서를 내서 마을기업으로 선정되었다. 마을기업 선정을 위해 다양한 사업들을 하다 보니, 회원들은 마을카페가 소중한 공간이라는 것을 새삼 인식하게 되었다. 회원들은 단체공간을 따로 만들 필요 없이 카페에서 모임도 하고, 사무실 임대료를 카페에 지원하자는 의견을 냈다. 이런 생각이 어렵지만 정부지원 없이 자생력을 갖추는 데 밑거름이 되었다.

마을카페는 회원들의 아늑한 담소 공간이자, 영도주민들의 문화센터가 되었다. 우쿨렐레와 공예 등도 배우고, '한 뼘 가게'라고 해서 주민들이 만든 수공예작품을 판매하는 코너를 운영하고, 수공예 벼룩시장도 여는 마을의 열린 공간이 되었다. 회원들과 마을 주민들은 좋은 프로그램을 값싸게 배울 수 있어서 더 좋아했다. 당시 마을카페를 이용하는 주민들이 '어머, 영도에 이런 곳이 있었네. 영도도 이제 살기 좋아졌네.'라는 말을 들었다. 당시 박영미 대표는 '우리가 이런 일을 하길 참 잘했네.'라는 생각을 하게 되었다고 한다.

마을활동가 이송미는 2015년에 마을카페 운영에 최선을 다하며, 동삼희망주식회사의 대표가 되었다(2017년에는 영도희망21의 대표가 된다). 영도희망21 회원들은 사회적 가치를 실현하는 마을기업을 운영한다. 그러면서 착한 소비, 생태순환 물품 판매와 공동구매, 생산자와 직거래, 마을기업 수익을 마을주민에게 환원, 공동체 후원사업, 착한 기부문화 조성 등 활동을 펴고 있다. 마을카페는 각종 주민모임과 강좌를 위한 장소제공, 청소년을 위한 마을학교 장소제공, 애프터스쿨 존, 마을밥상, 마을쉼터 등 주민들의 사랑방 역할을 하고 있다.

백양마을 이야기

작은 도서관운동에서 마을공동체운동으로

백양마을은 당감, 부암 권역에 위치한 부산진구의 대표적인 주거 공동체 지역이다. 마을에서 대표적으로 이어져 오는 활동으로 단오제 행사가 있다. 지역 특색은 아파트 밀집 지역으로 인구밀집도가 높고, 교육과 문화에 대한 관심이 높다. 그래서 자연스레 작은 도서관운동이 활발하게 벌어진 마을이기도 하다. 1990년대 중반부터 민간단체를 중심으로 전개되어온 '작은 도서관 만들기 운동'을 정부에서 정책화했다. 그래서 도서관운동이 범국민적인 문화운동으로 확산되었다.

한 설문조사 결과[8] 청소년이 공공도서관을 이용하지 않는 가장 큰 이유로 집 가까이 쉽게 갈 수 있는 도서관이 부족하다는 것이었다. 이런 접근성 문제를 해결하는 황금열쇠가 바로 작은 도서관이었다. 그중에 문화공동체 '숨바꼭질'이 문화답사와 주부역사 모임을 하면서 만들고, 2005년 5월에 개관한 '당감동 숨바꼭질 쌈지도서관'이 있다. 당시 관장은 김명미였다. 또 2006년 11월에 아파트단지 내에 개관한 '당감뜨란채 도서관'이 있다. 이 도서관은 육아와 교육 관련 도서를 주로 비치했으며, 당시 관장은 김명희였다. 그리고 백양마을의 대표적인 작은 도서관은 2001년 11월, 허운영 관장이 개관한 '동화랑 놀자 어린이도서관'이다.

---

8   김명미·서은숙, 2009, 「지역내 주민도서관 사업현황과 주민운동으로서의 전망」, 『성찰과 전망』 4, 도서출판 대성.

책 읽어주는 아저씨 허운영 관장

작은 도서관은 어린이 주민, 어른 주민의 마을도서관으로서, 아이와 부모가 모두 행복해지는 교육실천의 공간이다. 그리고 주민 커뮤니티 공간이자, 누구에게나 열려 있는 민주주의를 실현하는 공간이다. 김명미, 서은숙은 '지역 내 주민도서관 사업 현황과 주민운동으로서의 전망'이라는 주제로 부암·당감지역 작은 도서관을 연구했는데, 그 연구에 의하면 풀뿌리민주주의 실현과 마을공동체운동으로서 작은 도서관 만들기 운동은 충분히 의미가 있다.

가까운 거리에 편하게 이용할 수 있는 작은 도서관은 마을사랑방 역할을 하고, 동시에 주민들의 문화공간으로서 도서관 가는 일이 즐겁고 신나는 일이 되는 경험을 준다. 또 이웃끼리 자주 만나서 서로의 고민을 얘기하고, 개인적인 바람과 마을의 바람을 같이 얘기하면서 공통의 바람을 찾아낸다. 그래서 한 마을의 주민이라는 공동체 의식을 갖게 하는 마을도서관의 강점을 개발할 수 있도록 다양한 고민과 지혜가 필요하다고 제안했다.

사립 공공어린이도서관 '동화랑 놀자'

'동화랑 놀자'는 2001년 11월 문을 연 당감동, 부암동에 사는 어린이와 청소년을 위한 작은 도서관으로, 언제든지 찾아와 마음껏 책을 읽고, 마음 맞는 친구와 어울릴 수 있는 꿈이 있는 도서관을 지향했다. 행복한 가정을 위한 부모와 아이들의 놀이 공간이며, 마을 아이들과 청소년들의 꿈과 희망이 펼쳐지는 곳이다. '동화랑 놀자'는 당감동, 부암동에서 문화의 싹을 키우는 텃밭이며, 지역주민들의 참여와 소통이 이루어지는 행복한 도서관이다.

전담 사서와 각 소모임, 프로그램별 자원봉사자로 운영된다. 청소년독서동아리 활동을 비롯하여 주부들의 토론모임, 토요 영화상영, 빛그림극장, 어머니 인문학교실 등이 운영된다. 또한 사립공공도서관으로 등록하여, 민간에서 운영하더라도 최대한 공공성을 확보하기 위해 노력하고 있다. 허운영 관장은 도서관운동에

어린이도서관 동화랑 놀자 내부 전경

대해 많이 고민하면서 사람 중심의 도서관, 주민 속에 자리한 도서관을 운영하기 위해 오랜 시간 노력하고 있다.

"도서관 문을 여니, 책 읽어주는 아저씨 앞에 아이들이 가득 모여 앉았다. 이 도서관의 관장님이다. 명랑했다 속삭였다 하는 이야기에 아이들이 푹 빠져 있다. 도서관을 둘러보니 서가 사이를 미로 삼아 숨박꼭질하는 아이들, 혼자 그림책 삼매경에 빠진 아이, 삼삼오오 함께 책을 보며 웃는 아이들이 많다. '동화랑 놀자' 평일 아침 모습이다. 이렇게 일상적인 분위기가 따뜻한 도서관. 부산진구 부암동 첫 번째 작은 도서관으로 개관 후 지금까지 주민들이 가장 사랑하는 마을도서관이다."_2016.3.8. (사)작은 도서관 만드는 사람들 방문 기고 글 중에서

문화공간 백양산

백양마을에는 2002년부터 2010년까지 '문화공간 백양산'이라는 공간에서 '공룡과 진달래'라는 별명을 가진 젊은 부부가 문화 활동을 펼쳐왔다. 이후 2021년까지는 '지렁이와 햇님'이라는 별명의 젊은 부부가 이어받아 활동을 지속해왔다. 이 공간은 풍물교습 활동을 통해 풍물을 생활 문화로 정착시키고자 하는 목적의 다양한 활동을 마을주민들과 함께 하는 곳이었다. 2003년에는 '문화공간 백양산'이 '생명살림 단오굿 놀이'를 처음 제안하여, 해마다 백양산 인근 지역의 공동체들과 함께 연대하여 단오굿 행사를 열고 있다.

2013년 6월 15일에도 '생명살림 단오굿 놀이'를 개최했다. 주최는 문화공간 백양산, 백양문화모임, 백양마을학교, 캥마쿵쿵어린이

집, 백양산·동천사랑시민모임, 백양산마을신문, 부산교육문화센터, 부산한살림, 성지문화원, 숨바꼭질 작은도서관, 아이쿱생협, 백양산 롯데골프장 저지 주민 대책위원회가 함께했다.[9] '문화공간 백양산'은 20여 년의 활동을 끝으로 공룡, 진달래 부부가 귀촌하면서 그 이름은 마을 역사 속에서 사라지게 되었다.

2013. 6. 13. 백양문화모임 생명살림 단오굿 부산일보 기사

백양문화모임-백양마을학교-산아래마을학교

2009년에 백양산 인근지역 주민들의 연합체인 '백양문화모임'이 만들어졌다. 2013년에는 '백양문화모임'이 제안한 마을 안의 네트워크 공동사업 '가을음악회가 있는 백양마을 장날'이 열렸다. 이후 해마다 10월에 어린이와 가족대상 프로그램으로 네트워크 공동사업이 진행되었다. 그리고 백양문화모임에 참여하는 학부모들이 마을학교에 대해 고민하던 중, 2012년 봄 마을기업을 지원하여 초등학교 방과후 교실로 협동조합 방식의 '백양마을학교'가 출발하였다. '백양마을학교'는 '백양문화모임'에서 함께 협력하여 준비

---

9   백양산·동천사랑시민모임은 2005년부터 2015년까지 활동한 교육·문화·환경공동체이다. 백양산 롯데골프장 저지 주민 대책위원회는 2009년부터 2011년까지의 활동을 하면서 골프장 계획은 철회되었다.

한 학교다.

2015년 '산아래마을학교'로 명칭을 바꾸고, 1월 30일 설립 총회와 개교식을 진행했다. '산아래마을학교'는 학년별로 교사와 같이 마을과 공원과 숲 등에서 활동을 펼쳤다. 요일별로 동네탐방, 판소리, 미술, 전래놀이, 요리활동, 산나들이 등 1일 2개의 활동을 실시했다. 매달 '먼 나들이' 날에 갈맷길 걷기를 실시하였고, 생협과 한살림 등 지역단체와 연대하여 초등예비학부모교실과 마을어린이장터를 열었다. 교육 현안 협의와 마을 축제 준비 또한 마을 안의

산아래마을학교 입학설명회와
활동 홍보물

중요한 네트워크사업으로 진행해왔다.

기록되는 오늘, 이어지는 마을

'부산지역 마을공동체운동의 원형을 찾아서'라는 이름으로 각 마을공동체의 역사와 활동을 조사하고, 마을활동가들과 집담회도 가졌다. 그 과정에서 각 마을공동체가 걸어온 시간을 헤아려본다. 짧게는 14년, 길게는 28년. 여기에 공동체를 준비하며 씨앗을 심는 시간까지 더하니, 그 역사의 총합이 어느새 250년을 훌쩍 넘는다.

물론 이것은 각 마을공동체가 걸어온 시간을 단순히 합산한 숫자에 불과하다. 그러나 그 안에 스며든 한 사람, 한 사람의 고뇌와 열정, 희망까지 헤아린다면 280년이 아니라 수천, 수만의 시간이자, 수천 수만의 삶이다. 실로 엄청나고 소중한 자산이 아닐 수 없다. 수많은 선택과 망설임, 헌신과 연대의 순간들이 쌓여 오늘의 마을공동체운동을 만들어왔고, 그 원형을 단단하게 이어오고 있다. 오늘도 마을활동가들은 과거를 기억하고, 오늘을 성실히 기록하며, 미래를 향해 한 걸음씩 나아간다.

오늘의 고민은 어제의 고민보다 더 복잡하고 무겁게 다가오지만, 그동안 마을에서부터 변화를 만들어온 공동체운동의 경험은 마을활동가들과 주민들이 마을의 주인으로 흔들림 없이, 당당하게 살아가게 하는 원동력이다. 앞으로도 이들은 주민 속에서 길을 묻고, 회원들의 지혜를 모아 서로 연대하고 협동하며 인간답게 사는 세상을 꿈꾸며 마을에서 살아갈 것이다.

부산지역 공동체운동 연표

연도	사건 · 활동 내용
1945	▶ 부산YMCA 창립총회(10.28) 부산진교회, 부산YMCA 초기 회관, 명치옥(1946.2)
1951	▶ 복음병원(천막진료소) 설립(7.1)
1952	▶ 부산기독교종합사회복지관 설립(7.1), 사회복지관 인가(1986.12.18)
1960	▶ 성가신용협동조합설립(5월) : 한국최초신용협동조합
1962	▶ 대한성공회부산교구 동래교회 설립 : 반송지역 빈민선교 위해 설립
1963	▶ 가톨릭노동청년회(JOC) 부산지부 조직
1968	▶ 부산청십자의료보험조합 설립(한국 최초 비영리형 민간의료보험조합) : 1989년 해산 ▶ 1968~1971년 부산시 제1차 정책이주 : 동구 수정동, 중구 영주동 등 고지대 판자촌 거주민 15,436세대를 해운대구 반송, 반여동 등 등 시내 8개 지역에 이주
1972	▶ 1972~1977년 부산시 제2차 정책이주 : 중구 보수동, 동구 범일동 등 고지대 주민 8,768세대를 북구 만덕동 및 남구 용호동 등에 이주
1974	▶ 전국섬유노조 태광산업지부 결성 : 가톨릭노동청년회(JOC) 부산지부가 지원
1977	▶ 부산도시산업선교회(부산도산) 설립(최성묵 회장/박상도 총무) ▶ 성안(교회)야학(12월) 개교 ⇒ 가야(성당)야학으로 옮김(1979.10.16 이후)

1978	▶ 무궁화야학 개교(3.6) : 거제성당 내 ▶ '부산양서판매이용협동조합' 창립(4.2) : 부설 '협동서점' 개업(4.22)
1979	▶ 부산도시산업선교회와 JOC(지오세. 가톨릭노동청년회) 활동 ▶ 사상(성당)야학(7월) 개교 ⟹ 만덕(성당)야학으로 옮김(1982) ▶ 10 · 16 부마민주항쟁 일어남 ▶ '부산양서판매이용협동조합' 강제 해산(11.19)
1980	▶ 당감(성당)야학 개교(부산지역 대표적 노동야학) ⟹ 80년대에 40여 개 야학 활동
1981	▶ 와이야학(YMCA야학) : 부산YMCA 근로청소년교실(생활야학) 1기 입학식(6.15) ▶ 부림사건 발생(9월~10월) ▶ 1981~1988년 부산지역야학연합회(검시야학과 생활야학 10여 개 활동) 결성
1984	▶ 봉래성당 밀알야학 개교(1월) ▶ '낙동강하구둑공사로 철거되는 을숙도 주민들 생존권을 보장하라'(5월) 주장하며 부산대 효원민주화추진위원화와 을숙도 주민이 부산대 앞에서 연대 투쟁
1985	▶ 양정(성당)야학–문화운동그룹 LCM주축(노동문화예술그룹, 놀이패 일터의 전신)
1986	cf. 지역사회아동교사회창립총회(1986.2.15)
1987	▶ 6·10 민주항쟁, 7, 8, 9월 노동자대투쟁 일어남 cf. 지역사회탁아소연합회(지탁연)로 명칭 변경(1987.6.20) ▶ 아롬도서원 설립(7월) : 부산진구 부전2동 ▶ 우리아가동산 탁아소 개원(8.16) : 부산진구 가야동 우리교회(1985) 내 ▶ 꽃들나라 탁아소 개원(11.25) : 북구 구포동
1988	▶ 근로여성의집 창립(1월) ⟹ 부산여성노동자의 집(1989) ⟹ 부산여성노동자회(1990) ▶ 햇살도서원 설립(4.1) : 북구 감전2동 ▶ 사랑방 노동자학교 개교 : 생활야학과 노동야학이 통합해서 만듦 ▶ 부산철거민대책협의회발족식(11.30) : 부곡3동 등 10개 지역 350여 세대 철거민조직

1989	▶ 1989~1994년 부산지역야학협의회 결성 ▶ 부산지역탁아소협의회 설립(1월) ▶ 우리누리공부방 개원(2.22) : 사하구 감천동 ▶ 부산노동운동단체협의회 창립(4.1) : 상담 · 문화교양(각종 도서원) · 조사연구분야단체 ▶ 꼬마동산 탁아소 개원(5.5) : 남구 우암동 ▶ 들불도서원 설립(4.8) : 북구 덕포1동 ▶ 일꾼도서원 설립(9월) : 부산진구 가야3동 ▶ 늘푸른 도서원 설립(9.3) : 남구 대연3동 ▶ 일사랑도서원 설립(10.14) : 금정구 서2동
1990	cf. 전국노동조합협의회(전노협) 창립(1.22) : 단병호 초대위원장 ▶ 광장도서원 설립(1.21) : 사하구 감천1동 ▶ 한돌도서원 설립(2.10) : 사하구 괴정4동 ▶ 삶터도서원 설립(7월) : 영도구 영선2가 ▶ 새날어린이집 개원 : 새날교회 부설 탁아방 ▶ 새싹놀이방 개원(3월) : 부산진구 범천4동 ▶ 아기자람터 탁아소 개원(10.8) : 부산진구 전포동 ▶ 대연우암지역 강제철거(10.26) : 산협우회 형성
1991	▶ 부산대학교 내 보육종합센터 개설 보육교사 양성시작 cf. 영유아보육법 제정(1.14) ▶ 한울타리공부방 개원(4.8) : 부산진구 전포동 ▶ 어깨동무공부방 개원 : 부산진구 가야동 우리교회 ▶ 부산지역철거민협의회 창립(11.24) : 남구 문현1동, 사하구 괴정1동 등 철거민 연대 cf. 주거권 실현을 위한 국민연합 발족(4월)
1992	▶ 주거권 실현을 위한 부산시민연합 창립대회 "주거권 실현 부산연합"(4.17) ▶ 부산지역탁아소협의회 ⇒ 지역사회탁아소연합회, 부산지역탁아위원회로 명칭 변경
1993	▶ 부산지역공부방교사협의회 창립총회(1.31) ▶ 학장사회복지관 개관(11월)
1994	▶ 부산철거지역연대회의 창립(11.20)

1995	▸ 1995~ 부산지역야학연대 결성 ▸ 부산철거민연합 창립(4.23) : 부산지역철거민협의회(91.11.24), 　주거권실현부산연합(92.4.17), 부산철거지역연대회의(94.11.20)가 　통합하여 창립 cf. 민주노동조합총연맹(민주노총) 창립(11.11) : 권영길 초대위원장
1996	▸ 해운대 승당마을 재개발반대 망루 투쟁 190여 일(4월~10.24) ▸ 대연우암지역주민연합회(12.15) ▸ 한국보육교사회 부산지부 출범 cf. 한국보육교사회 창립(1997.7)
1997	▸ 사상자활지원센터 개소(사회복지법인 한국청십자사회복지회) : 　부산 첫 자활지원센터 ▸ 연제공동체 창립(4월)
1998	▸ 반송을사랑하는사람들('반사사') 창립총회(6.27) ⟹ '희망세상' 　명칭 변경(2005.4.1)
1999	▸ 북구공동육아협동조합 결성(10.3 쿵쿵어린이집 개원)
2000	▸ 부산진자활후견기관 개소(법인: 부산실업극복지원센터) ▸ 해운대자활후견기관 개소(법인: 대한성공회 반송동 나눔의 집) ▸ 학장천지키기주민모임 ⟹ 학장천살리기주민모임(2002) ▸ 주거권실현을 위한 국민연합 대연우암주거대책위원회(12.17)
2001	▸ 북구자활후견기관 개소(법인: 부산여성회) ▸ 연제자활후견기관 개소(법인: 연제공동체) ▸ '동화랑 놀자' 사립 공공 어린이도서관 개관(11월)
2003	▸ 부산시보육조례시민운동본부(2003.5~2004.2) 6만 518명 청구 서명 광역시 단위 최초 조례 발의
2004	▸ 대천천네트워크 창립(6월) cf. 영유아보육법 개정안 국회 통과 cf. 보육노조 설립신고서 접수(12월)
2005	▸ '승당마을 구상권 문제 해결을 위한 대책위' 구성 ▸ 토곡 좋은 엄마모임(7월) ⟹ 부산여성회 연제지부 연제어울마당 　명칭변경(2006.2) ▸ 맨발동무(어린이)도서관 개관식(7.17) ▸ 대연우암공동체로 명칭 변경(8.30)

2006	▶ 희망복지세상 첫 모임(3월) ▶ 참복지세상을 열어가는 복지공동체 사회복지연대 창립총회(12.7)
2008	▶ 대천마을학교 설립(2.21), 대천마을학교 개교식(3.8) ▶ 금샘마을도서관 개관식(6.6)
2009	▶ (사)금샘마을공동체 설립(2009.6.29.)– 금샘마을도서관 운영법인 ▶ 백양문화모임
2010	▶ 희망오차마을공동체 설립(금정구 서동)
2011	▶ 만덕5주거환경개선지구 비상대책위원회 결성 ⇒ 만덕공동체 결성(2013)으로 주거권 투쟁. ▶ 영도희망21 창립(2.18) ▶ 개금2동 이웃사랑회 주민공동체 설립(부산진구 개금2동)
2012	▶ 백양마을학교 시작 ⇒ 산아래마을학교 명칭 변경(2015.1.30) ▶ 부산주민운동교육원 창립(11.29)
2013	▶ 영도희망21이 중심이 되어 동삼희망주식회사 설립(2013.2.6), 마을기업 지정(2013.7.29.) ▶ 대연우암씨알주택협동조합 창립(12.3)

※ 1945년부터 2015년까지 책에 있는 내용을 중심으로 중요한 사건과 주요활동을 정리함.

참고문헌

서장 부산지역 공동체운동의 역사와 사상적 배경

강성욱 · 유창훈 · 최지헌 · 권영대, 2017, 「의료보장체계 개선에 대한 청십자 의료보험의 정책적 함의」, 『사회보장연구』 33권 2호.

강승희, 2010, 「한국 신용협동조합운동 50년」, 『한국협동조합연구』 28권 1호.

강준만, 2002, 『한국현대사 산책: 1970년대편』, 인물과사상사.

김한수, 2019, 『한국공동체조직화(CO)운동의 역사』, 동연.

김형기, 2011, 「양서협동조합운동을 회고한다」, 민주주의사회연구소 편, 『양서협동조합운동』, 대성.

김형미, 2013, 「공동체운동이란 무엇인가」, 『황해문화』 2013 가을.

민주주의사회연구소 편, 2011, 『양서협동조합운동』, 대성.

부산민주운동사 편찬위원회, 2021, 『부산민주운동사 1』, 부마민주항쟁기념재단.

빈민지역운동사 발간위원회, 2017, 『마을공동체운동의 원형을 찾아서』, 한울.

윤수종, 2013, 『자율운동과 주거공동체』, 집문당.

이호, 2017, 『풀뿌리운동, 새로운 복원』, 포도밭.

장상환 · 정진상, 2001, 『한국의 사회운동』, 경상대학교출판부.

장세훈, 2012, 「도시재개발의 정치사회학」, 『지역사회학』 제13권 제2호.

장우정 외, 2019, 『촛불집회와 다중운동』, 한국학술정보.

정규호, 2012, 「한국 도시공동체운동의 전개 과정과 협력형 모델의 의미」, 『정신문화연구』 제35권 제2호.

정상호, 2017, 『한국시민사회사』, 학민사.

조대엽, 2025, 『사회운동과 역사주기』, 나남출판.

최협, 1986, 「한국사회·공동체·공동체 이념」, 『한국사회학』 제20집.

부산역사문화대전 해당 각 항목: 피난민(서만일), 장기려, 청십자의료보험 (이상 신춘식), 동래교회(노현문), 부산양서판매이용협동조합, 가톨릭노동청년회, 씨알의 모임(이상 차성환), 성안교회야학, 가야성당야학, 사상성당야학(이상 이성홍), 구포야간학교(최두진)

부산일보 각 연도 해당 기사

1장 야학-인간다운 삶과 사회변혁의 불씨

김한수, 2009, 『노동야학, 해방의 밤을 꿈꾼다』, 따비.

이성홍, 2009, 「70-80년대 부산지역노동야학 운동사개관」, (사)부산민주항쟁 기념사업회 민주주의사회연구소, 『성찰과 전망』 4, 대성.

천성호, 2009, 『한국야학운동사』, 커뮤니케이션북스.

최명애, 2017, 「야학 졸업생의 삶의 변화 요인에 관한 사례연구-무궁화야학을 중심으로」, 동아대사회복지대학원 석사학위논문.

부산민주운동사 편찬위원회, 2021, 『부산민주운동사 1』, 부마민주항쟁기념재단.

부산YMCA역사편찬위원회, 2002, 『부산YMCA운동사』.

빈민지역운동사발간위원회, 2017, 『마을공동체운동의 원형을 찾아서』, 한울.

2장 도서원-함께 배우고 성장하는 노동자의 벗, 지역의 이웃

김영기, 2009, 「1980년대 부산지역 도서원운동의 전개 과정-노동도서원을 중심으로」, (사)부산민주항쟁기념사업회 민주주의사회연구소, 『성찰과 전망』 4, 대성.

김종세, 2025, 「부산역사문화대전-햇살도서원」

김현철, 1990, 『햇살도서원 2년 평가보고서』

이일래, 2025, 「부산역사문화대전-권미경」

차성환, 2011, 『양서협동조합 운동』, 민주주의사회연구소.

최진욱, 2022, 「우리나라 도서관 역사를 찾아서」, 작은 도서관운동 내일신문

3.10 게재

부산노동단체협의회, 1990,『부산노동단체협의회 2기 출범 보고 자료』

부산민주운동사 편찬위원회, 1998,『부산민주운동사』, 부마민주항쟁기념재단.

(사)어린이와 작은도서관협회, 2018,「작은 도서관운동의 역사 찾기1」.

진실화해를 위한 과거사 정리위원회, 2004,『기억과 전망』가을호.

햇살도서원, 1990,「햇살」4.

3장 탁아-지역공동체의 거점이자 씨앗

장필화 외, 1991, 탁아제도와 미래의 어린이 양육을 걱정하는 모임 편,『우리
  아이들의 육아현실과 미래』, 한울.

조송현, 2025,『임재택 평전』, 인타임.

차성환 외, 2013, 민중의 벗 김영수 목사 추모집 발간위원회 편,『작은이들의
  벗 김영수』, 전망.

전국보육노동조합, 2007,「2005-2006년 전국보육노동조합 2년 활동백서」

한국보육교사회, 2006,「한국보육교사회 10년 활동」

「우리아가동산」소식지 원본, 1987년 9월 16일~1993년 8월 28일

「꽃들나라」소식지, 1988년 5월 9일~1990년 12월 4주

「아기자람터」소식지, 1991년 2월

「우리들의 집」소식지, 1996년 1월

「쿵쿵아 노올자」쿵쿵어린이집, 방과후 학교 징검다리 놓는 아이들 소식지,
  2000년 10월, 2001년 12월, 2004년 2월, 2014년 1월호

공동육아와 공동체교육 홈페이지(http://www.gongdong.or.kr/)

4장 공부방-마을아이들의 품속

설미정, 2000,「저소득층 지역교육운동의 실태분석-부산·경남지역 공부방
  을 중심으로」, 동아대학교 정책과학대학원 석사학위논문.

최수연, 2009,『산동네 공부방-그 사소하고 조용한 기적』, 책으로여는세상.

부산주민운동사준비위원회, 2023,「부산지역사회공동체운동의 원형-부산지

역공부방운동의 원형」, 부산주민운동교육원.

빈민지역운동사발간위원회, 2017, 『마을공동체운동의 원형을 찾아서』, 한울.

5장 주거권-집이 무허가지 사람이 무허가냐?

김수현, 2006, 「부산주거복지학교자료집」

서은실, 2022, 「부산사람들」, 부산노동권익센터.

부산주민운동사준비위원회, 2023, 「부산지역사회공동체운동의 원형-부산지역주거권운동의 원형」, 부산주민운동교육원.

월간 『시민시대』 2021년 10월호. '승당 철거민 세입자대책위원회' 활동과 '승당마을 구상권 문제 해결을 위한 대책위' 자료-그 당시 학생구속자였던 최영으로부터 전달받은 자료임.

6장 자활-생산하고 나누고 협동하는 주민공동체

신명호 · 김홍일, 「생산공동체 운동의 역사와 자활지원사업」, 1997년~2001년 사상자활지원센터 사업보고서.

7장 지역복지-희망복지 세상을 향한 사회복지관의 주민조직화 활동

류승일, 2004, 「지역사회복지관의 주민조직화 사례분석」, 경성대학교 사회복지대학원 석사학위논문.

배형운, 2014, 「주민조직화, 복지관에서 길을 찾다」, 희망복지세상 오픈강좌 자료집.

유동철 · 홍재봉, 『2016 실천가를 위한 지역사회복지론』, 양서원.

홍재봉, 2015, 「마을만들기 주민조직체 형성의 영향요인 연구」, 경성대학교 사회복지대학원 석사학위논문.

부산주민운동사준비위원회, 2023, 「부산지역사회공동체운동의 원형-부산지역복지운동의원형」, 부산주민운동교육원.

8장 마을공동체-배우고 성장하고 사회변화를 꿈꾸고

김명미 · 서은숙, 2009, 「지역내 주민도서관 사업현황과 주민운동으로서의 전망」, 『성찰과 전망』 4, 대성.

고창권, 2005, 『반송사람들』, 산지니.

박영미, 2018, 「우리동네 마실! 영도희망21」, 『사람 속에서 길을 찾다』, 산지니.

유영란, 2015, 「풀뿌리단체와 지역사회복지관의 주민조직화에 관한 비교연구」, 부산대학교 행정대학원 사회복지학 전공 석사학위논문.

이귀원, 2017, 「마을교육공동체를 꿈꾸는 대천마을학교」, 『로컬리티 인문학』 17.

이정은, 2009, 「주민이 주인되는 행복한 마을공동체」, 연제여성회 어울마당.

이희종, 2009, 「마을도서관 이후 마을만들기」, 『성찰과 전망』 4, 대성.

이희찬, 2000, 「도심생태마을 만들기 추진사례-물만골공동체 사례를 통하여 바라보는 전망과 과제」, 연제구물만골공동체 운영위원장.

임숙자, 2009, 「마을도서관 맨발동무사례를 통해 본 지속 가능한 주민도서관의 길 찾기」, 『성찰과 전망』 4, 대성.

부산주민운동사준비위원회, 2023, 「부산지역사회공동체운동의 원형-부산지역마을공동체운동의 원형」, 부산주민운동교육원.

(사)금샘마을공동체 부설 금샘마을공동체, 금샘마을 지역아동센터 소개 자료.

(사)작은도서관만드는사람들, 어린이도서관 동화랑놀자 허운영관장 인터뷰 2016.3.8. 기고 글.

인명색인

엮은곳

부산지역운동사 발간위원회

부산지역운동사 발간위원회는 1970년대부터 2015년까지 부산지역에서 일어난 다양한 지역사회공동체 운동의 역사를 기록으로 남기자는 데 뜻을 같이하는 사람들이 2023년 2월부터 모였다. 다양한 부문 운동의 원형을 살펴보고, 그 시절의 기억들을 당사자의 목소리로 기록하며, 지역사회의 변화에 기여했던 사람들의 이야기를 모으는 활동을 했다. 조직구성은 다음과 같다.

발간위원장

유영란

발간위원(개인)

김경해, 김명선, 김미선, 김부련, 김안선, 김현철, 김혜원, 김혜정, 류승일,
박찬주, 박재천, 배형운, 손이헌, 손정은, 여승철, 오세자, 오홍숙, 유영란,
이동환, 이명애, 이미옥, 이봉선, 이선영, 이성조, 이송미, 이송희, 이원경,
이윤호, 이정은, 장윤정, 전중근, 정덕용, 정영수, 정윤식, 조수경, 조숙영,
차성환, 최명희, 최수연, 최수영, 최혜림, 홍재봉

발간위원(단체)

부산주민운동교육원, 한국주민운동교육원

글쓴이

차성환 | 민주누리회 운영위원장
손정은 | 사회적기업 (사)여성과나눔 보육콜센터 대표
이동환 | 부산사회적경제포럼 연구소장
정윤식 | 지금은전포시대 발행인
오세자 | 부산주민운동교육원 대표
손이헌 | 대연우암공동체 집행위원장
정영수 | 부산광역자활센터 센터장
홍재봉 | 부산생명의전화 원장
유영란 | 부산주민운동교육원 상임트레이너